BAEDEKER SMART

MÜNCHEN

Perfekte Tage
nicht nur
auf der Wiesn

Verlag Karl Baedeker – www.baedeker.com

Inhalt

Kapiteleinteilung: siehe vordere Umschlaginnenseite

TOP 10

Nicht verpassen! Unsere Hitliste hilft Ihnen, von der absoluten Nummer eins bis zur Nummer zehn, die wichtigsten Sehenswürdigkeiten einzuplanen.

1 DEUTSCHES MUSEUM ➤ 134
1,2 Mio. Besucher pro Jahr sprechen für sich! Seit über 100 Jahren veranschaulicht das Museum die Entwicklung der Technik, der Naturwissenschaften und der Forschung.

2 RESIDENZ ➤ 84
500 Jahre Herrschersitz, geprägt von allen Architekturstilen, von der Renaissance bis zum Klassizismus, und so weitläufig, dass sich einst selbst die bayerischen Herzöge, Kurfürsten und Könige darin verirrt haben sollen.

3 SCHLOSS NYMPHENBURG ➤ 154
Im Sommer erfreuten sich die bayerischen Herrscher am lichten Schloss Nymphenburg mit seinen Wasserspielen und dem riesigen Park.

4 LENBACHHAUS ➤ 110
In der generalsanierten und um einen sehr gelungenen Neubau von Foster + Partners (links) ergänzten Villa Franz von Lenbachs hängen die schönsten Werke der Künstlergruppe »Der Blaue Reiter«.

5 FRAUENKIRCHE ➤ 58
20 000 Menschen finden im Wahrzeichen Münchens Platz, die Ausstattung entspricht der Größe und der Bedeutung eines Doms.

6 ENGLISCHER GARTEN ➤ 112
In einem der ersten Volksparks Europas fühlen sich Alt und Jung, Familien und Pärchen, Hundebesitzer und Radfahrer, Rollerblader und »g'standene« Bayern, elegante Damen und Punks wohl.

7 MARIENPLATZ ➤ 62
Rund um die Mariensäule pocht das Herz der Stadt: Altes und Neues Rathaus bilden die Kulisse, das Glockenspiel gibt den Ton vor, und die nächsten Sehenswürdigkeiten sind nicht weit.

8 VIKTUALIENMARKT ➤ 64
An den Marktständen des größten und ältesten Lebensmittelmarktes von München treffen sich Nachtschwärmer und Frühaufsteher.

9 MUSEUM BRANDHORST ➤ 114
Hinter der bunten Fassade warten Werke u. a. von Warhol, Beuys und Naumann. Einzelne Räume wurden gezielt für die Präsentation bestimmter Kunstwerke konzipiert.

10 HOFBRÄUHAUS ➤ 89
Münchner Familien, bayerische »Grantler« und Touristen aus aller Welt lieben das legendäre Gasthaus, dem sogar ein eigenes Lied gewidmet ist.

DAS MÜNCHEN

Erleben, was die Stadt ausmacht, ihr einzigartiges Flair spüren. So, wie die Münchner selbst.

MÜNCHEN RADELT

»Radlhauptstadt« nennt sich München nicht ohne Grund. Jede und jeder radelt – zur Arbeit, ins Vergnügen oder auch einfach nur so: Studentinnen in Jeans auf Mountainbikes, Angestellte mit Janker auf Trekkinggeräten, Wirtschaftsbosse im Anzug auf Hightech-Maschinen. Dicht an dicht stehen die Drahtesel vor den Biergärten und den Bürohäusern, im Sommer, im Winter, bei Hitze, Regen und Eis.

BREZ'N, BIER UND GARTEN

Hohe Kastanienbäume, weiß-blauer Himmel, Tische und Bänke im Schatten, ein Ausschank – Gott hat die Bayern bevorzugt, und Münchens Welt ist mehr als in Ordnung. Obwohl es *zwei* Welten gibt: Die Prosecco-Prominenz trifft sich bevorzugt z.B. im Seehaus (➤ 123) oder im Mangostin (➤ 15), Bier-Begeisterte finden überall ein Plätzchen, im Hofbräuhaus (➤ 89f), beim Aumeister (➤ 113) und im Hirschgarten (➤ 167) oder am Chinesischen Turm (➤ 123). Ob man aber nun Austern schlürft oder an der Weißwurst zutzelt – in Münchens Biergärten ist man nie alleine.

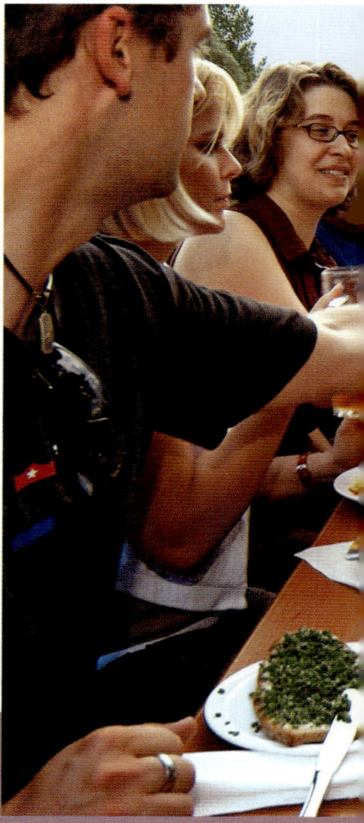

Zünftig: Brotzeit am Seehaus beim Kleinhesseloher See im Englischen Garten

GEFÜHL

DIE NACHT IST DER TAG

In München gehört es zum guten Ton, zumindest am Wochenende zum Nachtschwärmer zu mutieren. Zu den angestammten Partyarealen Optimol (➤ 147), Nachtwerk (www.nachtwerk.de) und Kunstpark Ost (➤ 21) gesellen sich noch ungezählte Klubs in der Innenstadt. In dieser »Feierbanane« wird bis in die frühen Morgenstunden abgetanzt. Alternative: Die flachen Uferbänke der Isar sind eine gigantische Freiluftarena, die vom Deutschen Museum (➤ 134ff) bis weit über den Flaucher hinaus reicht – dicht besetzt von Feierwütigen mit Bierkasten, Grill und Gettoblaster.

NICHT OHNE STRASSENCAFÉ

Sobald die Sonne hervorkommt, kann man gar nicht so schnell schauen, wie sich die Terrassen und Freisitze der Straßencafés füllen. Sogar im Winter werden die Gesichter in die bleiche Sonne gereckt und die Körperfunktionen mit wärmenden Decken und Gasstrahlern aufrechterhalten. Es ist ein ureigenes Lebensgefühl der Münchner, das sie hier in der »nördlichsten Stadt Italiens« niemals missen wollten.

TREFFPUNKT FISCHBRUNNEN

Sich am Marienplatz (➤ 62f) verabreden? Kein Problem, auch wenn sich gerade das Glockenspiel dreht und der Platz sich rammelvoll zeigt. Der Fischbrunnen ist von jeher der passende Ort für Verabredungen in der Innenstadt. Keiner weiß, warum das so ist. Vielleicht, weil man auf seiner Umrandung sitzen kann oder weil sein Wasser im Sommer etwas Abkühlung verspricht. Auf alle Fälle ist er immer dicht umlagert von jungen Münchner(inne)n, die auf ihr Date warten und sich derweil die Zeit mit ihrem Smartphone vertreiben.

VIKTUALIEN VOM MARKT

Die Münchner lieben ihre Märkte, allen voran den Viktualienmarkt (➤ 64ff), auf dem es alles gibt, was auf der Welt so wächst und gedeiht. Kudusteak oder Rentierschinken, Kiwano oder Rambutan, alles kein Problem! Orchideen aus Madeira, Salz vom Himalaja, Würzsauce aus Brasilien – zwischendurch verkostet man Sauerkrautsaft, ein Glas Prosecco oder eine Halbe Augustiner, einen Garnelensalat oder Schweinswürstel. Nach Hause kommt man schwer bepackt und mit leerem Geldbeutel. Besuchenswert sind auch die ständigen Stadtteilmärkte wie Elisabethmarkt (➤ 126) und Wiener Markt (Wiener Platz) oder einer der 40 Wochen- und Bauernmärkte (Standorte und Termine: www.mein-wochenmarkt.com).

SECHZGER SEIN

Echte Münchner sind Fans des TSV 1860, auch wenn der nur in der 2. Liga spielt. Es ist einfach der ältere Klub (mindestens zwei Jahre), die Vereinsfarben sind weiß-blau wie der bayerische Himmel, und die Fahne zeigt den bayerischen Löwen.

Karl Valentin wacht, von den Marktfrauen frisch geschmückt, am Viktualienmarkt.

Das Magazin

Das Magazin

MÜNCHNER LEBENSART

»Schau'n mer mal« – das wohl berühmteste Zitat des Fußball-»Kaisers« Franz Beckenbauer bringt das Münchner Lebensgefühl auf den Punkt. Vor allem an den vielen strahlend schönen Föhntagen schwebt der Spruch wie ein Leitmotiv über der bayerischen Landeshauptstadt.

»Schau'n mer mal« – das heißt: Wozu sich aufregen? Morgen ist auch noch ein Tag! Die Münchner schätzen Geradlinigkeit, können ihre Bewunderung für eine gesunde Portion Schlitzohrigkeit aber nicht verhehlen. Einen durchtriebenen Menschen nennen sie »Schlawiner«, und dies ist durchaus als Kompliment gemeint. Der berühmteste Münchner Schlawiner ist der Franz Münchinger aus Helmut Dietls Kult-Fernsehserie *Monaco-Franze – Der ewige Stenz*, unvergesslich verkörpert von dem 1997 verstorbenen Schauspieler Helmut Fischer. Ihm erscheint in der Stadt der Biergärten und der schönen Münchnerinnen nichts wirklich unmöglich – ein herzliches »Servus« und ein Blick aus braunen Dackelaugen genügen, und er kommt (fast) immer ans Ziel. Dass er »Monaco-Franze« heißt, ist

der irrigen Annahme zu danken, München sei die nördlichste Stadt Italiens. Als Indiz dafür wird immer die Unmenge an italienischen Cafés angeführt, in denen der Münchner einen Latte Macchiato bestellt, als hätte er das Italienische mit der Muttermilch eingesogen. Aber die Münchner Italophilie hat Tradition: Schon König Ludwig I. (reg. 1825–1848) machte München zum »deutschen Firenze«. Ludwigstraße (► 120f), Residenz (► 84ff) und Alte Pinakothek (► 120) schwelgen in italienischer Renaissance. Ende des 19. Jh.s war die Stadt schließlich so von italienischer Leichtigkeit durchdrungen, dass der Kunsthistoriker Heinrich Wölfflin erklärte, München sei die »erste italienische Stadt Deutschlands«.

Südliches Licht und ...

Für Italo-Stimmung sorgt auch der von den Alpen wehende Föhn. Die Luft wird durchsichtig, der Himmel strahlt, die Stadt glänzt heller als alle ihre Konkurrentinnen südlich der Berge. Dafür nehmen Einheimische wie »Zuagroasde« gerne die durch ihn hervorgerufene nervöse Überreiztheit in Kauf.

... charmanter Grant

Grob sei er, der Münchner, grantig und verschlossen. Wer das sagt, hat die bayerische Seele nicht verstanden. Das Bayerische kennt eigentlich keine Schimpfwörter: »Saupreiß!« ist eine ruppig-herzlich gemeinte Herkunftsangabe, ein hingeworfenes »Der Baz, der!« kann durchaus als Kompliment gemeint sein, und der Zuruf »Hund!« ist nichts anderes als eine Adelung, spätestens seit die Doktrin der CSU für politisches Handeln ruchbar wurde: »Mir san Hund, die anderen san Hund, aber mir san die größeren Hund.«

»Grantlerwetter«: die Alpen zum Greifen nah

Das Magazin

TRADITIONEN & Traditionelles

Wo ist jenseits von Biergärten und Oktoberfest noch jenes Flair zu spüren, das aus dem Global Player München ein im positiven Sinne traditionsverbundenes Millionendorf macht?

Gleich geht's los: beim Kocherlball am Chinesischen Turm im Englischen Garten

Ein Sommersonntagmorgen um sechs am Chinesischen Turm (➤ 123): Damen in Rüschenhaube und Dienstbotenschürze über dem Biedermeierrock drehen sich mit Herren in Frack und Zylinder im Walzertakt. Es ist Kocherlball. Tanzfreudige Münchner kommen am dritten Julisonntag im Englischen Garten zusammen, um eine Institution wiederaufleben zu lassen, die es Ende des 19. Jh.s tatsächlich gegeben hat. Weil die Münchner Hausangestellten (»Kocherl«) durch ihre Arbeitszeiten kaum Möglichkeiten hatten, sich zu treffen, verabredeten sie sich sonntags in der Früh' zwischen fünf und acht Uhr. Als München 1989 den 200sten Geburtstag des Englischen Gartens feierte, nahm man diese Tradition wieder auf. Der Kocherlball hatte solchen Zulauf, dass sich inzwischen in seinem Umfeld eine zweite Veranstaltung etablierte: Am Donnerstag vor dem Termin können Interessierte im Hofbräuhaus die richtigen Schritte für die Traditionstänze wie die Münchner Française oder den Zwiefachen lernen.

Gegen das Klischee: singen, tanzen, spielen

Womit wir schon beim Hort der Münchner Traditionsbewahrer wären, dem Hofbräuhaus (➤ 89f). In diesem weltberühmten Gasthaus, in dessen Schwemme sich Japaner, Chinesen und Amerikaner im Anstoßen und Absingen bayerischer Märsche übertreffen, gibt es nämlich noch einen richtigen Stammtisch und einen offenen Musikantentreff! Und viermal im Jahr findet hier der Münchner Tanzboden statt, bei dem das fast durchgängig junge Publikum Münchner Tänze wie die Münchner Française zum Besten gibt. Begleitet wird der Tanzboden von Musikkapellen aus München und der Region. Diese wiederum haben ihre eigene Plattform, besser gesagt: ihren »Hoagartn«. Darunter verstand man ursprünglich Treffen von Nachbarn und Freunden, die zusammen im Garten musizierten. Heute improvisieren Volksmusikanten einmal im Monat in verschiedenen Gaststätten beim offenen Hoagartn. Wer Lust hat, kann mitmachen, und sing- oder gar tanzfreudige Gäste sind ebenfalls willkommen.

Mitsingen ist auch beim Turmsingen im Valentin-Karlstadt-Musäum (➤ 56) gefragt. An einem Montagnachmittag einmal im Monat können die Teilnehmer nach Herzenslust Münchner Liedgut schmettern. Eine Volksmusikveranstaltung mit Kultstatus sind die Fraunhofer Volksmusiktage im Januar: Hier treffen Traditionalisten und Aufmüpfige, Urbayern und Multikulti-Instrumentalisten auf ein begeistertes Publikum. Größen der Volks- bzw. Weltmusikszene wie La Brass Banda haben auf der Bühne des Fraunhofertheaters angefangen.

Als täppisches Herz-Schmerz-Klischee totgespielt galt lange Zeit das Bauerntheater. Diesem Trend trotzt die Iberl-Bühne seit Jahrzehnten. Chef Georg Maier ist mit seinem Ensemble so erfolgreich, dass er nach fast 50 Jahren sogar vom Traditionshaus im Münchner Süden in die Innenstadt gezogen ist. Neben den Profis sind viele kleine oder Laiengruppen mit Volksstücken im Münchner Stadtgebiet unterwegs: Das Wirtshaus am Hart im Münchner Norden ist eine gute, zuverlässige Adresse für solche Veranstaltungen – hier lassen sich immer wieder Entdeckungen machen. Übrigens macht die Münchner Renaissance der Tradition nicht einmal vor dem Oktoberfest halt: Dort gibt es neben dem schrillen Rummel die Oide Wiesn: typisch münchnerisch, gemütlich … und stets gut ausgebucht.

AUF EINEN BLICK

- Termine für den **Tanzboden** und das **Hoaghartn**: www.muenchen.de
- Programm der **Fraunhofer Volksmusiktage**: www.fraunhofertheater.de
- **Iberl-Bühne:** www.iberlbuehne.de
- **Wirtshaus am Hart:** www.theater-platzl.de

IM BIERGARTEN

Ohne Bier ist alles nichts. Jedenfalls für den Bayern: Im Jahr 1539 wurde in München eine ungewöhnliche Brauordnung erlassen, deren Folgen bis heute die Münchner Lebensqualität und das Stadtbild prägen.

Mit diesem Erlass wurde das Bierbrauen in den Monaten Mai bis Oktober verboten, weil in dieser Zeit die Brandgefahr zu hoch sei. Da aber im Sommer weitaus mehr Bier getrunken wurde als im Winter, mussten die Brauereien nun auf Vorrat brauen und das Bier kühl lagern. Also legten sie unterirdische »Bierkeller« an, und um diese kühl zu halten, pflanzten sie darüber Kastanien. Schließlich kam man auf die Idee, das Bier hier auch gleich zu verkaufen, und stellte Bänke und Tische unter die Bäume. Ein Sturm der Entrüstung war die Folge, denn die Münchner Wirte witterten Konkurrenz. Legalisiert wurde der Biergartenbetrieb schließlich durch König Ludwig I., der um 1830 den Ausschank von Bier genehmigte, nicht aber den Verkauf von Speisen. Heute ist zwar auch das längst erlaubt – aber immer noch hat jeder richtige Biergarten einen Bereich, in dem die Gäste ihr mitgebrachtes Essen verzehren.

In einen Münchner Biergartenkorb gehören weißer Rettich (»Radi«), Wurstsalat, Emmentaler, Leberkäse, Butter und große Brezen, dazu eine karierte Tischdecke, Besteck, Salz und Pfeffer und ein scharfes Messer. Eigenes Bier zum Nachfüllen mitzubringen, gilt als extrem unsportlich!

Ansichtssache

In München gibt es über 80 Biergärten. In welchen man geht, ist Ansichtssache. Familien mit Kindern ziehen am liebsten zum Hirschgarten (➤ 167), weil's dort gleich nebenan eine Spielwiese und Rehe zum Füttern und Streicheln gibt, Studenten treffen sich am Chinesischen Turm (➤ 123) und ältere Semester im Biergarten des Hofbräuhauses (➤ 89f). Ansichtssache ist es auch, ob Biergärten auf neue Moden setzen sollten: Prosecco und Thaifood verkaufen wie das **Mangostin** (Maria-Einsiedl-Str. 2, U-Bahn: Thalkirchen) oder bis weit über Mitternacht hinaus ausschenken wie der Biergarten des Musikclubs **Backstage** (➤ 168), ist nicht unbedingt Münchner Brauch. Ein Biergarten, der auf sich hält, bleibt den Traditionen treu: Die Gäste sitzen an Holztischen, zu essen gibt's »Hendl«

◀ Im Biergarten am Chinesischen Turm

(Brathähnchen), »Schweinsbrodn« (Schweinebraten) und »Steckerlfisch« (Fisch vom Grill), ausgeschenkt wird Münchner Bier, und spätestens um 24, in Wohnvierteln um 23 Uhr werden Klappstühle und Sitzbänke unter den Kastanien geräumt.

»Wo bleibt's denn, des Bier?« – »Kummt scho!«

Die fünfte Jahreszeit

Weil die Fastenzeit zwischen Aschermittwoch und Ostern gar so lang ist und weil zumindest einmal im Jahr auch in München den Politikern die Leviten gelesen werden müssen, gibt's in der Stadt an der Isar die Starkbierzeit: Zum Anstich des Starkbiers im Paulaner am Nockherberg (► 145) versammelt sich die Politprominenz, um sich »derbleck'n« (auf die Schippe nehmen) zu lassen.

TRAU, BRAU, WEM: EIN MÜNCHNER REINHEITSGEBOT FÜR GANZ BAYERN

Bier brauten die Augustinermönche in München schon seit dem Jahr 1328. Knapp 160 Jahre später, 1487, erließ Herzog Albrecht IV. den »Preu Aid« (Brau-Eid), der als Münchner Reinheitsgebot in die Geschichte der Bierbraukunst einging – übrigens das älteste Lebensmittelgesetz der Welt. Seitdem darf das Münchner Bier nur aus Gerste, Hopfen und Wasser hergestellt werden. Dies war die Vorlage für das Bayerische Reinheitsgebot von 1516, erlassen von Herzog Wilhelm IV. für ganz Bayern, nach dem hierzulande bis heute Bier gebraut wird. Seinen guten Ruf verdankt das Münchner Bier vor allem dem Münchner Brauer Gabriel Sedlmayer, der im 19. Jh. auf seinem Gebiet Pionierarbeit leistete. Er tauschte sich mit Kollegen in ganz Europa aus, betrieb seine Brauerei als erste mit Dampfkraft, tüftelte mit Carl von Linde an der Kühlung des Biers und korrespondierte mit Louis Pasteur über die Gärung. Er war ein Streiter für das untergärige, weil besser haltbare Bier und brachte das dunkle malzige »Münchener« heraus, das neben Pilsner und Wiener weltbekannt wurde. Eine Ironie des Schicksals ist es jedoch, dass heute in München kaum noch »Münchener« gebraut wird. Dieses wurde vom herberen Hellen (11–12 % Stammwürzegehalt, 4 % Alkohol) als meistgetrunkenem Bier abgelöst. Das etwas dunklere Märzenbier (13 bis 14 % Stammwürzegehalt, ca. 5 % Alkohol) feiert als Oktoberfestbier alljährlich fröhliche Urständ. Spitzenleistungen sind auch die Münchner Doppelbockbiere, allesamt dunkel, mit ca. 7 % Alkoholgehalt und auf die Silbe »-ator« endend.

KÖNIGE & KÜNSTLER

Ludwigs II. Märchenschloss Linderhof

Zwischen 1816 und 1912 erlebte München einen kulturellen Aufbruch: Neue Architektur veränderte das Gesicht der Stadt, in der Oper erklang revolutionäre Musik, das erste Museum wurde eröffnet. In Schwabing ließ sich ein buntes Völkchen von Malern, Literaten und Anarchisten nieder. Das Leben in der bayerischen Residenzstadt wurde plötzlich richtig aufregend.

Reverenz an die Antike

Die architektonische Umgestaltung Münchens im 19. Jh. war eng mit der kunstsinnigen Persönlichkeit Ludwigs I. verbunden. Bereits als Kronprinz hatte der von der Antike Italiens und Griechenlands schwärmende König den Architekten Leo von Klenze kennengelernt, dessen künstlerische Visionen ebenso den klassischen Proportionen und Vorbildern verpflichtet waren. Zusammen veränderten König und Baumeister die Stadt. Im Jahr 1816, also noch als Kronprinz, gab Ludwig die Glyptothek in Auftrag, in der seine Antikensammlung ausgestellt werden sollte – das erste Museum Deutschlands. Bis 1862 wurde die Bebauung des Königsplatzes (► 115f) vollendet, nach dem Vorbild eines antiken Forums von Tempeln gesäumt. Bereits 1817 nahmen Kronprinz und Bauherr ein Projekt in Angriff, das zum Sinnbild ihrer Visionen werden sollte: die Ludwigstraße (► 120f) zwi-

Reiterstandbild zu Ehren Ludwigs I. auf dem Odeonsplatz

schen Feldherrnhalle und Siegestor, eine kühle, strenge Repräsentationsmeile, an der weder Fresken noch Statuen, weder Bäume noch Gärten von der hehren Architektur ablenken sollten. Trotz späterer baulicher Veränderungen ist sie bis heute ein einzigartig-majestätisches Monument ihrer Zeit.

Ludwig I. hatte allerdings nicht nur Sinn für die Antike, sondern durchaus auch Augen für die Schönheit edler und nicht ganz so edler Damen. Auf sein Geheiß hin malte Ludwig Stieler eine ganze Reihe schöner Münchnerinnen für Schloss Nymphenburg (➤ 154ff). Unter den hier porträtierten Damen findet sich auch die Tänzerin Lola Montez, die dem König gehörig den Kopf verdrehte. Die Affäre erboste das Volk derart, dass die Dame 1848 aus München fliehen musste – und der König zwei Wochen danach abdankte.

Ludwig II. und Richard Wagner

Ludwig II. war bereits als 12-Jähriger tief berührt von Wagners Musik. Kaum König geworden, lud er den Komponisten 1864 ein, nach München zu kommen. Dieser verstand es, seinen Einfluss auf den jungen, schwärmerischen König zu nutzen und ihm riesige Summen für monumentale Operninszenierungen zu entlocken. So wurde zum Beispiel Gottfried Semper beauftragt, das größte Festspielhaus der Welt auf dem Hochufer der Isar zu entwerfen – ein Projekt, das jedoch nie realisiert wurde. Die Münchner Liäson dauerte ein Jahr, dann musste Ludwig II. auf Druck seiner Beamten den Komponisten aus München weisen. Beleidigt verließ daraufhin auch der König die Stadt und verlegte seine Energie auf den Bau der Märchenschlösser Linderhof und Neuschwanstein (➤ 174ff), in deren Ausstattung Wagners Opernmythenwelt sozusagen die königliche Weihe erfährt.

Gegen den Willen des Königs säumen auch Bäume die Ludwigstraße.

Prinzregent Luitpold und die wilden Jahre

1886 wurde Ludwig II. für geisteskrank erklärt und sein Onkel Prinz Luitpold, Sohn Ludwigs I., übernahm die Regentschaft in Bayern. Die friedliche Ära des »Prinzregenten« dauerte bis 1912. Mit ihr begann eine Blüte der Künste und der Bohème. Der 1880 in München geborene Franz Marc gründete 1911 mit dem 1896 zugezogenen Russen Wassily Kandinsky die Künstlervereinigung »Blauer Reiter«, der u.a. August Macke und Paul Klee angehörten. Richard Strauss, 1864 in München geboren, komponierte 1905 seine *Salome* und 1911 den *Rosenkavalier*. 1894 zog der Schriftsteller Thomas Mann nach München. Beeindruckt vom regen Kultur- und Festleben, prägte er den Sinnspruch »München leuchtete«, mit dem sich die Stadt bis heute schmückt. Mittelpunkt des Kulturlebens war der 1890 eingemeindete Vorort Schwabing, in dem Intellektuelle, Schauspieler, Dichter und Maler ihre berühmten Künstlerfeste feierten. Auch ein Revolutionär wartete hier im Exil auf seine große Stunde: Wladimir Iljitsch Lenin. Unter dem Decknamen Iordan K. Iordanov lebte er in der Kaiserstraße 53 und veröffentlichte hier seine programmatische Schrift »Was tun?« (1902).

SIMPLICISSIMUS

1896 gründete der Verleger Albert Langen zusammen mit Th. Th. Heine in München den *Simplicissimus*, bis 1944 die führende Satirezeitschrift Deutschlands. Zum erlesenen Kreis der Autoren und Illustratoren gehörten u.a. Ludwig Thoma, Frank Wedekind, Rainer Maria Rilke, Thomas Mann sowie Olaf Gulbransson, Alfred Kubin und Lovis Corinth.

FESTE FEIERN

Das Oktoberfest ist das größte und berühmteste Volksfest der Welt – aber keineswegs der einzige Superlativ in Münchens Unterhaltungsangebot. Besuchen Sie doch einmal die größte Partymeile Europas!

Der Ausnahmezustand namens Oktoberfest beginnt am Samstag des vorletzten Septemberwochenendes, dauert 16 bis 18 Tage und heißt in München salopp »Wiesn«. Eröffnet wird das kollektive Besäufnis mit dem rituellen Anzapfen des ersten Bierfasses durch den Oberbürgermeister. Mit dem Ruf »O'zapft is« gibt der OB nach vollbrachter Tat den offiziellen Startschuss für den Bierausschank. Hunderttausende sehnen diesen Ruf in den voll besetzten Wiesnzelten herbei. Das Ereignis geht zurück auf Kronprinz Ludwig, der am 12.10.1810 Prinzessin Therese von Sachsen-Hildburghausen heiratete. Eine Woche später ließ er auf einer Wiese zur Volksbelustigung ein Pferderennen abhalten. Im Jahr darauf wurde das Rennen wiederholt, danach regelmäßig zusammen mit einer landwirtschaftlichen Messe veranstaltet, und die Wiese bekam den Namen der Prinzessin: Theresienwiese.

1869 eröffnete die Familie Schichtl ihr Illusionstheater auf der Theresienwiese, und noch heute ist der Besuch beim »Schichtl« samt »Hinrichtung auf offener Bühne« der unbestrittene Höhepunkt des Schaustellerprogramms. Andere, adrenalinsteigernde Highlights halten »Techno Power« und »Freefall« bereit. Aber das Herz der Wiesn, das schlägt im Bierzelt, wo sich alle zum gebrüllten »Oans, zwoa, gsuffa« verbrüdern, um schließlich in bierseliger Eintracht auf den Bänken und Tischen zu tanzen.

Multikulti, Zirkus und Show

»Tollwood«, das in den 1970er-Jahren als freakiges Theaterfestival begann, hat sich nach der Wiesn zum zweit-

Riesengaudi: auf dem Oktoberfest

wichtigsten gesellschaftlichen Event Münchens gemausert. Jeweils im Dezember und im Juni sorgt ein multikulturelles Programm mit Theater, Zirkusshows und Kabarett in mehreren Zelten einige Wochen lang für Unterhaltung, dazu gibt es auf einem alternativen Jahrmarkt Essen aus allen Winkeln der Erde, Didgeridoos und Djembé-Trommeln, Henna-Tattoos, Batikkleider und Räucherstäbchen zu kaufen (www.tollwood.de).

Fun-Areas

Münchens Ruf als Diskohauptstadt Europas begründete Wolfgang Nöth mit dem **Kunstpark Ost**: Diskotheken, Bars und Clubs in den Hallen einer ehemaligen Knödelfabrik wechselten Namen und Musikstile im Monatsrhythmus und wuchsen zu einer riesigen Partyzone heran, das größte Clubareal Europas. Auch der Namenswechsel von Kunstpark zu **Kultfabrik** (► 147) änderte daran nichts. 2011 wurden seitens der Stadt die Verträge mit den über 20 Clubs und Diskos bis 2016 verlängert. Auch die sichelförmig verlaufende Sonnenstraße in der Innenstadt kann mit 13 Clubs auftrumpfen und wandelt sich nachts zur »Feierbanane« genannten Partymeile.

Am Tollwood

Ungewöhnliche Partyorte

Techno-Beats im Büro? Cocktails auf dem Tresen einer Bank? Die schönsten Mädchen zwischen Registraturregalen? Auch das ist München: Leer stehender städtischer Raum wird unbürokratisch den Partypeople überlassen, neue Clubs öffnen und ziehen drei Monate später an den nächsten Ort. Wo und wann etwas los ist, verraten www.munichx.de oder www.partymunich.de.

MONDAY NIGHT, BLADE NIGHT

Zwischen Mai und August rollen jeden Montagabend zehntausende Rollschuh-, Skateboard- und Rollerblades-Fahrer auf diversen Routen durch München. Für das Happening werden ganze Straßenzüge gesperrt. Weitere Infos auf: www.aok-bladenight.de

ROTE UND BLAUE TORJÄGER

Welche Stadt hat schon ein Stadion, das die Farbe wechseln kann? Zu den Heimspielen der beiden großen Münchner Vereine leuchtet die Außenhaut der zur Fußball-WM 2006 fertiggestellten Allianz Arena entweder rot oder blau.

»In München geht es nicht so sehr darum, für welchen Verein man ist, sondern gegen welchen« – dieser Ausspruch des Münchner Kabarettisten Ottfried Fischer bringt es auf den Punkt: Die einen brüllen gegen »die Löwen«, also den blauen TSV 1860 von München, die anderen halten gegen »die Roten« vom FC Bayern München. Die Bayern sind seit Langem entschieden der erfolgreichere Club. Den Abstieg in die Zweite Liga mussten sie im Gegensatz zu den Löwen bislang noch nicht antreten. Andererseits wird dem Team der »18 Nationalspieler aus 9 Ländern und 3 Erdteilen« gelegentlich vorgeworfen, es spiele taktisch zu souverän, wogegen die Löwen noch immer das Blut ihrer Fans in Wallung brächten. Dass dem nicht so ist, kann man im Stadion erleben: Die Stimmung ist auch bei Bayern-Spielen überwältigend (Tickets: www.fcbayern.de, www.tsv1860-ticketing.de).

MÜNCHEN HAT AUCH EINEN KAISER

Bayern-Star, Nationalspieler, Trainer der Nationalmannschaft, Bayern-Präsident und Vizepräsident des DFB – eine steile Karriere für einen Jungen aus einfachen Verhältnissen: 1945 erblickte Franz Beckenbauer in München-Giesing das Licht der Welt; 1964 spielte er seine erste Saison beim FC Bayern, damals der schwächere Münchner Club. Die Eleganz seines Spiels, seine taktische Überlegenheit und das »Fußball-Duett« mit dem Torjäger Gerd Müller brachten ihm den Namen »der Kaiser« ein. Beckenbauer wurde zweimal Weltmeister (1974 als Spieler, 1990 als Trainer), war zwischen 1965 und 1977 bei 103 Länderspielen dabei und gewann mit den Bayern Pokal um Pokal.

Fußballlegenden

Franz Beckenbauer, Gerd Müller und Uli Hoeneß – mit diesen legendären Spielern holten die Bayern 1976 den Weltpokal. Alle drei waren bzw. sind dem Club bis heute verbunden: Beckenbauer als Ehrenpräsident, Hoeneß (bis 2014) als Aufsichtsratsvorsitzender, Müller als Co-Trainer der Zweiten Vereinsmannschaft.

Links und unten: Rund ums Hofbräuhaus gibt's die besten Fanshops der Stadt.

Eine runde Sache

Die Allianz Arena entstand nach einem Entwurf des Schweizer Architektenbüros Herzog & de Meuron und hat eine Kapazität von 66 000 Plätzen.

Das Großprojekt wurde von den beiden Clubs TSV 1860 München und FC Bayern München gemeinsam finanziert.

©BAEDEKER

❶ **Außenfassade:** Das imposante Dachtragewerk verbirgt sich hinter 2760 rautenförmigen, mit Luft gefüllten Membrankissen. Die transparente Fassade hüllt die Arena mit einem integrierten Lichtsystem in die Farben des jeweiligen Vereins: blau für den TSV 1860, rot für den FC Bayern München.

❷ **Nordkurve:** Jeweils 10 000 Sitzplätze in der Nord- und Südkurve können durch Hochklappen in Stehplätze gewandelt werden. In der Nordkurve ist das Fan-Restaurant des TSV 1860.

❸ **Südkurve:** Hier können sich Anhänger des FC Bayern München (für die es in der Arena eine eigene FC Bayern Erlebniswelt mit multimedialer Darstellung der ruhmreichen Vereinsgeschichte gibt) im Fan-Restaurant des Vereins auf ca. 1500 Plätzen versammeln.

❹ **Unterer Rang:** Der Rang gewährt den Zuschauern die größtmögliche Nähe zum Spielgeschehen.

❺ **Mittlerer Rang:** Durch einen Neigungswinkel von 30 Grad hat man von jedem Platz gute Sicht.

❻ **Oberer Rang:** Wegen der extremen Neigung von 34 Grad kann man auf diesem Rang ausschließlich sitzen. Die oberste Sitzreihe des Stadions befindet sich auf 39 m Höhe.

❼ **VIP-Logen:** Für prominente Stadionbesucher gibt es 106 Logen mit rund 1374 Plätzen.

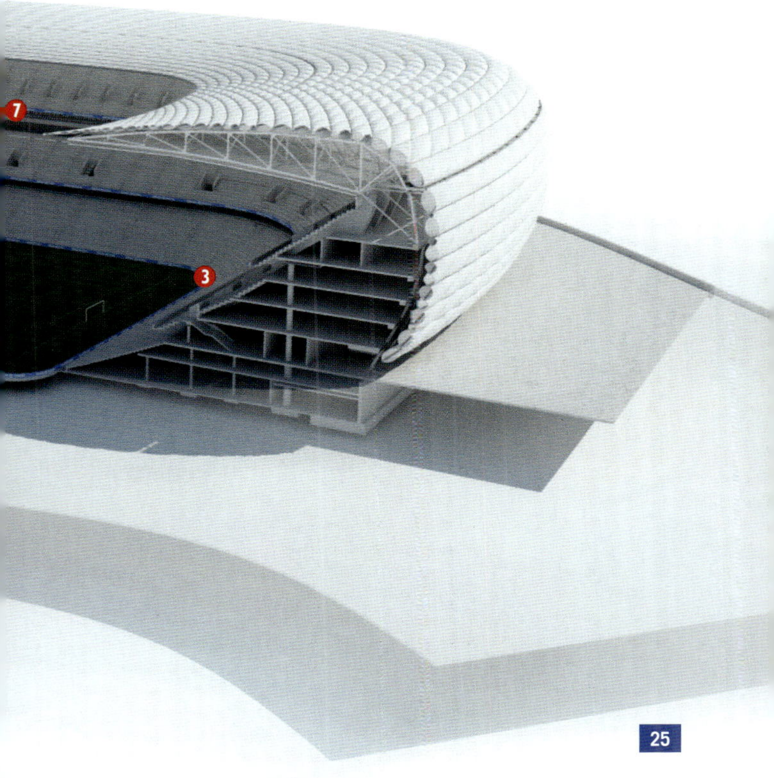

ALLES THEATER?

Münchner Theatergänger neigen zum Bewährten, und so prägten lange Zeit Kulturpatriarchen die großen Bühnen der Stadt. Doch inzwischen ist die Szene in kreativer Bewegung.

August Everding, der die Bayerische Staatsoper jahrzehntelang mit Strauss und Wagner beglückte, und Dieter Dorn, der zuerst das Publikum der Kammerspiele und danach des Residenztheaters mit seiner kreativen Kraft fesselte – beide Protagonisten haben Münchens Theatergeschehen über einen so langen Zeitraum dominiert, dass man schon befürchten musste, es werde nie eine Post-Ära, einen Aufbruch geben. Der kam dann aber doch und fiel sogar erstaunlich radikal aus. Die auf die beiden Überväter folgenden Intendanten an den drei großen Bühnen zeichneten sich vor allem durch Abkehr vom Bewährten aus und forderten ihr konservatives Publikum mit neuen Seh- und Hörerlebnissen. Die Münchner schimpften, stöhnten und gaben ihre Abonnements zurück. Das Klagen aber dauerte nicht lange. Heute sind wohl die meisten Theaterbesucher stolz darauf, Inszenierungen eines Sir Peter Jonas, Frank Baumbauer, Johan Simons oder Martin Kušej erlebt zu haben. Und fast unbemerkt von den Etablierten mauserte sich

»Das Theater der Stadt«: das Schauspielhaus der Münchner Kammerspiele

ein freies Theater im Münchner Norden zum Geheimtipp: Allen Gesetzen des Kulturbetriebs zum Trotz und mit nur wenigen Subventionen baute Intendant Jochen Schölch das Metropol-Theater in einem ehemaligen 1950er-Jahre Kino in Freimann zu einem Publikumsmagneten auf. Sein Erfolgsrezept sind Uraufführungen von Film- und Literaturadaptionen. Zahlreiche Theaterpreise haben dieses Wagnis belohnt.

Politisch, volkstümlich und frech

»Denn sie müssen nicht, was sie tun«, lautete das erste Programm der »Münchner Lach- und Schießgesellschaft« – bis heute ist die Bühne in der Schwabinger Ursulastraße 9 ein Garant für politisches Kabarett vom Feinsten.

Vom Theater für volkstümliche Stücke entwickelte sich das Volkstheater unter der Intendanz des Oberammergauer Passionsspielleiters Christian Stückl zu einer viel beachteten Bühne mit einem vielseitigen und anspruchsvollen Programm. Gelegentlich entsteht der Eindruck, mit dem Theater-Urviech Christian Stückl wächst München ein neuer Patriarch heran.

BIENNALE UND SPIELART

In München finden im Wechsel zwei der wichtigsten europäischen Kulturfestivals statt: in geraden Jahren die **Musik-Biennale** mit Uraufführungen zeitgenössischer Kompositionen (www.muenchener biennale.de), in ungeraden Jahren das Theaterfestival **SpielArt** mit spannenden Gastspielen und Neuproduktionen internationaler Theaterkompanien (www.spielart.org).

Das Magazin

NIE VERGESSEN!

Räterepublik, Hitlerputsch, »Hauptstadt der Bewegung« – mehrmals spielte das bürgerliche München in den unruhigen Jahren der Weimarer Republik und beim Aufstieg Hitlers eine unrühmliche Hauptrolle. Doch es gab auch Widerstand.

Arbeiterräte sollten die Politiker ersetzen, die Betriebe vergesellschaftet werden – am 7. April 1919 riefen Ernst Toller, Erich Mühsam und andere die »Münchner Räterepublik« aus. Knapp einen Monat später, am 3. Mai, beendeten Freikorps das Experiment. Nach dreitägigen Kämpfen wurden über 600 Tote gezählt. Da viele politische Köpfe der Räterepublik jüdischen Glaubens gewesen waren, richtete sich die Polemik national gesinnter Politiker und Parteien nun verstärkt gegen Juden.

Der Hitlerputsch

Zusammen mit Erich Ludendorff und seiner Sturmabteilung SA besetzte Adolf Hitler am 8. November 1923 den Bürgerbräukeller, in dem die Landesregierung tagte, und erklärte sie sowie die Reichsregierung für abgesetzt. Am folgenden Morgen marschierten Hitler und Ludendorff mit tausenden Anhängern zur Feldherrnhalle, um die Machtübernahme zu demonstrieren. Doch dieser »Hitlerputsch« scheiterte.

Im Atrium des Hauptgebäudes der Ludwig-Maximilians-Universität am heutigen Geschwister-Scholl-Platz 1 wurden die Flugblätter der Weißen Rose verteilt.

Konzentrationslager Dachau

Das Konzentrationslager im Vorort Dachau wurde 1933 eingerichtet. Zunächst inhaftierten die Nazis politische Gegner, nach der Reichspogromnacht kamen Juden aus München und Umgebung hinzu, nach dem Kriegsbeginn auch Polen, Tschechen, Russen und Roma. Von insgesamt 200000 Häftlingen überlebten 32000 das KZ nicht – so die offizielle Zahl. Wie viele mehr tatsächlich an Erschöpfung, medizinischen Experimenten und Seuchen gestorben sind, ist bis heute offen. Die US-amerikanischen Truppen befreiten die verbliebenen 67000 Gefangenen des KZ am 29. April 1945.

Erich Mühsam und Ernst Toller

Reichspogromnacht

Im Juni 1938 wurde die Münchner Hauptsynagoge an der Herzog-Max-Straße abgerissen, in der »Reichspogromnacht« vom 9. auf den 10. November fielen die letzten jüdischen Gotteshäuser in der Herzog-Rudolf- und in der Reichenbachstraße den Schergen der SA zum Opfer. Erst 2006 wurde am Jakobsplatz vor dem Stadtmuseum ein jüdisches Kulturzentrum geschaffen, das ein Museum, eine Begegnungsstätte und nun auch wieder eine Synagoge beherbergt.

Münchner Abkommen, Hitler-Attentat

Am 29. September 1938 unterzeichneten Großbritannien, Frankreich, Italien und das Deutsche Reich das Münchner Abkommen, die Tschechoslowakei hatte damit die Sudetengebiete Deutschland zu überlassen. Hitler nahm das Abkommen als Freibrief für den Einmarsch in die Tschechoslowakei. Am 8. November 1939 verübte Georg Elser im Münchner Bürgerbräukeller einen Anschlag auf Adolf Hitler, der scheiterte.

Die Weiße Rose

> Das Gesetz ändert sich, das Gewissen nicht. (Sophie Scholl)

Hans Scholl studierte an der Ludwig-Maximilian-Universität Medizin, seine Schwester Sophie Biologie und Philosophie. Am 22. Februar 1943 wurden beide in Stadelheim enthauptet. Wenige Tage zuvor hatten sie mit »Die Weiße Rose« signierte Flugblätter in den Lichthof der Universität flattern lassen. Darin riefen sie zur Rüstungssabotage auf und prangerten die Verbrechen der Nazis an. Direkt vor dem Haupteingang der Universität, am Geschwister-Scholl-Platz, erinnert heute ein Denkmal an die beiden. Zu sehen sind in den Boden eingelassene steinerne Flugblätter, Fotos, Texte und Gerichtsurteile.

FILM **AB!**

»München leuchtete« – das wusste schon Thomas Mann. Und München leuchtet noch immer – am schönsten in den frühen Morgenstunden oder abends kurz vor dem Sonnenuntergang. Am zweitschönsten aber leuchtet München vielleicht im Film.

Die den Drachen (Fuchur) reiten: Auch Michael Endes *Die Unendliche Geschichte* wurde in den Bavaria Filmstudios gedreht.

In den bereits im Jahr 1919 gegründeten Bavaria-Ateliers im südlichen Münchner Stadtteil Geiselgasteig wurde und wird so manche Sternstunde des deutschen und internationalen Films abgedreht. Als die Ufa mit den Babelsberger Studios nach dem Zweiten Weltkrieg hinter dem Eisernen Vorhang des geteilten Berlin verschwand, entwickelte sich »die Bavaria« sogar zu Deutschlands größter Traumfabrik. Neben deutschen Regisseuren wie Rainer Werner Fassbinder, Wolfgang Petersen und Wim Wenders drehten hier auch Hollywoodkollegen wie Ingmar Bergman, Claude Chabrol, Alfred Hitchcock, John Huston, Stanley Kubrik, Billy Wilder und Orson Welles. In den 1980er-Jahren brach für die Studios eine neue Epoche an: Das U-Boot aus dem Film *Das Boot* und der Drache Fuchur aus *Die Unendliche Geschichte* wurden selbst zur Sehenswürdigkeit – die »Bavaria-Filmtour« war geboren. Heute ist eine Führung durch die »Bavaria Filmstadt« mit 4-D-Erlebniskino und (den Filmen des Münchner Multitalents Michael »Bully« Herbig gewidmeten) »Bullyversum« – ein Highlight im Besichtigungsprogramm der Stadt (Bavariafilmplatz 7, Geiselgasteig, Tel. 089 64 99 20 00, www.filmstadt.de, 12. April–2. Nov. tägl. 9–18 Uhr – Beginn der letzten Führung –, im Winter 10–17 Uhr, Tram Nr. 25 Bavariafilmplatz, Eintritt Filmstadt komplett 27,50 €, Filmstadt und Bullyversum einzeln jeweils 13 €, 4-D-Erlebniskino einzeln 5 €).

Rainer Werner Fassbinder und Helmut Dietl

Ein Gegengewicht zum etablierten Film- und Theaterbetrieb Münchens bildete in den 1970er-Jahren der Schauspieler- und Freundeskreis um Rainer Werner Fassbinder. Der 1945 im bayerischen Bad Wörishofen geborene, 1982 in München gestorbene Regisseur gründete 1968 zusammen mit Peer Raben und Hanna Schygulla in München das Schauspielkollektiv »antitheater«, das mit unkonventionellen Inszenierungen für Aufsehen sorgte. 1969 drehte er seinen ersten Spielfilm *Liebe ist kälter als der Tod*; für *Katzelmacher*, einen Film über ein Gastarbeiterschicksal, erhielt er ein Jahr später den Bundesfilmpreis. Für seine 13-stündige Fernsehserie *Berlin Alexanderplatz* wurde das Nachkriegs-Berlin in den Bavaria-Studios aufgebaut. Am meisten über München und die Münchner aber erfährt man in den unvergesslichen TV-Serien von Helmut Dietl: *Münchner Geschichten, Der ganz normale Wahnsinn, Monaco Franze – Der ewige Stenz* und *Kir Royal*. Vom Monaco Franze stammt auch das »Münchner Motto« schlechthin: »A bissl was geht immer.«

Werdende Cineasten in der Kulisse von *Das Boot* in der Bavaria-Filmstadt

AND THE OSCAR GOES TO …

… **Caroline Link**: 2003 erhielt die mit ihrem Lebensgefährten, dem gebürtigen Münchner **Dominik Graf** (*Der Felsen, Die geliebten Schwestern*) in der Stadt an der Isar lebende Regisseurin die begehrteste Auszeichnung der Branche für ihren Spielfilm *Nirgendwo in Afrika*. Beide gehören zu den deutschen Filmemachern, die auch international große Anerkennung genießen. Mit dem leider früh verstorbenen Filmkritiker **Michael Althen** schuf Graf zudem wohl das schönste Münchenporträt in bewegten – und bewegenden – Bildern: *München – Geheimnisse einer Stadt* (2000). Von Caroline Link kam zuletzt der Spielfilm *Exit Marrakech* (2013) in die Kinos.

IST DAS **KUNST ...**

... oder kann das weg? Solch ketzerische Fragen hört man im gern (aber zu Unrecht) als (zu) konservativ gescholtenen München allenfalls noch von Leuten, die den Namen Joseph Beuys kaum buchstabieren könnten. Tatsächlich ist das Interesse der Münchner am Kunstgeschehen groß – auch jenseits der »Blauer Reiter«- und »Brücke«-Tradition.

Die ganz großen Locations

Natürlich stehen die **Pinakothek der Moderne** (➤ 117f) mit ihrer Melange aus Gebrauchskunst und Abstraktem, das **Museum Brandhorst** (➤ 114) mit seinen Erwerbungen aus dem zeitgenössischen Sektor und das **Buchheim-Museum** (➤ 172f) auf den ersten Plätzen der arrivierten Kunstschauen in und um München. Dazu kommt noch das **Haus der Kunst** (➤ 98), das sich mit seinen Ausstellungen von Künstlern wie Matthew Barney oder Anish Kappor zu einem der wichtigsten Darsteller zeitgenössischer Kunst in Deutschland gemausert hat. Schließlich: der **Kunstbau des Lenbachhauses** (➤ 111) am Königsplatz mit seinen spannenden Wechselausstellungen.

Die nicht ganz so Großen

An der Kreuzung Maximilianstraße und Altstadtring widmet sich das **Maximiliansforum** (Maximilianstr. 40, www.maximiliansforum.de) aktuellen Strömungen in der Kunst – einfach hinuntergehen in die Unterführung! Der **Kunstverein München** (Galeriestr. 4, Tel. 089 22 11 52) stellt in seinen Räumlichkeiten am Hofgarten die Werke seiner (lebenden) Mitglieder aus

Diese Seite links/rechts: Pinakothek der Moderne, Haus der Kunst.
Rechte Seite links/rechts: Kunstverein München, Sammlung Goetz.

und begreift sich als Plattform für die Diskurse der Kunstszene. Im Gebäude des Völkerkundemuseums haben im **Berufsverband Bildender Künstler** (Maximilianstr. 42, Tel. 089220463) organisierte Münchner ein Forum, in dem vornehmlich Debütanten zu Bild kommen. Die **Sammlung Götz** (Oberföhringer Str. 103, Tel. 08995939690) zeigt die mediale Vielfalt heutiger Ausdrucksformen und erwarb sich damit auch internationales Renommee. Wer im Juli in der Stadt ist, darf die einwöchige Jahresausstellung der Studentenarbeiten der **Akademie der Bildenden Künste** (Akademiestr. 2–4, Tel. 08938520) nicht versäumen.

ARCHITEKTUR DER ZUKUNFT

U-Bahn-Fahren und Architekturgenuss lassen sich in Münchens neueren U-Bahn-Linien bestens verbinden. Nehmen Sie doch die U2 oder U8 zum U-Bahnhof Am Hart (Architekten Hilmer/Sattler) mit seinen blauen Glasmosaikwänden und strahlender Aludecke. Roh verputze Wände und Glas geben dem U1-Bahnhof Westfriedhof (Architekten Auer & Weber) ein ganz besonderes Flair! Mit der U2 oder U7 erreichen Sie die Station Messestadt-West mit ihrem mutigen Lichtkonzept.

Die Kleinen

Ungezählt sind die kleinen und größeren, reicheren und erbärmlich armen, seit Jahrzehnten etablierten oder nur für eine Woche existenten, stolzgeschwellt in der Maximilianstraße prunkenden oder in Hinterhofgaragen am Glockenbach versteckten Galerien. Und (fast) immer sind gerade die Letzteren die, die es zu entdecken wert sind. Gefunden werden sie im Flyer des städtischen Kulturreferates *Zeitgenössische Kunst – Galerien München* (liegt in den Touristeninformationen und in Kneipen aus).

WAS **LEIB & SEELE** ZUSAMMENHÄLT

Münchner Spezialitäten sind nicht gerade dafür bekannt, karlorienarm zu sein. Kein Wunder, dass der Münchner ob solch deftiger Verführer zur barocken Fülle neigt …

Deftig heißt allerdings nicht unkompliziert: Allein das Beispiel der Münchner Weißwurst zeigt, wie aufwendig das Regelwerk der Zubereitung und des richtigen Verzehrs sein kann. Dass sie mit Kalbfleisch, Zwiebeln und frischer Petersilie gefüllt sein muss, ist ebenso vorgeschrieben wie die Tatsache, dass sie immer stückweise und ja nicht paarweise bestellt wird. Ist die Wurst auf dem Teller, wird die Haut der Länge nach aufgeritzt und die Wurst halbiert. So schlüpft das Brät elegant aus der Pelle und kann mit süßem Senf und frischen Brez'n als Brotzeit genossen werden. Nach 12 Uhr sind Weißwürste übrigens tabu! Eigentlich gab es ja schon im Frankreich des 14. Jh.s ähnliche Würste. Neu »erfunden« wurden die Weißwürste in München Mitte des 19. Jh.s zumindest insofern, als man bei den Bratwürsten den Kalbs- durch einen Schweinedarm ersetzte.

Weißwürste – frisch aus dem bayerischen Gourmethimmel

BROTZEIT – IST DIE SCHÖNSTE ZEIT!

Eine unverzichtbare Säule der Münchner Brotzeit ist der **Leberkäs'**, der weder mit Leber noch mit Käse etwas zu tun hat. Vielmehr besteht er aus gehacktem Rind- und Schweinefleisch, Speck und Zwiebeln, die im Ofen zu einem kompakten Laib mit knuspriger Kruste verbacken werden. Eine köstliche Sommerspezialität ist ein **»Obatzda«**: Ingredienzien sind reifer Camembert, Butter, klein gehackte Zwiebeln, Pfeffer, Salz, Kümmel und viel süßer Paprika. Beliebteste Münchner Brotzeitbeilage ist ein mit Salz bestreutes Weizenhefegebäck! Kennen Sie nicht? Eine **Brez'n** natürlich!

Braten und Knödel

Kartoffel- und Semmelknödel begleiten in München viele Fleischgerichte, so beispielsweise den »Schweinsbrodn«, der nur dann als gelungen gelten kann, wenn seine Kruste richtig kross ist. Eine »Schlachtplatt'n« besteht aus verschiedenen Würsten, Sauerkraut und natürlich Knödel. Echt ist sie aber nur, wenn auch Blut- und Leberwürste dazu gereicht werden. Münchner Kronfleisch gibt's als Brotzeit und als Hauptgericht: Das grobfaserige, gekochte Rindfleisch harmoniert hervorragend mit frisch geriebenem »Kren« (Meerrettich). Der Sauerbraten ist ein beliebtes Festtagsgericht. Das fein säuerliche Aroma spült man idealerweise mit einem frisch gezapften Bier hinunter.

Helles, Weizen, Bock

Zwar beobachten auch die Münchner Braubetriebe einen Rückgang des Bierkonsums zugunsten des Weins, aber noch ist der Bierhimmel über Bayern in Ordnung. Als das klassische bayerische Bier gilt ein Helles, sein spritziges Pendant ist das aus Weizen gebraute Weißbier oder Weizen.

Besondere Zeiten erfordern besondere Stärkung: Deshalb wird in der Fastenzeit das kräftige, etwas nach Malz schmeckende Starkbier oder Doppelbock gebraut, dessen 7 % Alkoholgehalt nicht alle Wirtshausgäste auf Dauer gewachsen sind.

Starkbier ist auch das Wiesnbier, allerdings wird die »Mass« meist so nachlässig eingeschenkt, dass es schon mehrerer dieser Ein-Liter-Glaskrüge bedarf, um einen trinkfesten Wiesngast umzuhauen.

MIT LAPTOP & LEDERHOSE

Mikrochips, Biotechnologie und schnelle Autos – München mag sich zwar bis heute seinen Charme als »Millionendorf« bewahrt haben, spielt aber als Hightechstandort ganz oben in der globalen Liga.

Form follows function: in der BMW Welt am Olympiapark

München ist der viertgrößte Hightechstandort weltweit. Allein 4000 große und kleine Unternehmen dieser Branche sind im Großraum angesiedelt, Microsoft und Infineon unterhalten Niederlassungen in München, Global Player wie Siemens und BMW sind traditionelle Münchner Unternehmen. In den Forschungs- und Entwicklungsabteilungen dieser beiden Firmen arbeiten 30 000 hoch qualifizierte Beschäftigte an neuen Entwürfen, die dann praktischerweise auch gleich beim Europäischen Patentamt angemeldet werden können, das wie das Deutsche Patentamt ebenfalls in München residiert.

Forschung und Fertigung

Von den schnellen Patentverfahren profitiert auch die Biotechnologie. Ende der 1990er-Jahre erlebte München einen Gründungsboom in dieser Branche; heute arbeiten und forschen rund 250 Unternehmen mit etwa

Moderne Zeiten auch in der Architektur: Highlight Towers der Architekten Murphy/Jahn

5000 Mitarbeitern in diesem Bereich, die meisten eng verflochten mit dem Max-Planck-Institut für Biochemie in Martinsried im Südwesten der Stadt. Dank der Airbus Group sind München und sein Vorort Ottobrunn mit Forschung, Entwicklung und Produktion auch ein wichtiger Standort der Luft- und Raumfahrtindustrie. Hinzu kommt der IT-Bereich: In keiner anderen Metropolregion Deutschlands gründen sich heute so viele »Netzwerk-Unternehmen« wie in der bayerischen Landeshauptstadt.

Innovation und Architektur

So viel Bereitschaft zu Dynamik und Innovation sieht man der Stadt auf den ersten Blick nicht an. Nicht Glastürme, sondern die Zwiebelkappen der Frauenkirche prägen die Stadtsilhouette, und bei allen diskutierten Hochhausplänen gilt nach wie vor das Gesetz, dass dieses Bild der Altstadt keinesfalls gestört werden darf. Erst in den letzten zwei Jahrzehnten wurden Projekte angestoßen wie Helmut Jahns »Highlight Munich Business Towers« an der Stadteinfahrt der Nürnberger Autobahn, das »Münchner Tor« an der Berliner Straße oder »Uptown Munich« am Georg-Brauchle-Ring beim Olympiagelände. Allzu forscher Innovation sind allerdings auch Grenzen (des Bürgerwillens) gesetzt: Zwar wurden die Pläne, den jährlich von fast 40 Mio. Passagieren genutzten Flughafen Franz Josef Strauß durch eine dritte Startbahn zu erweitern, 2014 von den Gerichten genehmingt, obwohl sich zuvor ein Bürgerentscheid dagegen ausgesprochen hatte. Aber gegen die Münchner Bewerbung für Olympia 2022, eine Lieblingsidee der Stadtoberen, setzten sich die Bürger erfolgreich durch: Nun gibt es also keine neuen Prachtbauten, keine verprassten Steuergelder – und die Immobilienpreise wie die Mieten steigen vielleicht nicht noch schneller in den weiß-blauen Himmel über der Stadt, als sie es jetzt schon tun.

Erster Überblick

Ankunft

Flughafen Franz Josef Strauß/Erding

Der internationale Flughafen (www.munich-airport.de/) liegt etwa 30 km nordöstlich von München. Terminal 2 ist der Lufthansa, ihren Kooperationspartnern und der Chartergesellschaft Condor vorbehalten, alle anderen Gesellschaften starten und landen von Terminal 1.

Flughafentransfer

- Ein **Taxi** in die Innenstadt kostet um die 60 Euro, die Fahrzeit beträgt ca. 30 Minuten, in verkehrsreichen Zeiten auch mehr.
- Der **Lufthansa Airport Bus** verbindet den Flughafen mit dem Hauptbahnhof; Fahrgäste, die in die nördlichen Stadtteile wollen, können beim einzigen Zwischenhalt an der U-Bahn-Station Nordfriedhof aussteigen. Tickets verkauft der Fahrer, ein Rückfahrschein kostet 17 Euro, die Einzelfahrt 10,50 Euro, Abfahrt zwischen 5.15 und 20 Uhr alle 20 Minuten.
- Die Linie S 8 der **S-Bahn** verkehrt zwischen Flughafen und Hauptbahnhof, die hinteren Wagons der Linie S 1 ebenfalls. Die Fahrt dauert ca. 40 Minuten, Abfahrt ist während der Hauptzeiten alle 10 Minuten (zwischen 24 und 3 Uhr alle 20 bis 40 Minuten). Die S-Bahnhöfe befinden sich in den Untergeschossen des Hauptbahnhofes und des Flughafens. (Kosten ➤ 41)

Telefonische Informationen

Flugauskunft: Tel. 089 97500; Parkauskunft: Tel. 089 97521922; Fundbüro: Zentralbereich Ebene 03, Tel. 089 97521370

Hauptbahnhof

Der Münchner Hauptbahnhof ist ein Kopfbahnhof (gilt nicht für S-Bahn); hier halten alle Züge. Teilweise stoppen die Fernzüge aus Richtung Osten auch am Ostbahnhof, aus Westen am Bahnhof München-Pasing. Am Hauptbahnhof sind zahlreiche Serviceeinrichtungen und Läden verfügbar.

Telefonische Informationen

Fahrplanauskunft: kostenfrei Tel. 0800 1507090, persönliche Beratung Tel. 01806 996633 (20 ct/Min. aus dem dt. Festnetz); Fundbüro: Haupthalle gegenüber Gleis 26, Tel. 0900 1990599 (0,59 Euro aus dem dt. Festnetz)

Anfahrt mit dem Auto

Auf den Mittleren Ring stoßen die Autobahnen aus Richtung Nürnberg (A 9), Passau (A 94), Salzburg (A 8), Garmisch (A 95) und Lindau (A 96). Die Autobahn aus Richtung Stuttgart (A 8) endet in den westlichen Stadtvierteln.

Touristeninformationen

- Postanschrift für Informationsmaterial: **Tourismusamt**, 80331 München; Tel. 089 23396500, www.muenchen-tourist.de; Mo–Fr 9–17 Uhr.
- Touristeninformationen gibt es im **Hauptbahnhof**, Bahnhofsplatz 2, Mo–Sa 9–20, So 10–18 Uhr (U-Bahn: Hauptbahnhof), und am **Marienplatz**, Neues Rathaus, Mo–Fr 9–19, Sa 9–16, So 10–14 Uhr (U-Bahn: Marienplatz).
- Die Touristeninformationen verkaufen die **City Tour Card** in mehreren Versionen (➤ 41, 196).

Unterwegs in München

München hat ein ausgezeichnetes U- und S-Bahn-System, zahlreiche Buslinien und die berühmten weiß-blauen Straßenbahnen (Tram). Auf 700 km summieren sich die Fahrradwege und machen die Stadt zu einem Eldorado für Radfahrer. Wer nicht selbst strampeln will, kann sich eine Rikscha mieten.

Öffentlicher Nahverkehr

- Die **S-Bahn** bindet das Umland an das Zentrum an; auf der Stammstrecke zwischen Hauptbahnhof und Ostbahnhof verlaufen die Linien unterirdisch. Übergänge auf der Stammstrecke erlauben einen bequemen Zugang zur **U-Bahn** mit den Linien U 1 bis U 8, die fast den gesamten Stadtbereich erschließen.
- 10 **Tramlinien** ergänzen das U-Bahn-Netz. Sie treffen sich alle am Hauptbahnhof oder Karlsplatz (Stachus)
- Das Wegenetz wird durch **Buslinien** verfeinert. Die Buslinie 100 wird gerne als Museenlinie bezeichnet, da sie vom Ostbahnhof kommend über die Prinzregentenstraße die dortigen Museen mit den Pinakotheken verbindet und weiter zum Hauptbahnhof fährt.
- **Nachtlinien:** Während der Ruhezeit des Verkehrsverbundes fahren auf bestimmten Strecken und besonders an den Wochenenden Busse und Straßenbahnen etwa alle 30 Minuten. Auch die U-Bahnen verlängern an den Wochenenden teilweise ihren Fahrplan.

Fahrscheine

- Im Münchner Verkehrs- und Tarifverbund (MVV) sind U-Bahn, S-Bahn, Bus und Tram vereinigt. Das Preissystem des Verkehrsverbundes halten viele für kompliziert. Wenn Sie es umgehen möchten, kaufen Sie sich einfach die **City Tour Card** (➤ 196) bei der Touristeninformation.
- An allen Haltestellen sind Automaten aufgestellt, sie akzeptieren Münzen, Scheine und Geldkarten. Aus allen Automaten erhalten Sie Einzelfahrkarten (Erwachsene mit Geldkarte 2,50 Euro, bar 2,60 Euro pro Zone, Kinder 1,30 Euro für beliebig viele Zonen) und Streifenkarten mit 10 Streifen (Mehrfahrtenkarten; Erwachsener 12,50 Euro für 5 Fahrten in jeweils einer Zone, bzw. für eine Fahrt über 5 Zonen, Jugendlicher 6,25). Auch **Tageskarten** und **Dreitageskarten** (nicht mit City Tour Card verwechseln!) gibt's im Automaten.
- Jede Fahrkarte muss bei Betreten des Bahnsteigbereichs in den dort aufgestellten **Entwertern** abgestempelt werden (Streifenkarten entsprechend knicken und einschieben). Bei Bussen und Straßenbahnen befinden sich die Entwerter in den Fahrzeugen.
- **Kinder** unter sechs Jahren haben freie Fahrt, von sechs bis 14 Jahren gilt ein Einheitspreis für das gesamte Netz (besondere Einzelfahrkarten, auf Streifenkarten immer nur 1 Streifen), Fahrgäste unter 21 Jahren entwerten nur die Hälfte der Streifen der Erwachsenenkarte.
- Das **Tarifgebiet** ist kreisförmig in die Innenstadtzone (auf den Plänen weiß gekennzeichnet) und drei weitere Zonen (grün, gelb und rot) unterteilt, der **Fahrpreis** richtet sich nach der Anzahl der Zonen. Wird eine Zone verlassen und später wieder befahren, ist sie doppelt zu zählen.
- Für das weiße Gebiet und eine Fahrt genügt die **Standard-Einzelfahrkarte** oder **zwei Streifen** auf der Streifenkarte (Umsteigen ist zulässig, nicht jedoch eine Rundfahrt). Die Gültigkeitsdauer für die Einzelfahrt beträgt 3 Stunden (Kurzstrecke 1 Stunde, Kinder 4 Stunden).

- Bei **Fahrten durch zwei oder mehr Zonen** sind bis maximal vier Zonen pro Zone zwei Streifen zu entwerten. Gültigkeitsdauer bei Mehrzonenfahrten: 4 Stunden. Zum Flughafen müssen acht Streifen entwertet werden.
- **Kurzstreckenkarten** (Erwachsene 1,30 Euro bzw. 1,25 Euro oder ein Streifen auf der Streifenkarte) gelten auf Strecken mit maximal vier Bus- oder Tramhaltestellen und maximal zwei U- oder S-Bahn-Haltestellen (unabhängig davon, ob das Verkehrsmittel an den Bahnhöfen hält). Die Gültigkeitsdauer beträgt 1 Stunde.
- **Räder** dürfen Sie nur in U- und S-Bahnen mitnehmen (allerdings nicht während der Sperrzeit Mo–Fr 6–9 und 16–18 Uhr); für das Rad ist eine eigene Fahrkarte zu lösen.
- Wird man bei einer Fahrscheinkontrolle ohne oder ohne gültigen (z. B. nicht entwerteten) Fahrausweis erwischt, landläufig **»Schwarzfahren«** genannt, ist ein erhöhtes Beförderungsentgelt von 40 Euro zu entrichten.

Taxi

Taxis bekommen Sie an den zahlreichen überall im Stadtgebiet verteilten Standplätzen und über die Funkzentrale (Taxizentrale Tel. 089 216 10 oder Isar-Funk Tel. 089 45 05 40).

Fahrräder

- **Radius-Bikes** vermietet von April bis September im Hauptbahnhof neben Gleis 32 Fahrräder (Tel. 089 54 34 87-77 30, www.radiustours.com).
- Ein flexibles System bietet **Call a bike**: Die silber-roten Fahrräder stehen an jeder größeren Kreuzung in München. Sind Sie einmal als Kunde registriert (online möglich über www.callabike-interaktiv.de oder telefonisch unter Tel. 069 42 72 77 22), brauchen Sie nur die auf dem gewünschten Fahrrad angegebene Telefonnummer zu wählen und ihre Kundennummer anzugeben. Das Rad wird freigeschaltet und kann an beliebiger Stelle wieder abgestellt werden. Per Telefon werden Rückgabe und Standort durchgegeben; der Mietpreis (max. 9 Euro/Tag oder Abrechnung im Minutentakt) wird dann einfach von Ihrer Kreditkarte abgebucht.

Mit dem Auto

In den Randbereichen der Stadt finden Sie preiswerte Park-and-ride-Parkplätze z. B. an den U-Bahn-Stationen Studentenstadt (im Norden, U 6), Messestadt-Ost (im Osten, U 2), Fürstenried-West (im Süden, U 3) und an den S-Bahn-Stationen Karlsfeld (S 2) und Westkreuz (S 5, S 6) im Westen. Nutzen Sie dieses Angebot, denn die Parkplätze in der Innenstadt sind limitiert und sehr teuer. Für eine Stunde Parken innerhalb des Altstadtrings bezahlen Sie ab 3 Euro/Stunde. Parkhäuser finden Sie in der südlichen Innenstadt z. B. in der Herzogspitalstraße und am Altheimer Eck, in der nördlichen Innenstadt an der Hochbrückenstraße. Der Bereich innerhalb des Mittleren Rings wurde zur Umweltzone erklärt. Dort dürfen nur Autos mit einer an der Windschutzscheibe angebrachten grünen Umweltplakette fahren (zu bestellen unter www.umweltplakette.de; etwa eine Woche Vorlaufzeit).

Stadtbesichtigung

- **Rundfahrten mit dem Bus: Sightseeing Gray Line** (Arnulfstr. 8, www.stadtrundfahrten-muenchen.de) bricht vom Kaufhaus Karstadt am Bahnhofsvorplatz zu unterschiedlichen Stadtrundfahrten auf (9–17.30 Uhr). Abfahrten sind stündlich. Ebenfalls stündlich (10–17, im Winter bis 16 Uhr) fahren die Doppeldeckerbusse der Yellow Cab Stadtrundfahrten

(Elisenstr. 3a, www.citysightseeing-muenchen.de) am Bahnhofsvorplatz vor dem Elisenhof los. Das Dach des Oberdecks ist im Sommer offen.

- **Stadtrundgänge:** Mit **Stattreisen** (Frauenlobstr. 24, Tel. 089 54 40 42 30, www.stattreisen-muenchen.de) geht es jeden Samstag und Sonntag, von Mai bis August auch an Wochentagen, zu Fuß durch verschiedene Stadtteile. Die Rundgänge dauern etwa 2 Stunden. Im Angebot sind auch Tramrundfahrten und eine Inline-Skate-Tour im Olympiapark. **Spurwechsel** (Ohlmüllerstr. 5, Tel. 089 69 24 66 99, www.spurwechsel-muenchen.de) möchte seinen Gästen weniger bekannte Plätze und Geschichte(n) nahebringen. Auf unterschiedlichen Rundgängen erfährt man z. B. alles zum bürgerlichen München, über die Räterepublik und die NS-Zeit oder die Bierstadt. Der **Weis(s)e Stadtvogel** (Unterer Anger 14, Tel. 089 20 32 45 36 0, www.stadtvogel.de) macht seine Führungen in mehreren Fremdsprachen und auf Bayerisch (Altstadtführung jeden Freitag, Samstag und Sonntag 10.30 und 13 Uhr, im Sommer tägl., Treffpunkt ist die Mariensäule am Marienplatz, Voranmeldung nicht erforderlich).
- **Geführte Fahrradtouren:** Mit City Hopper (Hohenzollernstr. 95, Tel. 089 272 11 31) und den unter »Stadtrundgänge« genannten Firmen kann man die Stadt auf dem Fahrrad entdecken (Räder werden verliehen).
- **Stadtbesichtigung mit der Kutsche:** Die Kutscherei Hans Holzmann (Schwere-Reiter-Str. 22, Tel. vormittags 089 18 06 08), das einzige verbliebene Kutschunternehmen in München, fährt Sie durch den Englischen Garten oder durch die Altstadt. Falls Sie nicht vorausplanen wollen: Ab Mittag stehen die Kutschen am Chinesischen Turm im Englischen Garten.
- **Mit der Rikscha durch die Stadt:** Rikscha-Mobil, das Radl-Taxi (Tel. 089 24 21 68 80, www.rikscha-mobil.de), schaukelt Sie durch München. Fester Standort ist der Marienplatz, aber auch am Odeonsplatz sind die Rikschas häufig zu finden. Wer will, kann sich die Rikscha auch ohne Fahrer mieten und z. B. seine Schwiegermutter selbst durch die Stadt strampeln.
- **Individuelle Taxitouren:** Die Taxi-Guide-Sight-Seeing-Tours (Tel. 0175 481 28 48, www.taxi-guide-muenchen.de) werden von vom Fremdenverkehrsamt ausgebildeten Fahrern in verschiedenen Sprachen durchgeführt.
- **Rundflüge:** Vielleicht ist der Abstand zum Erdboden etwas groß, aber einen besseren Überblick können Sie nicht bekommen. Außerdem haben Sie das Vergnügen, in einer ehrwürdigen Tante zu fliegen, der JU-52 – höllenlaut, dennoch ein Erlebnis (Buchungen über JU-52 Buchungsservice, Oberdillerstr. 29, 82065 Baierbrunn, Tel. 0700 58 52 35 84 oder 08157 90 02 79, www.ju-52.com).

Floßfahrten

Die Fahrt auf einem Floß von Wolfratshausen die Isar hinunter zur Floßlände beim Tierpark (Mai bis September) ist ein ganz besonderes Erlebnis: Es geht durch eine der schönsten Landschaften Deutschlands – auch eine wilde Schussfahrt über die längste Floßrutsche Europas steht auf dem Programm. Fassbier und Blasmusik tragen zur Stimmung bei.
Flöße legen tägl. zwischen 9 und 10 Uhr von der Isarfloßlände an der Marienbrücke in Wolfratshausen ab, um regulär zwischen 15 und 16.30 Uhr in München-Thalkirchen anzulegen. Weitere Informationen: Herr Angermaier, Kalkofenstr. 12 A, 83661 Arzbach, Tel. 08042 12 20, www.isarflossfahrten.de; Franz und Sebastian Seitner, Heideweg 9, 82515 Wolfratshausen, www.flossfahren.de; Josef Seitner, Lindenweg 1, 82515 Wolfratshausen, Tel. 08171 78518, www.flossfahrt.de).

Übernachten

In den über 60 000 Betten der rund 400 Hotels und Pensionen aller Kategorien übernachten jährlich mehr als 6 Mio. Besucher. Noch einmal so viele nächtigen bei Freunden und Bekannten. 40 % der Gäste kommen aus dem Ausland. Damit ist München nach Berlin die meistbesuchte Stadt Deutschlands, bei den Übernachtungskosten einsame Spitze im Land, aber keinesfalls mit London, Rom oder Paris zu vergleichen. Deren durchschnittlicher Bettenpreis liegt mehr als 50 % über dem Münchner. Jeder findet also sicherlich eine passende Unterkunft – sei es auf dem Zeltplatz, in der Jugendherberge, im familiären Mittelklassehotel oder schwelgend im Luxus. Preisgünstigere Übernachtungsmöglichkeiten findet man übrigens auch im Münchner Umland – dank guter öffentlicher Verkehrsanbindung (S-Bahn-Bereich) sind die Sehenswürdigkeiten in der Innenstadt schnell und bequem zu erreichen.

Stadtteile

Die Hotels sind bunt gemischt über das ganze Stadtgebiet verteilt. Die **meisten Hotels** stehen im Zentrum um den Hauptbahnhof herum. Wer sich durch die südlich des Bahnhofs angesiedelten Sexshops gestört fühlt, sollte sich etwas entfernt von diesem Viertel niederlassen. Ein Sicherheitsproblem gibt es jedoch keinesfalls. Die **luxuriösen Hotels** liegen um die Theatinerstraße herum, und wer in Politik und Wirtschaft, Film oder Funk etwas auf sich hält, nächtigt in ihnen. Die großen Hotelketten haben ihre postmodernen Prachtburgen außerhalb der Altstadt errichtet. Relativ **günstige Hotels** sind hauptsächlich um den Hauptbahnhof, ansonsten aber auch im ganzen Stadtgebiet zu finden.

Reservierungen

Zimmerbestellungen nimmt das Tourismusamt für seine Partnerhotels schriftlich, telefonisch (Mo–Fr 9–17 Uhr) oder per E-Mail entgegen (Tourismusamt, Sendlinger Str. 1, 80331 München, Tel. 089 23 39 65 55, www.muenchen-tourist.de). Persönliche Buchungen sind in den beiden Büros am Bahnhofplatz 2 und im Neuen Rathaus möglich. Auf der Internetseite ist auch das vollständige Hotelverzeichnis Münchens zu finden mit Links zu den jeweiligen Hotels.

Privatunterkünfte

Die als Internet-Plattform international tätige Firma Airbnb (www.airbnb.de) vermittelt Privatzimmer mit Frühstück, möblierte Apartments, Wohnungen und Häuser über kürzere und längere Zeiträume.

Jugendherbergen und -gästehäuser

Ein Jugendgästehaus befindet sich im **Zentrum**. Das nahe dem Bahnhof gelegene CVJM-Jugendgästehaus (Landwehrstr. 13, Tel. 089 552 14 10, www.cvjm-muenchen.org) nimmt Jungen, Mädchen und Erwachsene auf (Einzel-, Doppel- und Dreibettzimmer, Restaurant, Rezeption 8–0.30 Uhr). Das Jugendgästehaus International (Elisabethstr. 87, Tel. 089 12 00 60, www.haus-international.de) in Schwabing hat Einzel-, Zweibett- und Mehrbettzimmer teils mit Dusche und WC, teils mit Etagenbad; wer will, bucht Halbpension; Restaurant und eine Diskothek sind vorhanden. Im ökologischen Jugendhotel *4 you münchen* (Hirtenstr. 18, Tel. 089 552 16 60, www.the4you.de) gibt es Einzel-, Doppel- und Mehrbettzimmer mit eigenem oder Etagenbad; auch hier dürfen Erwachsene nächtigen (Kinderbetreuung, Cafeteria, keine Sperrstunde). In **Neuhausen** hat die Jugendherberge (Wendl-Dietrich-Str. 20, Tel. 089 20 24 44 90, www.muenchen-city.jugendherberge.de) auch Doppelzimmer; hinein dürfen bis 26-Jährige und Familien mit mindestens einem minderjährigen Kind (keine Sperrstunde). Das Ausbildungshotel St. Theresia in **Neuhausen/Gern** (Hanebergstr. 8, Tel. 089 12 60 50, www.ausbildungshotel-st-theresia.de nimmt in seinen Einzel-, Doppel- und Mehrbettzimmern jeden ohne Altersbeschränkung auf (keine Sperrstunde). Die Jugendherberge des DJH in **Thalkirchen** (Miesingstr. 4, Tel. 089 78 57 67 70, www.muenchen-park.jugendherberge.de) hat Doppel- und Mehrbettzimmer/Schlafsäle (bis 26 Jahre und Familien mit mindestens einem minderjährigen Kind, keine Sperrstunde).

Campingplätze

Die vier Campingplätze sind an der Peripherie zu finden, zentrumsnächster ist **Thalkirchen** mit U-Bahn-Anschluss beim Zoo (Zentralländstr. 49, Tel. 089 723 17 07, campingplatz.muenchen@web.de, 15. März–31. Okt.). Der Zeltplatz **Obermenzing** (Lochhausener Str. 59, Tel. 089 811 22 35, www.campingplatz-muenchen.de, 15. März–31. Okt.) liegt nahe dem Autobahnende München–Stuttgart. **Langwieder See** ist 2 km vor dem Ende der Autobahn Stuttgart–München (Ausfahrt Langwieder See, Eschenrieder Str. 119, Tel. 089 864 15 66, www.camping-langwieder-see.de, ganzjährig geöffnet). Zum Zeltplatz **Nord-West** (Auf den Schrederwiesen 3, Tel. 089 150 69 36, www.campingplatz-nord-west.de, ganzjährig geöffnet) kommt man auf der Dachauer Straße nach Norden kurz vor Karlsfeld. Jugendliche unter 18 Jahren dürfen nur in Begleitung eines Erwachsenen auf öffentlichen Campingplätzen übernachten; auf dem Zeltplatz des Jugendlagers Kapuzinerhölzl (s. u.) gilt diese Beschränkung nicht.

Jugendlager

»Niemand fühlt sich hier zu Hause, denn alle wollen bleiben.« Das Jugendlager Kapuzinerhölzl *Das Zelt* (mit der Straßenbahn Nr. 17 ab Hauptbahnhof zur Haltestelle Botanischer Garten, Kapuzinerhölzl, In den Kirschen 30, Tel. 089 141 43 00, www.the-tent.com, Anf. Juni–Anf. Okt., keine Sperrstunde) in Trägerschaft der Stadt München ist die Adresse für Jugendliche aus aller Welt. In Großraumzelten für Einzelreisende, Zelten für Gruppen und auf dem Jugendzeltplatz treffen sich junge und jung gebliebene Gäste Münchens aus aller Herren Länder. Man schläft entweder im eigenen Schlafsack oder erhält Decken und Isomatte; Frühstück wird auch serviert. Spiel- und Sportangebote, Stadtrundgänge, Radverleih, Lagerfeuer und Biergarten machen den Aufenthalt angenehm.

Hotels

Das Gros der Münchner Unterkünfte gehört nicht zu den günstigsten Herbergen Deutschlands, dennoch wird man auch im unteren Mittelklassebereich durchaus fündig. Allerdings sollte man beizeiten buchen, insbesondere, wenn Messen oder Großveranstaltungen anstehen. Wer eine Unterkunft zur Wiesnzeit sucht, sollte schon ein Jahr im Voraus anfragen.

PREISKATEGORIEN

Für ein Doppelzimmer, gewöhnlich inklusive Frühstück, gelten folgende Preise:

€ bis 80 Euro **€€** 80–150 Euro **€€€** 150–250 Euro **€€€€** über 250 Euro

Adria Hotel €€

Mediterrane Farben holen in diesem kleinen, feinen Hotel südliche Urlaubsstimmung nach München. Geschmackvoll und freundlich eingerichtet, ist das Adria im Lehel ein eleganter, ruhiger Standort für die Erkundung der Münchner Innenstadt, für Opern- und Museumsbesuche sowie für einen Bummel durch den Englischen Garten.

206 C1 Liebigstr. 8a 089 242 11 70; www.adria-muenchen.de U 2 Lehel

Anna €€€

56 Zimmer in purem Design, und auch sonst sieht man, dass hier Geister mit höchstem ästhetischen Anspruch zugange waren. Alles ist aufs Wesentliche reduziert und wirkt sehr japanisch. Und so werden des Öfteren auch Kurse für Sushi-Zubereitung als Wochenendpaket angeboten. Wer dann noch was für die Fitness tun will, geht ins Hotel Königshof, das die gleichen Besitzer hat und mit einem Stern des Michelin brilliert.

205 D1 Schützenstr. 1 089 59 99 40; www.annahotel.de Karlsplatz

Bayerischer Hof €€€€

1840 sprach Ludwig I. die Errichtung eines angemessenen Hotels in München an, Reichsrat Joseph Ritter von Maffei war der Wunsch Befehl, und einer der ersten Gäste war Kaiserin Sisi von Österreich. 1897 übernahm die Familie Volkhardt das Haus und baute es in vier Generationen zum heutigen Grandhotel aus, das auch das benachbarte ehemalige Montgelas-Palais umfasst. Im Palais wurde übrigens die Räterepublik ausgerufen – aber sie war ja nicht lange von Bestand, und so sind wir heute wieder *entre nous*. Der Night Club ist für seine Cocktails und die ausgelassene Stimmung stadtbekannt, die angeschlossene Galerie für ihre Ausstellungen und die Kleine Komödie in der Passage des Hotels für ihre leichten Stücke.

205 F1 Promenadeplatz 2–6 089 212 00; www.bayerischerhof.de Marienplatz Tram Nr. 19 Theatinerstraße

Cocoon Stachus €€

Bunte, etwas schrille, auf alle Fälle total angesagte 69 Zimmer mitten im Zentrum bei der »Feierbanane« Sonnenstraße. Dass den Gästen neben Clubbing in den Lounges, Bars und Diskos der Nachbarschaft IT-Technik wichtig ist, haben die Betreiber auch erkannt, also sind WLAN, Flatscreen, DVD-Player und Docking Station im Preis mit drin; nach der Internet-Session wird im Ball-Chair entspannt.

205 D1 Adolf-Kolping-Str. 11 089 59 99 39 02; www.hotel-cocoon.de/stachus Karlsplatz

Cortiina €€€

Mooreichenvertäfelung, Parkett und Jura-Naturstein im Bad – urgemütlich? Nein, Sie kommen in ein Designhotel, in dem sich die Materialien und ihr Arrangement nicht in Behäbigkeit verlieren, sondern zur Eindeutigkeit werden, eine Wohltat für Leib und Seele. 33 Zimmer, eine Lounge mit klassischer Musik, Ledersesseln und Kamin sowie ein begrünter Innenhof locken alle ins Haus, denen plüschiger Schick oder postmoderne Grandezza zum Halse heraushängen. Die Bar ist übrigens ein Geheimtipp auch für Münchner.

210 B4 Ledererstr. 8 089 242 24 90; www.cortiina.com Marienplatz

Cosmopolitan €€

»Klar und kühl« heißt das Motto, von Ligne Roset sind die Möbel in den 71 Zimmern, die Fenster schallisoliert. Letzteres ist wichtig, weil man doch im Herzen von Schwabing wohnt und nachts auf der Straße der Bär tanzt. Man findet hier keinen Schnickschnack, nur das, was man braucht, aber irgendwie ist alles edel und gediegen. Und das für den Preis.

202 B1 Hohenzollernstr. 5
089 38 38 10; www.cosmopolitan-hotel.de
Münchner Freiheit Bus Nr. 54
Hohenzollernstraße

Deutsche Eiche €€€

Im Zentrum der Stadt und von Münchens Schwulenrevier liegt dieses alteingesessene Hotel mit Restaurant und eigenem Badehaus. Kein Wunder, dass sich besonders schwule und lesbische Gäste so nahe bei den angesagten Kneipen und Diskotheken wohlfühlen. Die Zimmer sind freundlich und zweckmäßig eingerichtet; es gibt ein rustikales Restaurant und gelegentlich auch Unterhaltungsprogramm.

210 A3 Reichenbachstr. 13
089 231 16 60; www.deutsche-eiche.com
Marienplatz Tram Nr. 16, 18 Reichenbachplatz

Econtel Hotel München €

Das moderne Haus im Münchner Westen ist ruhig und nur zwei Gehminuten von der S-Bahn-Station gelegen. Es bietet komfortable Zimmer verschiedener Kategorien und ist mit seinen »Mickey for kids«-Familienzimmern besonders kinderfreundlich. In den lustig und farbenfroh ausgestatteten Räumen können Eltern mit bis zu zwei Kindern bis 12 Jahren übernachten. Kids bis 6 Jahren dürfen umsonst am Frühstücksbüfett zugreifen.

westlich 208 A5 Bodenseestr. 227
089 87 18 90; www.econtel.de Neuaubing

Englischer Garten €€

Das denkmalgeschützte Gästehaus in einer Mühle aus dem 18. Jh. ist fast eine Villa im Grünen mitten im Herzen von Schwabing und besitzt einen eigenen Garten. Gefrühstückt wird im Sommer draußen, drinnen sind die 12 Zimmer elegant und geschmackvoll eingerichtet. Der Service ist äußerst aufmerksam, wie es sich für ein Haus in Familienbesitz gehört. Den Englischen Garten in der unmittelbaren Nachbarschaft erfährt man sich auf im Hotel geliehenen Rädern. Die Dependance des Gästehauses hat weitere 16 Apartments, diese sind mit Küche ausgestattet.

203 D1 Liebergesellstr. 8
089 383 94 10; www.hotelenglischergarten.de Münchner Freiheit
Bus Nr. 144 Osterwaldstraße

Hauser €€

Im Universitätsviertel gelegen, ist das modern und zweckmäßig möblierte Haus eine beliebte Adresse auch für junge Besucher. Solarium, Sauna und Dampfbad helfen bei der abendlichen Entspannung nach einem Tag auf den Rädern, die das Hotel seinen Gästen zur Verfügung stellt. Für Nachtruhe sorgen die Lärmschutzfenster, denn die Türkenstraße mit ihren Kneipen ist schließlich gleich um die Ecke. 33 Zimmer zählt das von Hausers familiär geführte Haus.

206 A3 Schellingstr. 11 089 286 67 50; www.hotel-hauser.de Universität
Bus Nr. 153 und 154 Universität

H'Otello Boardinghouse €€

Freundlich eingerichtete, moderne Apartments mit Kochgelegenheit für Selbstversorger: Dieses Haus in Westschwabing ist nicht nur bei Geschäftsreisenden beliebt! Auch Familien und junge Reisende schätzen die Möglichkeit, sich selbst ein Süppchen warm zu machen oder das Frühstück zuzubereiten. Wer sich lieber bedienen lässt, findet am Frühstücksbüfett ein reichhaltiges Angebot.

202 A2 Fallmerayerstr. 22
089 307 92 00; www.hotello-boardinghouse.de Hohenzollernplatz

Kempinski Vier Jahreszeiten €€€€

Graf Törring liebte es bequem, gab sein Pferd nicht dem Stallmeister am Eingang in Obhut, sondern zog den Ritt durch Halle und über Treppen bis zu seinem Zimmer vor.

Die Zeiten sind vorbei, doch der Luxus hat sich gehalten – und die zentrale Lage. Die elegante Atmosphäre mit Mahagoni und Messing unter einer Glaskuppel lädt nicht nur Hotelgäste zum Fünf-Uhr-Tee in das Foyer. Die 316 Zimmer und Suiten sind so, wie man es von einem Haus dieser Kategorie verlangen darf, der Wellnessbereich mit Pool befindet sich im Dachgeschoss mit Rundumblick. Erfragen Sie Sonderangebote.

210 B5 Maximilianstr. 17 089 212 50; www.kempinski-vierjahreszeiten.de Marienplatz Tram Nr. 19 Kammerspiele

Lex €€

Unweit vom Königsplatz gelegen, besticht das moderne Haus mit neuzeitlich eingerichteten Zimmern allein schon durch den Preis und die günsige Lage: Das Lenbachhaus, der Königplatz und Münchens Pinakotheken sind gleich um die Ecke. Wer will, kann sich in speziellen Apartments auch zu günstigen Konditionen länger einmieten, dann gibt es eine Küche und für die Geschäftsleute auch Internetanschluss und Faxgerät dazu. Das Lex hat kein Restaurant, aber in der nahen Umgebung wird man fündig.

205 D3 Brienner Str. 48 089 542 72 60; www.hotel-lex.de Königsplatz Tram Nr. 20 Stiglmaierplatz

Mandarin Oriental €€€€

Die 53 Zimmer und 20 Suiten sind häufig ausgebucht, kein Wunder, liegt das ehemalige Hotel Rafael doch absolut ruhig an einer schmalen Straße in unmittelbarer Nähe zur Oper. So sind Diven und Tenöre Stammgäste und freuen sich wie die Normalsterblichen an den feinen Einrichtungen. Dazu gehört eine herrliche Dachterrasse mit Pool und grandiosem Blick über die Dächer der Stadt hinweg bis zum Gebirge. Dass bei diesen Preisen die Nutzung der Minibar inklusive ist, sollte selbstverständlich sein.

210 B4 Neuturmstr. 1 089 29 09 80; www.mandarinoriental.com Marienplatz Tram Nr. 19 Nationaltheater

Mona Lisa €

Nur sieben Zimmer hat die kleine Pension, diese sind aber liebevoll und individuell eingerichtet und farblich unterschiedlich gestaltet (sie heißen z. B. nach der Brombeere oder dem vorherrschenden Blau). Eine fürsorgliche Betreuung ist selbstverständlich, und so hat sich das familiär geführte Haus schnell zum Kultobjekt entwickelt und ist häufig ausgebucht.

211 D5 Robert-Koch-Str. 4 089 21 02 83 80; www.hotelmonalisa.de Lehel Tram Nr. 18 Lehel

Motel One €€

Stylische Hotelkette, die ihre Häuser innenarchitektonisch auf sehr angenehme und elegante Art trimmt und dabei alles Überflüssige weglässt, ohne auf notwendigen Komfort zu verzichten. Die Zielgruppe sind eben Gäste meist jüngeren Jahrgangs, die keinen Trödel, sondern klare Linien lieben. Dass sie dabei das Panorama mit den Kirchtürmen der Altstadt genießen, ist klar. Wegen des sensationellen Preis-Leistungs-Verhältnisses häufig ausgebucht, aber man kann es ja noch in den anderen Häusern der Kette versuchen: City-Ost, -Süd, -West oder beim Deutschen Museum.

209 E4 Herzog-Wilhelm-Str. 28 089 51 77 72 50; www.motel-one.com Karlsplatz

Opéra €€–€€€

1898 vom bayerischen Hoflieferanten für Meeresgetier und Wildbret gebaut (weil der darunter fließende Eisbach Austern und Hummer so wunderbar frisch hielt), blieb das Palais lange Wohnhaus. 1976 öffnete es als Hotel seine Pforten. Jedes der Zimmer ist individuell eingerichtet mit Antiquitäten, denn die Klientel liebt es hochherrschaftlich.

Lauschige Sommerabende verbringt man im Innenhof bei einem Cocktail, das Restaurant Gandl nebenan gehört zu den besten Münchens.

210 C5 **Sankt-Anna-Str. 10**
089 210 49 40; www.hotel-opera.de
Lehel **Tram Nr. 18 Lehel**

Pension Am Siegestor €€

Auch das gibt's noch im Herzen Münchens: Eine Pension, deren Zimmer nur mit Waschbecken ausgestattet sind; Duschen und WC finden die Gäste auf der Etage. Für diesen Mangel an Komfort entschädigt die Pension mit günstigen Preisen und einer Lage, wie sie besser nicht sein könnte: ruhig hinterm Siegestor und zugleich im Herzen Schwabings.

206 B4 **Akademiestr. 5**
089 39 95 50; www.siegestor.com
Bus Nr. 153 und 154 Universität

Pension Greiner €–€€

Die neun Zimmer mit oder ohne eigenes Bad im 1. Stock eines Stadthauses nahe der Universität sind hübsch und individuell eingerichtet. Teils finden sich moderne Möbel und als Blickfang ein Bauernschrank, oder Sie wählen die Bauernstube für die Nacht. Die familiäre Führung des Hotels garantiert, dass man sich wohlfühlt, und gibt Tipps für einen Stadtbesuch.

206 C4 **Ohmstr. 12**
380 18 80; www.pensiongreiner.de
Giselastraße **Bus Nr. 154 Giselastraße**

Prinz €€

Ein großes Plus dieses sehr individuell und aufmerksam geführten Hauses ist seine Lage: Der Kulturtempel Gasteig und das Deutsche Museum sind gleich um die Ecke, und wer ein Zimmer nach vorne bucht, hat einen wunderbaren Blick über München (dafür allerdings auch etwas Straßenlärm). Geschmackvoll-elegant möblierte Zimmer, exzellentes Restaurant, Tiefgarage.

210 C2 **Hochstr. 45** **089 441 40 80; www.hotel-prinz.de** **Rosenheimer Platz**

Ritzi €€€

25 Zimmer besitzt das *Ritzi*, und jedes ist individuell und unkonventionell eingerichtet. Unweit des Maximilianeums können Sie so im Ambiente einer afrikanischen Lodge nächtigen oder sich auf Urlaub in Bali wähnen. Das auch bei den Münchnern beliebte Restaurant serviert leichte, asiatisch inspirierte Küche. Im über 100 Jahre alten Haus sind die Gemeinschaftsräume stilgerecht in Art déco gehalten, und im Loungebereich sitzt man auf rotsamtenen Sesseln – Originale aus der Mailänder Scala.

211 E4 **Maria-Theresia-Str. 2A**
089 41 42 40 89-0; www.hotelritzi.de
Max-Weber-Platz
Tram Nr. 19 Max-Weber-Platz

Romantik Hotel Insel-Mühle €€–€€€

Idyllisch in einem großen, alten Garten gelegen, lockt dieses romantisch-rustikale Hotel in einem über 400 Jahre alten Anwesen vor allem ruhebedürftige Gäste. Bayerisch eingerichtete, gemütliche Zimmer, ein bayerisches Spezialitätenrestaurant und ein uriger Weinkeller sorgen für das Wohl der Besucher. Allerdings ist die Münchner Innenstadt mit öffentlichen Verkehrsmitteln nur umständlich zu erreichen (S-Bahn bis Pasing, dann Bus).

nordwestlich 212 A5 **Von-Kahr-Str. 87**
089 810 10; www.inselmuehle-muenchen.de
Bus Nr. 160 Friedhof Untermenzing

A&O Hostel €

Modern und aufs Wesentliche beschränkt. Ob im Schlafsaal, im Einzel- oder Mehrbettzimmer mit Bad oder auch im Apartment, alles ist supersauber und gepflegt. Die Idee die dahinter steckt: Für jeden Geldbeutel etwas, in einem Haus, und nur derjenige, der Extras will, zahlt auch dafür. Gleich bei der Wiesn um die Ecke.

westlich 204 A2 **Arnulfstr. 102**
089 45 23 59 58 00; www.aohostels.com
Hackerbrücke

Essen und Trinken

Schweinebraten mit Kruste und Knödel, Weißwürste mit Weißbier, Leberkäse – die Bayern lieben ihre Küche. In urgemütlichen Gasthäusern, in Bistros oder in gestylten Gaststätten stehen deshalb meist auch bajuwarische Gerichte auf der Karte. Es sei denn, man ist in einen der zahlreichen »Italiener«, »Asiaten« oder »Franzosen« geraten.

Aus der ganzen Welt kamen schon vor langer Zeit Köche nach München, eröffneten Restaurants und bieten heute eine Abwechslung zu den urbayerischen Lokalen. Doch überall finden sich auch noch die Gaststätten mit »Münchner Atmosphäre«, Stammtisch und resoluten Kellnerinnen, die große Teller mit noch größeren Portionen und dazu einen Maßkrug auf den Tisch stellen. Um den kleinen Hunger mit einem bayerischen »Schmankerl« zu besänftigen, sind übrigens die Metzgereien hervorragend geeignet. Fast jede hält mittags eine warme, einfache Mahlzeit bereit: Leberkäse oder »Fleischpflanzerl«, eine heiße Wurst mit Kartoffelsalat oder auch eine Scheibe Braten in einer Semmel – pardon, einem Brötchen.

Essenszeiten

Wer frühstücken will, kann dies in vielen Cafés bis in den frühen Nachmittag hinein tun und findet eine breite Auswahlmöglichkeit vom Kater- über das Champagner- bis zum Gesundheitsfrühstück. Mittags sind die Küchen der Lokale meist zwischen 12 und 15 Uhr auf, abends wird man ab etwa 18 Uhr bedient. Gleichwohl gibt es auch Gaststätten, die den ganzen Tag über Speisen bereiten. Später als 21 Uhr kommen eigentlich keine Gäste mehr zu einem ausgedehnten Abendessen ins Restaurant – was nicht heißt, dass man nach der Oper oder dem Theaterbesuch nicht doch noch ein Souper bekäme.

Die bayerischsten Lokale

Altes Hackerhaus (➤ 73); Schuhbeck's in den Südtiroler Stuben (➤ 100); Zum Franziskaner (➤ 101); Andechser am Dom (➤ 73)

Das angesagteste Essen

Bergwolf (➤ 73); La Bouche (➤ 73); Cyclo (➤ 122); Kaimug (➤ 100); Lemar (➤ 123)

Tipps rund ums Essen

- Viele Restaurants, vor allem der höheren Kategorien, füllen sich ab 19 Uhr, sodass eine **Reservierung** hilfreich ist.
- In den **Biergärten** herrscht in den meisten Bereichen Selbstbedienung, dafür darf man sein Essen auch mitbringen. Wer dies nicht will, erhält an den Ständen bei den Bierausschänken typische Gerichte.
- Wer seinem Unmut über Service oder Küche unmissverständlich Ausdruck verleihen will, wird auf ein **Trinkgeld** verzichten. Ansonsten liegt man mit etwa 5–10 % des Rechnungsbetrages nicht falsch.

Preise
für ein Essen ohne Getränke.
€ unter 20 Euro **€€** 20–40 Euro **€€€** über 40 Euro

Einkaufen

München ist ein Eldorado für shoppende Besucher. Vom Modetempel über zahlreiche Kaufhäuser und Boutiquen bis zum Outlet findet sich alles im Stadtgebiet.

Souvenirs

»Ein Herz'l fürs Herz'l«, also ein typisch münchnerisches Lebkuchen- oder Schokoladenherz, gibt es leider nur zum Oktoberfest und auf den **Auer Dulten** (➤ 146) zu kaufen. So muss man sich außerhalb der Festzeiten mit dem »Münchner Kindl« begnügen, denn das schwarz-gelb gewandete Mönchlein ist Wappenfigur der Stadt München und in vielerlei Variationen von der Puppe bis zum Aufkleber zu haben. Wenn Sie es schriller mögen, dann schauen Sie im **servus.heimat** (➤ 276f) vorbei. Hier bekommen Sie den »Kini« samt Neuschwanstein in einer Schneekugel, T-Shirts mit witzigen, folkloristischen Aufdrucken, aber auch schöne Bildbände. Groupies der Münchner Fußballclubs werden in den Fanshops rund ums **Platzl** (➤ 102) fündig.

Mode

Die **Maximilianstraße** ist Münchens teuerste Einkaufsmeile mit den elegantesten Geschäften aller Topdesigner. Die **Theatinerstraße** gleich nebenan lockt mit den Fünf Höfen ebenfalls eher betuchte Kunden an. Mit kleinerem Budget werden Sie in einem der vielen internationalen Modeläden wie Zara oder H&M in der Innenstadt fündig. Wer flippige Kleidung kleiner Designer sucht, wird eher in **Haidhausen** (➤ 146f) oder **Schwabing** (➤ 124ff) Erfolg haben. Und die Straßen um die **Münchner Freiheit** (➤ 125) haben sich zum Shoppingparadies für Hip-Hop-Freaks gemausert. Als die Adresse für Trachtenkleidung gilt in München **Lodenfrey** (➤ 102), wo Traditionalisten nach unaufgeregtem Gewand suchen, aber auch betuchte Damen fündig werden, die Dirndlabwandlungen etwa aus dem Atelier Lollipop & Alpenrock bevorzugen.

Kunst, Design und Antiquitäten

Besonders viele Galerien sind in der **Maxvorstadt** und in **Schwabing** angesiedelt (➤ 105ff). Beim Bummeln durch die Straßen und manchmal auch beim Blick in die Hinterhöfe können Sie interessante Entdeckungen machen. Geschäfte, die Designermöbel und Accessoires verkaufen, haben Konjunktur. Viele sind ebenfalls rund um die **Universität** (➤ 124f) und die **Münchner Freiheit** (➤ 125) versammelt.

Trödel-, Kunsthandwerks- und Flohmärkte

- Bayerns größter Freiflächenflohmarkt, der **Riemer Flohmarkt**, findet von April bis Oktober samstags von 9 bis 16 Uhr (ausgenommen ist die Zeit des Oktoberfestes) auf dem Gelände der neuen Messe in Riem statt (Tel. 089 96 05 16 32, www.flohmarkt-riem.de).
- Dreimal im Jahr stellen die Antiquitäten- und Buchhändler ihre »Standl« auf dem Mariahilfplatz zur **Dult** (➤ 146) auf. Diese besondere Mischung aus Trödelmarkt und Jahrmarkt ist besonders nett für Familien mit Kindern.
- Kunsthandwerk aus aller Welt verkaufen die zumeist alternativen, jungen Händler während der beiden **Tollwood-Festivals** im Juni bzw. Dezember (➤ 20) und auf dem **Schwabinger Weihnachtsmarkt** an der Münchner Freiheit.

Ausgehen

Opernhaus, Sprechtheater und eine vitale Alternativ-Theaterszene prägen das Kulturleben. In München gibt es auch eine große Jazz-Gemeinde, die in der Haidhauser **Unterfahrt** (➤ 148) schon seit Jahrzehnten ihr Mekka hat. Hochkarätige Gastspiele bietet auch immer wieder der Nightclub im Bayerischen Hof, der auch das Festival »Jazzsommer im Bayerischen Hof« veranstaltet. Tanzwütige besuchen eine der vielen umgewandelten Hallen. Einen Überblick über die laufenden Veranstaltungen bietet das kostenlose Magazin *In München*, das in Kinos, Kneipen und Restaurants ausliegt, oder das monatlich erscheinende Stadtmagazin *Prinz*.

Theater und Oper

Die **Bayerische Staatsoper** (➤ 104) gilt mit ihren hochkarätigen Inszenierungen als eines der besten deutschen Musiktheater; Freunde alternativer Opernaufführungen kommen im Sommer in der **Pasinger Fabrik** (August-Exter-Str. 1, Tel. 089 82 92 90 79, www.pasinger-fabrik.com) auf ihre Kosten, wo jedes Jahr eine Oper mit großer Spielfreude inszeniert wird. **Residenztheater** und **Kammerspiele** (➤ 104) konkurrieren auf höchstem Sprechtheater-Niveau um die Gunst der Münchner. Das **Metropol Theater** in München Freimann versteht es, mit einfachsten Mitteln große Effekte und hervorragende Kritiken zu erzielen, so für den »Black Rider« nach Tom Waits (Floriansmühlstr. 5, Tel. 089 32 19 55 33, www.metropoltheater.com).

Musik hören

Münchens Philharmoniker zeigen in der **Philharmonie** im Gasteig (➤ 140) ihr Können. Veranstaltungsort für Mammutkonzerte ist die Olympiahalle, im Sommer auch das Olympiastadion und der Königsplatz. Zu den beliebtesten »kleineren« Locations gehören das **Zenith** und die **Muffathalle** (➤ 147), Livekonzerte veranstalten auch Clubs wie **Strom** (➤ 77) oder **Milla** (➤ 78).

Tanzen, gucken, trinken

Ein Sommertipp (Mitte Juni–Mitte Aug.) für alle Tanzsüchtigen sind die **Tango-Montage** im Freien auf der Praterinsel hinter dem Müller'schen Volksbad (➤ 140, www.tango-maldito.de). Das ganze Jahr über schwingen die Röcke im **Max Emanuel** (➤ 126) bei Salsa und Fifties-Abenden. Wer nicht so auf Tanzschritte steht, findet in der **Kultfabrik** (➤ 147) oder im **Backstage** (➤ 168) Gleichgesinnte.

Schwule und Lesben

Rund um den Gärtnerplatz und im Glockenbachviertel schlägt Münchens regenbogenfarbenes Herz. Hier finden sich zahlreiche Cafés, Kneipen und Clubs, aber auch schwule Konditoreien und Buchhandlungen. In der Innenstadt gibt's die Disco **NY.Club** (Sonnenstr. 25, www.nyclub.de).

Vorverkauf

Im Internet können Sie bei München Ticket (www.muenchen-ticket.de) Karten für die meisten Veranstaltungen reservieren; in der Stadt findet man Vorverkaufsbüros z. B. in der München-Information im Rathaus (➤ 62). Opernkarten gibt's im Netz (www.bayerische-staatsoper.de) und an der Opernkasse in den Maximilianshöfen (Marstallplatz 5, Tel. 089 21 85 19 20, Mo–Sa 10–19 Uhr, Abendkasse 1 Stunde vor Vorstellungsbeginn).

Die südliche Innenstadt

Kleine Erlebnisse

Erfrischend

Am heißesten Tag des Jahres in Shorts und T-Shirt von der Neuhauser Straße einfach geradeaus durch den **Stachus-Springbrunnen** (➤ 56) laufen.

Erquickend

Einen *Film Noir* im **Kino des Stadtmuseums** (➤ 68) anschauen und danach im Stadtcafé cool wie Alain Delon rumstehen.

Erhaben

Von der Mauer des **Petersbergls** (➤ 66) dem Treiben auf dem Viktualienmarkt zusehen und dabei eine Leberkäs-Semmel vertilgen.

Erste Orientierung

Lebhaft und nostalgisch zugleich, von historischen und modernen Bauten gesäumt sowie von drei mittelalterlichen Stadttoren eingerahmt, zeigt sich Münchens Innenstadt von ihrer besten Seite. Vom Marienplatz aus lassen sich Märkte und Kirchen, Museen und Läden bequem zu Fuß erkunden.

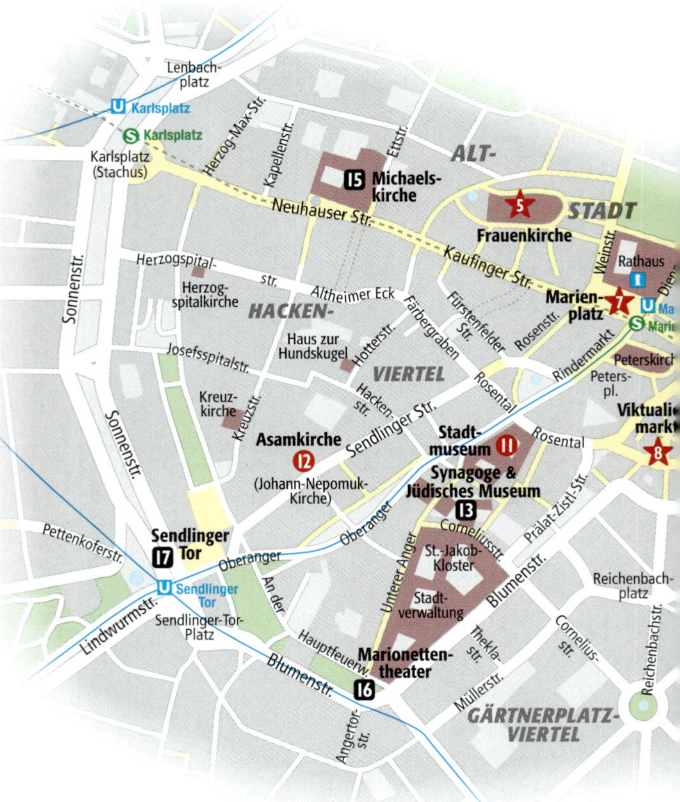

Die Achse vom Isartor über Viktualienmarkt und Marienplatz zum Stachus ist die Einkaufsmeile für die Münchner und alle aus dem Umland. In der Fußgängerzone rund um den Marienplatz herrscht fast immer ein fröhliches Gedränge: Pantomimen und Musikgruppen zeigen ihr Können zwischen bummelnden Familien und hastenden Geschäftsleuten; peruanische Flöten spielen gegen russische Akkordeons und italienische Geigen an; Einheimische wie

Münchner Türme: Frauenkirche, Alter Peter, Rathaus, Olympiaturm …

TOP 10

Nicht verpassen!

Nach Lust und Laune!

Touristen lassen sich davon gerne verzaubern. Der bayerische Sinn für skurrilen Humor feiert im Valentin-Karlstadt-Musäum fröhliche Urständ'. Auf dem Viktualienmarkt hinter dem Alten Peter duften Obst, Gemüse und Delikatessen aus aller Herren Länder um die Wette. Architektonische Höhepunkte sind das Alte und das Neue Rathaus auf dem Marienplatz, der großartige gotische Dom und die Rokokokirche der Gebrüder Asam.

An einem Tag

Dieser Routenvorschlag zeigt Ihnen, wie Sie einige der interessantesten Sehenswürdigkeiten in Münchens südlicher Innenstadt an einem Tag besichtigen können. Die jeweiligen Highlights werden auf den nächsten Seiten näher beschrieben.

9:00

Croissant und frisch gepresster Gemüsesaft nach einer durchzechten Nacht? Hilfreicher soll da ein Weißwurstfrühstück sein. Auf dem 8 **Viktualienmarkt** (links; ► 64ff) können Sie testen, was besser wirkt. Mindestens eine Stunde ist Zeit, die geschäftigen Marktfrauen, das verlockende Angebot an Gemüse und Früchten und z. B. die Peterskirche zu bestaunen, dann öffnet, wenn es nicht gerade ein Montag ist, das erste Museum seine Pforten: Im 13 **Jüdischen Museum** (► 71) erfahren Sie viel Interessantes über die Juden in München.

11:01

Der östliche Altstadtausgang 14 **Isartor** (► 71) lockt mit dem Valentin-Karlstadt-Musäum, dessen Pforten sich pünktlich um 11.01 Uhr öffnen. An den Objekten der grenzenlosen Fantasie dieses Altmeisters des skurrilen Humors vorbei führt eine Wendeltreppe hinauf zum Volkssängerlokal Turmstüberl (► 75) – Gelegenheit für eine kurze Rast. Schlag zwölf steht dann der 7 **Marienplatz** (► 62f) auf dem Programm: Die Schäffler, Ritter und Gaukler des Glockenspiels am Neuen Rathaus drehen sich oben an der Turmfassade zum Tanze. Den besten Blick darauf gewährt das Café Glockenspiel (► 73) im 5. Stock des Hauses gegenüber. Verbinden Sie das Ereignis mit einem Espresso oder einem Mittagessen im Café, und nehmen Sie sich danach ein paar Minuten Zeit für die Besichtigung des Alten Rathauses.

13:30

Beim Bau der 5 **Frauenkirche** (► 58ff) hat angeblich der Teufel mitgeholfen; trauen Sie sich trotzdem hinein, sie ist monumental und zugleich majestätisch-schön! Danach erforschen Sie bei einem Bummel durch die Fußgängerzone der Kaufinger- und Neuhauser Straße die Shoppingmeile mit der höchsten Kundendichte Deutschlands. Hier buhlen nicht nur ungezählte Geschäfte um Ihre Aufmerksamkeit, sondern auch Straßenmusikanten aus aller Herren Länder. Ein Katzensprung ist es zum Stachus oder Karlsplatz, dem Verkehrszentrum Münchens mit einem im Sommer überaus erfrischenden Springbrunnen (Abb. rechte Seite oben).

15:00

Zeit für etwas Stadthistorie im ⓫ **Stadtmuseum** (➤ 67f). Danach gönnen Sie sich eine Rast in einem der beliebtesten Cafés der Münchner Studenten, dem Stadtcafé (➤ 75) im gleichen Haus.

16:30

Berauschen Sie sich an der spätbarocken Pracht der ⓬ **Asamkirche** (➤ 69f) in der Sendlinger Straße. In der Umgebung der Kirche liefern Ihnen zahlreiche Läden Anregungen für originelle Reisemitbringsel. Letzte Station ist das grün umrankte, 700 Jahre alte 17 **Sendlinger Tor** (➤ 72). Der Tag klingt mit einem Besuch im Filmmuseum (➤ 68) aus oder endet bayerisch-kulinarisch im Alten Hackerhaus (➤ 73).

5 Frauenkirche

Die Domkirche zu Unserer Lieben Frau ist das Wahrzeichen Münchens. 20000 Menschen finden in ihr Platz, die Ausstattung entspricht der Größe und Bedeutung eines Doms, auch wenn der Ziegelbau von außen nur durch schiere Wucht beeindruckt.

Gestiftet wurde die Frauenkirche von Herzog Sigmund, nur hatte der kein Geld, um sie auch zu bauen. Trotzdem lag am 9. Februar 1468 der Grundstein, denn während sich der Herzog mit Frauen und Löwen vergnügte und die Kirche nur gute Worte gab, sammelten die Münchner Geld und Baumaterial. Über die Isar gelangten 140 Flöße mit 2100 Stämmen in die Stadt, für das Fundament besorgte man sich Steine vom Isarufer und Ziegel vom Abriss der älteren Kirche. Die Arbeiter lebten oben im Gerüst in Buden, zu teuer wäre das dauernde Absteigen zu den Pausen geworden. Dennoch ging das Geld wieder aus. Endlich sprang die Kirche ein, sie erwirkte von Papst Sixtus IV. einen acht Tage dauernden Ablass, 250 Geistliche nahmen die Beichte ab. Dieser und zwei weitere Ablässe ließen 124000 sündenfreie, wenngleich etwas ärmere Menschen zurück. Die Freisprechung kostete pro Nase eine Woche Lebensunterhalt. Nach nur 20 Jahren Bauzeit war das Wahrzeichen Münchens fertig.

Kein Haus im Stadtzentrum darf den knapp 99 m hohen Dom überragen.

Schlichtheit und Strenge

Rote Ziegel bestimmen das Äußere. Die beiden Türme sind unterschiedlich hoch: Der Nordturm misst 98,57 m, der Südturm nur 98,45 m. Sie nehmen das Hauptportal in ihre Mitte und entwachsen ab der Traufe der Schiffe oktogonal

dem quadratischen Unterbau. Ihre beiden Zwiebelhauben passen nicht so recht ins Bild, »welsch« (fremd) wirken sie, weshalb sie auch »Welsche Hauben« genannt werden. Über das westliche Hauptportal gelangen Sie ins fast schmucklose, majestätische Innere. 22 schlanke, achteckige Säulen teilen den Kirchenraum in drei Schiffe und tragen sein Sternrippengewölbe. Gleich rechts im ersten Joch des Seitenschiffes prunkt das Grabdenkmal (1622) Kaiser Ludwigs des Bayern (seine Gebeine befinden sich in der Fürstengruft unter dem Chor). Schwarzer Marmor fasst die spätgotische, rötliche Grabplatte ein, auf der Kaiser Ludwig neben den Herzögen Albrecht III. und Ernst zu sehen ist. Bronzefiguren der Wittelsbacher Albrecht V. im Herzogornat und Wilhelm IV. als Ritter des Goldenen Vlieses wachen mit vier Fahnenträgern über das Grab. Die bemalten Fenster im Chor stammen aus dem 15. und 16. Jh. Das Glasbild *Münchner Kindl* in einer der Kapellen des südlichen Seitenschiffes stammt von 1573. 86 Stufen führen zum Lift im südlichen Turm, mit dem es zur Aussichtsplattform hinaufgeht. Besonders stimmungsvoll ist die Besichtigung des Innenraums sonntags um 10 Uhr, dann singt der Domchor, oder es werden Motetten gespielt.

Kaiserliche Ruhestätte: Das Grabmal Ludwigs IV. wird gut bewacht.

KLEINE PAUSE

In **Café zur Mauth** (Neuhauser Str. 2) gibt's immer frische Croissants und guten Kaffee.

210 A5 Frauenplatz 1 089 290 08 20 7–19, Do bis 20.30, Fr bis 18 Uhr; Turmbesteigung April–Okt. Mo–Sa 10–17 Uhr (bis April 2016 nicht möglich) Marienplatz Turmbesteigung 3 €

Wo der Teufel einst wütend aufstampfte, kann man nun in seine Fußstapfen treten.

DER GENARRTE BEELZEBUB

Im Eingangsbereich des Doms fällt am Boden ein Fußabdruck ins Auge, der »Teufelstritt«. Jörg von Halspach, so die Legende, habe einen Pakt mit dem Teufel geschlossen, der ihm beim Bau helfen wollte, wenn die Kirche keine Fenster erhielte. Als der Dom fertig war, begutachtete der Teufel das lichtdurchflutete Schiff und forderte hämisch die Seele des Baumeisters. Da führte ihn Halsbach zu der Stelle am Eingang, von der aus kein einziges Fenster zu sehen war. Enttäuscht stampfte der Teufel auf. Noch heute wütet der Gottseibeiuns mit mächtigen Fallwinden um den Dom, betreten hat er die Kirche aber nie wieder.

Die Herrlichkeit des Himmels …

… erlebbar machen soll der »Dom zu Unserer Lieben Frau«: Das bekannteste Wahrzeichen der bayerischen Metropole ist die Kathedrale des Erzbistums München und Freising.

Der im Inneren helle, lichte Bau besticht durch seine klare Gliederung. Beeindruckend sind allein schon die Ausmaße des 1494 geweihten dreischiffigen Backsteinbaus mit umlaufendem Kapellenkranz: Dieser ist 109 m lang, 40 m breit und 37 m hoch.

❶ Prunk-Hochgrab: Das von Hans Krumper im 17. Jh. gestaltete Marmorgrab für Kaiser Ludwig den Bayern (1283–1347) zieren Bildnisse von Herzog Wilhelm IV. und Herzog Albrecht V. sowie Genien mit den kaiserlichen Insignien.

❸ Scharfzandfenster: Die Glasgemälde der Chorfenster sind die einzigen, die noch aus der Erbauungszeit stammen.

❹ Sieben-Schmerzen-Kapelle: Hier befindet sich die Gnadenfigur »Mater dolorosa« (17./18. Jh.).

❺ Gruft: Sie birgt die ältesten Gräber der Wittelsbacher in München.

❻ Welsche Hauben: Aus Geldmangel konnten sie erst 1524, 36 Jahre nach Vollendung der Kirche, angebracht werden. Lukas Rottaler, ein Schüler des 1488 gestorbenen Architekten Jörg von Halspach, orientierte sich dabei am (islamischen) Felsendom in Jerusalem.

❷ Chor: In der Chorhauptkapelle befindet sich die Schutzmantelmadonna »Maria im Ährenkleid«.

7 Marienplatz

Verspielt gibt sich das Neue, würdig das Alte Rathaus. Die umgebenden Bürgerhäuser beherbergen Restaurants und Geschäfte, dazwischen tummeln sich Besucher aus aller Welt.

Hier fühlen sich alle wohl: shoppende Teenies und fotografierende Touristen, feiernde Fußballfans, lärmende Straßenmusikanten und promenierende Damen. Der Marienplatz ist das unbestrittene Herz der Stadt und ihre schönste Bühne. Das **Alte Rathaus** schließt mit seiner spätgotischen Giebelfassade den Osten des Marienplatzes ab. Ab 1470 baute Dombaumeister Jörg von Halspach es unter Einbeziehung eines Stadttores. Der Zweite Weltkrieg hinterließ eine Ruine. Bis 1972 wurde der Bau rekonstruiert und schließlich mit einer von Verona geschenkten bronzenen *Julia* geschmückt, die Liebespaaren Glück bringen soll. Am 56 m hohen Ratsturm sind die Stadtwappen Münchens zu sehen, im Alten Ratssaal zog man im 18. Jh. die Lottozahlen.

Mit seiner fast 100 m langen Fassade beherrscht das **Neue Rathaus** den Marienplatz. Über 40 Jahre plante und überwachte der Grazer Architekt Georg von Hauberrisser ab 1867 den Bau. Die Fassade ist in das rechte Gebäude mit Mittelgiebel und in das linke mit dem 80 m hohen, mit dem »Münchner Kindl« geschmückten Rathausturm unterteilt. Durch die reichen Verzierungen und die durchlaufende Arkade mit den darüber liegenden Terrassen gelang es dem Architekten, dem asymmetrischen Bau optisch Einheitlichkeit zu verpassen. Mit dem Lift geht es zur Aussichtsplattform in 60 m Höhe. Kleiner und Großer Ratssaal im Neuen Rathaus können bei öffentlichen Sitzungen be-

Das Herz der Stadt: der von den Türmen der Frauenkirche überragte Marienplatz mit Mariensäule und der neogotisch verspielten Fassade des Neuen Rathauses.

BAEDEKER TIPP

Im **Spielzeugmuseum** (Marienplatz, Tel. 089 294001, tägl. 10–17.30 Uhr, Erw. 4 €, Kind 1 €) erwartet Kinder auf vier Etagen eine Auswahl der ultimativen Weihnachtswünsche: von der Eisenbahn bis zum Flugzeug, von der Puppenstube bis zur Barbie.

Im Turm des Alten Rathauses ist das Spielzeugmuseum des Karikaturisten und Sammlers Ivan Steiger untergebracht.

sichtigt werden (der Sitzungsdienst gibt Auskunft). An der Turmfassade dreht sich das **Glockenspiel** auf zwei Etagen. Oben feiern Wilhelm V. und Renata von Lothringen 1568 Hochzeit, darunter tanzt die Schäfflerzunft gegen die Pest an – um 11, um 12 und von März bis Oktober auch um 17 Uhr (Nachtspiel um 21 Uhr).

Von der **Mariensäule** aus erstreckt sich das geodätische Netz Bayerns bis in die hintersten Landeswinkel. Als München 1632 bis 1635 von Schweden besetzt war, schwor Kurfürst Maximilian, nach deren Abzug ein Denkmal zu errichten. 1638 holte man die 1593 von Hubert Gerhard geschaffene goldene Himmelskönigin vom Hochaltar der Frauenkirche und stellte sie auf die korinthische Marmorsäule. Zu ihren Füßen bekämpfen geharnischte Engel die Allegorien von Pest, Hunger, Krieg und Ketzerei. Die *Patrona Bavariae* schwingt das Zepter und wiegt den Reichsapfel, Symbol für die Macht, die der Kurfürst aus ihren Händen erhielt.

Sollten Sie am Aschermittwoch hier sein, waschen Sie Ihren Geldbeutel am **Fischbrunnen** aus. Den Rest des Jahres haben Sie dann angeblich keine Geldsorgen mehr. Auch der Oberbürgermeister frönt dem 600 Jahre alten Brauch und macht das egal, ob das Stadtsäckel gut gefüllt oder leer ist. Der Brunnen wurde im Jahr 1866 gegossen. Im Krieg ging ein Teil der Bronzen verloren, sodass beim Wiederaufbau des Brunnens 1954 nur noch wenige Originalteile verwendet werden konnten. Die Figurengruppe ruft die Erinnerung an den ›Metzgersprung‹ wach, als die Fleischergesellen ihre Freisprechung mit einem Bad im Brunnen feierten. Auf der Brüstung sitzt die Jugend, kühlt im Sommer ihre Beine und wartet auf Freunde.

KLEINE PAUSE

Vom **Café Glockenspiel** (► 73) aus genießen Sie die beste Sicht auf die tanzenden Figuren am Rathausturm gegenüber.

---

210 A4 Marienplatz

Neues Rathaus

Marienplatz 8 Sitzungsdienst 089 23 32 86 11 Sitzungsdienst Mo–Do 9–15, Fr bis 13 Uhr; Turmbesteigung Mai–Okt. tägl. 10–19 Uhr, Nov.–April Mo bis Fr 10–17 Uhr Turmbesteigung 2,50 €

8 Viktualienmarkt

Münchens größter und ältester Lebensmittelmarkt ist morgens ein besonders reizvolles Ziel: An den Marktständen treffen sich Nachtschwärmer und Frühaufsteher. Ein Glas Prosecco, ein Weißbier oder frisch gepresste Säfte geben die nötige Bettschwere oder Kraft für den Tag.

Auf »allerhöchste Entschließung König Max' I.« verlegte der Magistrat 1807 den Getreidemarkt, Schrannenmarkt genannt, vom Marienplatz auf das heutige Areal, nun kurz und bündig Marktplatz genannt. Als wichtigster Markt Süddeutschlands wurde der Platz mehrfach zu klein; durch Abrisse schuf man neuen Raum, auch das Heiliggeistspital, in dem die Pestepidemie von 1340 ihren Ausgang nahm, wurde abgetragen. Die **Heiliggeistkirche** im Norden des Platzes erhielt dafür ein längeres Schiff und ihr neubarockes Innenleben.

Ein Gegengewicht zu den Großmärkten auf der grünen Wiese hat der Viktualienmarkt zu sein, sagen die Stadtväter. Und so darf beileibe nicht jeder einen der Holzstände oder eines der Steinhäuschen pachten und irgendwas in die Auslagen legen. Lang ist die Warteliste, nur »g'standene« Frauen und Männer werden zugelassen, und das Angebot soll möglichst breit sein. Schließlich will man Münchner Charme zeigen. Zwar wachsen in Oberbayern weder Carambolas noch Tamarillos, doch wer sie auf dem Viktualienmarkt in die Tüten packt, ist ein bayerisches Gewächs. Und auch die per Flugzeug importierten Austern kommen mit einem bayerischen »an guad'n« (»Lassen Sie es sich schmecken!«) auf den Tresen. Die **Schranne**, die ehemalige Markthalle, wurde im Jahr 1851 errichtet und

Ob Gemüse, Wein oder mediterrane Köstlichkeiten, ...

SCHRILL, SCHRÄG, SCHÖN

Am Faschingsdienstag tanzen die Marktfrauen ab 11 Uhr auf dem Viktualienmarkt. In Dirndln oder Lederhosen, in Clownskostüm oder mit schriller Federboa, grell geschminkt, rot bestrumpft und Strohhüte auf dem Kopf, drehen sie sich im Kreise. Doch Vorsicht! Die Damen sind nicht zimperlich und freuen sich narrisch über jedes männliche Opfer, das sie mit derben Sprüchen überschütten.

brannte 1932 ab, aber das gusseiserne Gerippe wurde gerettet. Nun hat man sie südlich des Viktualienmarktes wieder aufgebaut, um sie als Gastronomietempel und für Veranstaltungen zu nutzen.

Morgenstund' hat Gold im Mund

Auf einer Gesamtfläche von rund 10 000 m² räumen circa 110 Händlerinnen und Händler ab 6 Uhr morgens *Viktualien*, also Lebensmittel, in die Auslagen. Obst aus aller Welt, Kräuter und Pilze aus den bayerischen Wäldern, Gemüse, Käse, Wildbret, Fisch, Geflügel, Pferdefleisch, mehrere hundert Honigsorten, ungezählte Weine und Schnäpse, Gesundes und weniger Gesundes liegen und stehen dann eine Stunde später wohl arrangiert rund um den schönen Maibaum Spalier. Dann ist es Zeit für die Frauen, sich in der **Schmalznudel** (➤ 74f) mit rundem Schmalzgebäck, den sogenannten Ausgezogenen zu stärken, bevor die ersten Käufer kommen und sich von der einzigartigen Auswahl tiefe Löcher in den Geldbeutel reißen lassen.

… auf dem Viktualienmarkt findet jeder etwas.

Die südliche Innenstadt

Barockes Kleinod in St. Peter

Früher war der Viktualienmarkt von Bächen durchzogen. Warum also nicht **Brunnen** aufstellen und mit ihnen der beliebtesten Münchner Volksschauspieler gedenken? Sechs Stück sind über den Platz verteilt und mit Statuen der Komiker und Sänger in Bronze geschmückt: Dürr und lang der Karl Valentin, nudeldick die Liesl Karlstadt, stämmig der Roider-Jackl, mit Schrubber und Eimer gerüstet die »Ratschkathl« Ida Schumacher, gebeugt die Elise Aulinger, kugelrund der Weiß Ferdl. Alle haben sie das Volk zum Lachen gebracht, und das Lachen vertreibt Sorgen, auch wenn Grantige nur einen Mundwinkel nach oben ziehen. Zum Dank gibt's häufig sogar Blumen.

Auf der westlichen Seite des Marktes befinden sich seit 1881 in den Fundamentvorbauten der Peterskirche die Fleischerhallen – echte Münchner nennen die darin arbeitenden Verkäufer noch immer »Petersberglmetzger«, auch wenn die Erhebung, das »Bergl«, auf dem die Kirche steht, nur minimal ist. Die **Peterskirche** ist die älteste Pfarrkirche Münchens. 1278 bis 1294 wurde das gotische Gotteshaus errichtet, im 14. Jh. brannte es ab. Seither wurde es mehrmals umgebaut und nach Bombenschäden im Zweiten Weltkrieg originalgetreu rekonstruiert. Die 90 m lange Pfeilerbasilika ist im Inneren von barockem Stuck und Gold geprägt. Von Nikolaus Stuber stammt der barocke Hochaltar (1730), in seiner Mitte steht, von Marmorsäulen flankiert, die Holzfigur des hl. Petrus von Erasmus Grasser (1492).

KLEINE PAUSE

Leicht wird die kleine Pause an den **Imbissständen** zur großen, versuchen Sie doch mal einen Sauerkrautsaft oder ausgepresste Karotten gemischt mit Sellerie.

---

210 A4 Marienplatz Bus Nr. 52 Viktualienmarkt

Peterskirche

089 260 48 28 Mo–Sa 7.30–19 (Mi 12–16.30 geschlossen), So 6.30–19.15 Uhr; Turmbesteigung Mo–Fr im Sommer 9–18.30, im Winter bis 17.30, Sa/So ab 10 Uhr Turmbesteigung 2 €

BAEDEKER TIPP

- Sonntags um 9 Uhr finden in der Peterskirche im Wechsel **Mozart-, Schubert-, und Haydn-Messen** statt; frühe Ankunft sichert einen der begehrten Plätze für die Festgottesdienste (www.alterpeter.de).
- 302 Stufen führen auf die **Aussichtsplattform** auf dem 92 m hohen Turm der **Peterskirche**. Kinder lieben den Blick auf das Glockenspiel des Rathauses und die wuselnden Menschen unten am Markt.

11 Stadtmuseum

In Marstall und Zeughaus aus dem 15. Jh. residiert das Stadtmuseum mit mehreren Ausstellungen und Sammlungen zur Stadtgeschichte und anderem.

Die Sammlungen sind in einem größeren Gebäudeensemble untergebracht, zu dem das ehemalige Zeughaus, der rekonstruierte frühere Marstall und ein moderner Erweiterungsbau gehören.

Das Museum gliedert sich in vier – immer mal wieder um Sonderthemen erweiterte – Dauerausstellungen: Musik, Nationalsozialismus in München, Puppentheater/Schaustellerei, Typisch München! Letztere geht in fünf historisch gegliederten Abschnitten der Frage nach, was seit wann und vor allem warum typisch für München ist, wobei die Ausstellungsmacher ausdrücklich »Zustimmung und Widerspruch« erwarten. Die kostbarsten Exponate des nach dem Krieg wiedererrichteten Gebäudekomplexes sind die **Moriskentänzer**, die im Parterre in einem eigenen Gewölbesaal ausgestellt sind. Zehn Stück existieren noch von den einst 16 Holzfiguren, die Erasmus Grasser, inspiriert von einer nordafrikanischen Tanztruppe, um 1480 im Auftrag der Stadt für das Alte Rathaus geschnitzt hat. Sie gelten als ein Meisterwerk der spätgotischen Plastik. Die knapp 50 cm hohen Tänzer sind in drei Gruppen hinter Glas arrangiert. Verwegenen Gesichtsausdruckes, tänzerisch die Hände um die Körper windend oder vielsagend in die Ferne gestreckt, gebeugt vor dem Publikum oder stolz ihre Kunst darbietend, tanzen sie einen exotischen Reigen. Schöner lässt sich Bewegung nicht einfangen.

Im ersten Stock zeigt ein Modell der Stadt im 15. Jh. die drangvoll aneinander geschmiegten Häuschen um die fast monströs wirkende Frauenkirche. Gemälde geben die Stadtansichten über die Jahrhunderte wieder, Fotos dokumentieren die Zerstörungen der schönsten Gebäude im

letzten Krieg, aber auch die Aufbauleistung im Frieden. Mit einem Bestand von über 850 000 Fotografien gehört die **Sammlung Fotografie** zu den führenden ihrer Art.

»Der Raub der Europa« (1937): Marionetten in der Puppentheaterausstellung des Museums.

Ein Muss ist die umfangreiche **Puppentheater-Ausstellung** in der zweiten Etage. Marionetten, Steckpuppen, Köpfe und ganze Bühnen geben einen Überblick über die Entwicklung des Puppentheaters, das auf den Jahrmärkten beileibe nicht eine Domäne der Kinder war. Der Adel holte sich die Schausteller in die Schlösser, und es entwickelten sich große Künstler unter den Drahtziehern. Aus aller Welt sind Puppen zu sehen, traditionelle und hypermoderne, surrealistisch verzerrte. Herrlich anzusehen ist die Puppenreihe aus sozialistischer Zeit mit Parteisekretär, Großbauer, FDJ-Bübchen, Landarbeiter, Kriegsversehrtem und Demonstranten am Eingang.

Rund 1600 **Musikinstrumente** aus Afrika, Asien, Amerika und Europa sind in der vierten Etage ausgestellt, darunter Raritäten wie das »Stern-Orchestrion«. Jeden Sonntag werden die Räume bei einer Matinee um 11 Uhr zu einem klingenden Museum. Als »Hauptstadt der Bewegung« hat München einiges an Vergangenheit aufzuarbeiten. Die Ausstellung **»Chiffren der Erinnerung«** geht genau dem nach und präsentiert auch bewegende Zeugnisse des Widerstands.

KLEINE PAUSE

Ins **Stadtcafé** (➤ 75) kommen Studenten, Filmemacher und Passanten auf einen Espresso.

---

209 F4 St.-Jakobs-Platz 1 089 23 32 23 70, Kinokarten 089 233 22 34 87; www.muenchener-stadtmuseum.de Di–So 10–18 Uhr Sendlinger Tor Bus Nr. 52 Blumenstraße 4 €

BAEDEKER TIPP

- Das **Filmmuseum** München rekonstruiert und restauriert Filme aus den Anfängen des Mediums. Mit geradezu kriminalistischem Eifer werden hierzu weltweit Kontakte geknüpft, Filmschnipsel gesucht und gefunden – und so wird wieder zusammengefügt, was einst zusammengehörte, darunter Klassiker wie Fritz Langs *Metropolis*. Das täglich wechselnde Programm des Kinos zeigt abends im historischen Marstall des Stadtmuseums umfangreiche Retrospektiven, thematische Filmreihen, Stummfilme (zum Teil mit Live-Musikbegleitung) – grundsätzlich in der Originalsprache mit deutschen oder englischen Untertiteln und im Originalformat. Außerdem ist es eine beliebte Spielstätte für Festivals wie DOK.fest, Filmfest München und das Internationale Festival der Filmhochschule.
- Das Stadtmuseum bietet häufig ein besonderes **Programm für Kinder, Jugendliche und Familien:** Bei »Zeichnen, stempeln, kleben« werden Postkarten kreiert, es gibt ein Museumsquiz und Kinderkonzerte, Theater oder Bücherschauen.

12 Asamkirche

Eigentlich heißt das prachtvolle sakrale Meisterwerk ja Johann-Nepomuk-Kirche, doch die Münchner ehren mit dem Namen die Erbauer, die Brüder Cosmas Damian und Egid Quirin Asam.

Beide waren handwerklich universal begabt – Baumeister, Bildhauer, Maler, Stuckateure in einem – und stifteten und schufen sich in den Jahren 1733 bis 1746 ein herausragendes Denkmal, das perfekt in die Fassadenfront der flankierenden Häuser passt: Links von der beeindruckenden Kirche steht das Wohnhaus der Familie Asam, rechts das Pfarrhaus. Der Kirchenbau wurde den Asams übrigens nicht einfach gemacht. Die Stadt wollte keine privaten Kirchenstifter, und nur die geschickte Einflussnahme der beiden berühmten Künstler führte schließlich zum Erfolg.

Von Engeln begleitet

Aus naturbelassenem Stein erwächst die schmale Kirchenfassade in schönstem Barock an der Wende zum Rokoko mit Statuetten und floralen Mustern. Das Portal ist von zwei Säulen gerahmt, seine Architektur wiederholt sich am darüber angebrachten Fenster, und dessen geschwungene Bekrönung findet sich nochmals im Dachabschluss wieder. Das Portaldach zeigt den 1729 heiliggesprochenen Nepomuk bei seiner Himmelfahrt, Engel begleiten ihn.

Die herrliche Kirche der Brüder Asam ist im Inneren reich mit prächtigen Stuckaturen, Decken- und Wandgemälden ausgestattet.

Vom Grundriss her klein und überschaubar (28 x 9 m), erweitert die Innenausstattung mit vielen dekorativen Elementen und illusionistischen Tricks das Schiff zu einem Festsaal von fürstlicher Größe. Stuck und Schnitzereien, Vergoldungen, Marmorskulpturen und Fresken lassen dem Auge keinen Halt. Die Brüder Asam haben, von mäkeligen Bauherren unbeeinflusst, alles gegeben, was ihr im Zenit stehendes künstlerisches Können ihnen eingab. Der umlaufende Balkon teilt den Hochaltar in zwei Etagen, die beide jeweils eine Strahlenglorie einrahmt. Im unteren Bereich befindet sich der gläserne Sarkophag des hl. Nepomuk. Marmorsäulen schrauben sich in den Himmel und leiten zum Deckengemälde über, auf dem Trompe-l'Œil-Pfeiler den Saal weiter erhöhen. Unterhalb des Deckengemäldes scheint das Kreuz im freien Raum zu schweben – Manifest des Absoluten in einer Grotte des irdisch Vergänglichen. Das ovale Fenster im Chor ist nicht original. Es wurde erst bei der Behebung der Kriegsschäden gebrochen; damit änderte sich die Lichtführung vollständig und schwächte die Wirkung der ursprünglichen Beleuchtung des Kreuzes. Links und rechts des unteren Altarteiles sind die beiden Baumeister auf Grisaille-Medaillons verewigt.

Das Wohnhaus der Familie Asam

1729 kaufte Egid Quirin das Haus, baute es 1733 um und stattete die Fassade mit reichen Stuckverzierungen aus. Die linke Seite erhielt Stuckaturen im Stil oberbayerischer Lüftlmalerei und zeigt den Aufstieg des Strebsamen in den griechisch-klassischen Himmel, wo ihn Apoll empfängt. Die rechte Seite schmücken Allegorien der plastischen Künste, der Dichtkunst, der Malerei, Architektur und Musik.

KLEINE PAUSE

Prinz Myshkin (Hackenstr. 2) lässt sich nicht auf eine Nationalitätenküche festlegen, nur eines ist sicher, alles ist vegetarisch: Misosuppe, Büffelmozzarella auf Tomatencarpaccio oder mexikanische Avocadocreme, für die gesunde Pause zwischendurch!

---

209 F4 ✉ Sendlinger Str. 62 ☎ 089 23 68 79 89 ⌚ tgl. 9–18 Uhr (Fr 9–13 Uhr geschlossen, keine Besichtigung während der Gottesdienste Di, Do, Fr 17–18, Mi 9–9.30, So 10–11 Uhr) Ⓤ Sendlinger Tor

BAEDEKER TIPP

- Morgens fällt die Sonne durch das große Ostfenster und vermittelt eine Idee von der **ursprünglichen Lichtführung**. Nehmen Sie einen Operngucker mit, um die Gemälde und Skulpturen zu betrachten.
- Wenn es regnet oder schneit und die ganz Kleinen sich dennoch austoben wollen, ist der **Winterspielplatz** (Holzstr. 9, Okt–März, Di 15–17, Mi 9.30–12, 15–17, Do 9.30–12 Uhr) der Evangelischen Gemeinde gerade richtig. Unter Aufsicht der Eltern können Kinder von 0 bis 3 Jahren spielen.

Nach Lust und Laune!

13 Synagoge & Jüdisches Museum

Erst 1998 entschied die Stadt, Synagoge und Gemeindehaus des Jüdischen Zentrums der Israelitischen Kultusgemeinde um ein Museum zu ergänzen. Seiner Architektur wegen wurde das Ensemble gefeiert. Die Wechselausstellungen mit unterschiedlichen Ansätzen setzen sich mit jüdischer Kultur, Geschichte und Kunst auseinander. Die Dauerausstellung »Stimmen_Orte_Zeiten« legt ein Schwergewicht speziell auf die Münchner Geschichte und das aktuelle Kulturleben der jüdischen Gemeinde, die als integraler Teil der Stadtgeschichte sichtbar und als Thema von Gegenwart und Zukunft aus dem Wissen der Vergangenheit heraus erfahrbar und begreifbar wird.

209 F4 St.-Jakobs-Platz 16 089 23 39 60 96; www.juedisches-museum-muenchen.de Di bis So 10–18 Uhr Sendlinger Tor Bus Nr. 62 St.-Jakobs-Platz 6 €

14 Isartor

Das Osttor der Stadtbefestigung wurde 1314 am östlichen Ende des ehemals vom Marienplatz nach Osten abfallenden Tales in die Umwallung eingefügt. 1337 und 1499 fanden Umbauten statt, das Fries an der dem Zentrum abgewandten Seite stammt aus dem Jahr 1835. Auf Geheiß Ludwigs I. wurde damit des 1322 in der Schlacht von Ampfing siegreichen Ludwigs IV. des Bayern gedacht. Das **Valentin-Karlstadt-Musäum** zeigt im Südturm u. a. eine geschmolzene Schneeplastik und einen mit Pelz mundwarm gehaltenen Winterzahnstocher. So skurril bis verschroben wie ihr Schöpfer Karl Valentin sind auch die anderen »Exponate«.

210 B4 Tal 50 089 22 32 66; www.valentin-musaeum.de Mo, Di, Do 11.01–17.29, Fr, Sa 1101–17.59, So 10.01–17.59 Uhr Isartor 2,99 €

15 Michaelskirche

1583 legte Wilhelm V. der Fromme den Grundstein zu der Jesuitenkirche St. Michael, dem geistlichen Zentrum der Gegenreformation. Drei Jahre später war Richtfest. 1590 brach der Turm zusammen, und erst 1597 konnte die Kirche mit dem nach dem Petersdom in Rom zweitgrößten Tonnengewölbe

Entworfen wurde das Ensemble des Jüdischen Zentrum Jakobsplatz (links die Synagoge, rechts das Museum) von den Architekten Wandel, Hoefer und Lorch.

EIN MÜNCHNER ORIGINAL

Karl Valentin wurde 1882 im Stadtteil Au geboren und absolvierte zunächst eine Schreinerlehre: »Ich lernte hobeln, sägen, nageln. Bald entwendete ich einen Nagel, schlug ihn in die Wand und hing an demselben das goldene Handwerk der Schreinerei für immer auf«, schilderte er seine Laufbahn lakonisch. 1908 begann mit dem Monolog »Das Aquarium« Valentins Komikerkarriere, ein Jahr später stieß seine Dauerpartnerin Liesl Karlstadt dazu. Nach dem Zweiten Weltkrieg blieb der Erfolg aus. Valentin starb 1948 an einer Erkältung.

geweiht werden. Stolz wendet sich die Giebelfassade mit den Ahnen des Stifters als Nischenstatuen der Fußgängerzone zu. Zwischen den Portalen sticht St. Michael Satan nieder – eine von Hubert Gerhard 1592 geschaffene Bronze. In der Fürstengruft westlich des Chors steht u.a. der Sarkophag von Bayerns Märchenkönig Ludwig II.

209 F5 Neuhauser Str. 52 089 231 70 60 Kirche Mo, Fr 10–19 Di–Do, Sa 8–19, So 7–22.15 Uhr; Gruft Mo–Do 9.30–16.30, Fr 10–16.30, Sa 9.30–14.30 Uhr Karlsplatz

16 Marionettentheater

Josef Leonhard »Papa« Schmid gründete 1858 mit Graf Franz von Pocci das Marionettentheater, 1900 zog es in das von Theodor Fischer als Musentempel errichtete, im November 2014 renoviert wieder eröffnete Gebäude – weltweit der erste Theaterbau für eine Puppenbühne. Besonders schön sind die Aufführungen nach alter Sitte, wenn Musik und Sprache live hinter der Bühne erklingen.

209 F3 Blumenstr. 32
089 26 57 12; www.muema-theater.de
Vorstellungen meist 15 und 20 Uhr
Sendlinger Tor Erw. 20 €, Kind 10 €

17 Sendlinger Tor

1175 erhielt München einen ersten Stadtmauerring, das schnelle Wachstum machte ab 1300 einen neuen Ring notwendig. Um 1310 entstand das Sendlinger Tor mit einem mittleren Torturm, zwei sechseckigen Flankentürmen und drei Durchgängen als dessen südlicher Stadtausgang. Im Jahr 1808 trug man den Torturm ab, 1906 vereinigte man schließlich die Durchgänge zu einem.

209 E4 Sendlinger Tor

FÜR KINDER

Der öffentliche Bolzplatz der Glockenbachwerkstatt (Müllerstraße 2–6, Mo–Sa 17–22 Uhr) ist über die Jahre eine Institution geworden. Ball mitbringen und los geht's!

Wohin zum ...
Essen und Trinken?

Preise
für ein Essen ohne Getränke:
€ unter 20 Euro €€ 20–40 Euro €€€ über 40 Euro

RESTAURANTS

Altes Hackerhaus €–€€
Ein Wirtshaus, wie es sie früher häufiger gab, Holztäfelung macht das Sitzen in den Nischen oder im Schäfflergewölbe gemütlich. Das Essen ist deftig, der Schweinsbraten mit Knödel und Krautsalat ist ein Erlebnis, bestens auch die Dampfnudel mit Vanillesauce. Ein Erlebnis für sich sind hier außerdem die nicht auf den Mund gefallenen Bedienungen.
209 F4 Sendlinger Str. 14 089 260 50 26 10–24 Uhr Sendlinger Tor

Andechser am Dom €–€€
Einheimische und Touristen treffen sich am Dom in den Gewölben des mit dem gleichnamigen Kloster verbundenen Lokals. Dezent weisen Einrichtungsgegenstände auf die Verwandtschaft hin, das Essen ist bayerisch, und mittags ist es schwer, einen Sitzplatz drinnen oder auf dem Freisitz zu finden. Notfalls und manchmal auch gerne und schnell speist man an den Stehtischen mit Blick auf den Dom. Müde Beine ausruhen geht dabei aber nicht!
210 A5 Weinstr. 7a/Eingang Filserbräugasse 089 24 29 29 20 10–1 Uhr Marienplatz

Bergwolf €
Das Bratwurstrestaurant (!) liegt direkt am U-Bahn-Ausgang und das wenige, was es gibt, tut eine eingeschweißte Karte kund. Eingenommen werden die Gerichte an einfachen Holztischen oder im Stehen, und dazu läuft im Fernsehen die Bundesliga. Aber nicht nur deren Fans kommen. Das Publikum entstammt allen Schichten, zu jeder Tages- und Nachtzeit. Was für die Qualität der Curry-Würste und der Pommes spricht – Münchener Kult.
209 F3 Fraunhoferstr. 17 089 23 25 98 58 Mo–Do 12–15 und 18–2 Uhr, Fr 12–15 und 18–4 Uhr, Sa 12–4 Uhr, So 17 bis 22 Uhr Fraunhoferstraße

Café Glockenspiel €€
Bester Blick aufs Glockenspiel des Rathauses bei mediterraner Küche oder auch nur einem Kaffee. Abends ist Essen Pflicht, aber dann schlafen die Schäffler am Glockenspiel gegenüber sowieso, nur der Nachtwächter taucht um 21 Uhr für zwei Minuten auf. Tagsüber kommen Schüler mit der Großmutter, abends auch »die Szene« zu einem Cocktail.
210 A4 Marienplatz 28 089 26 42 56 10–1, So bis 19 Uhr Marienplatz

La Bouche €€
Einst ein Milchladen mit kleiner Wohnung. Heute speist man im ehemaligen Wohnzimmer unter verspielten Leuchtern an Bistrotischchen Schulter an Schulter. Die Gerichte gehören mit zum Besten, was Kochkunst zu kreieren vermag, ohne prätentiös sein zu wollen. Datteln im Speckmantel und Austern sind genau so, wie es sich gehört, ebenso das Coq au Vin und die Teigtaschen mit Meeresfrüchten – nicht überdreht, nicht simpel, genau die Mitte, damit man sich

nach dem Essen sehr wohl und sehr satt fühlt.
209 F2 Jahnstr. 30 089 26 56 26
tägl. ab 18 Uhr (Küche bis 22 Uhr)
Fraunhoferstraße

Max Pett €

Wenn zwei schwer überzeugte und überzeugende Veganer ein Lokal aufmachen, dann kann nur Gutes dabei herauskommen. Schon das Innere zeigt sich mit klaren und aufgeräumten Linien. Die Stühle sind bequem, die Einrichtung bietet auch was fürs Auge, und auf der Terrasse lässt sich hervorragend veganes Eis lutschen. Die Karte ist ausgesprochen abwechslungs- und einfallsreich. Es gibt tolle Salate mit Früchten und Nüssen, Hauptspeisen wie Wirsingroulade mit Lupinenfüllung oder auch Veggie-Döner für die eiligen Gäste. Im Max Pett werden eingefleischte Tieresser bekehrt.
209 E4 Pettenkoferstr. 8
089 55 86 91 19 Mo–Fr 10–23, Sa 9–23, So 10–23 Uhr Sendlinger Tor

Santo Anger €

Italienischer Punkrock? Als Hintergrundmusik zum Essen? Genau so isses! Die Karte ist extrem klein – zumindest bei den Speisen – und listet nichts anderes als Pizza und Salate. Da kann man nun sagen, dass es das nicht sei. Die Pizzas aber sind vorzüglich und die Salate knackig und mit leckeren Dressings versehen. Und wo bekommt man sonst schon einen gut belegten und knusprigen Teigfladen zu spätester Stunde und kann ihn in gemütlicher Runde am, mit weiß-rot karierter Decke bedeckten, Tisch verspeisen? Mittags gibt es die Pizza mit einem Getränk für nur 7 €.
209 F3 Blumenstr. 25 089 25 54 76 88
Mo–Do 11–1, Fr 11–3, Sa 17.30–3, So 17.30 bis 1 Uhr Sendlinger Tor

Weißes Brauhaus €

Weißbier zu brauen, war Fürstenprivileg, 1852 löste die Familie Schneider es ab und braute als erste bürgerliche Familie selbst. Ihr Stammsitz war und ist das Weiße Bräuhaus – die Schneider-Weiße ist das vielleicht beste Weißbier der Welt, urbayerisch ist, was die Küche verlässt: Kronfleisch mit Schnittlauch und Kren, Aventinus-Bierbraten oder Gebackene Kälberfüße. Saures Lüngerl mit Knödel steht ebenso auf der Speisekarte wie Bayerisch-Crème.
210 B4 Tal 7 089 290 13 80
7–3 Uhr Marienplatz

Zum Straubinger €€

Gemütliches Lokal mit Tradition. Bayerische Klassiker von der Leberknödelsuppe über Rahmschwammerl mit Knödel bis zur Weißwurst werden drinnen oder im kleinen Biergarten von herzlichen Einheimischen serviert. Und der Service verspricht »10 oder nix«, was so viel bedeutet wie: Ist das Essen mittags nicht innerhalb von zehn Minuten serviert, darf es der Gast kostenlos verzehren. Wenn das nichts ist …
210 A4 Blumenstr. 5
089 232 38 30 Mo–Sa 10–1, So 11 bis 23 Uhr Bus Nr. 52 Blumenstraße

CAFÉS

Mozart

Die heutigen Besitzer haben in dem ehemaligen Omacafé einen Großteil der Einrichtung belassen, und so sitzt man entweder an Holztischen oder bequem im Lehnstuhl und auf dem Sofa. Die Nähe zu den Uni-Kliniken bestimmt das Publikum: Ärzte, Studenten, Krankenschwestern, aber auch diejenigen, die ihren Stadtspaziergang am Sendlinger Tor abgeschlossen haben.
209 E4 Pettenkoferstr. 2
089 59 41 90 10–1, Fr/Sa bis 3 Uhr
Sendlinger Tor

Schmalznudel

Die Traditionsadresse Münchens, wo sich Nachtschwärmer mit Frühaufstehern treffen. Kaffee, eine

Schmalznudel (»Ausgezogene«), Krapfen und Dampfnudeln halten die Seele beisammen. Bier gibt's nicht, dafür Prosecco und Champagner in münchnerisch-gemütlicher Atmosphäre.

210 A4 Prälat-Zistl-Str. 8
089 26 82 37 Mo–Sa 8–18 Uhr
Bus Nr. 52 Viktualienmarkt

Stadtcafé

Etwas abgenudelt ist die Einrichtung inzwischen, doch das stört die vorwiegend jungen Gäste nicht. Sie kommen wegen der legeren Atmosphäre auf einen Cappuccino oder Espresso und einen der guten Kuchen. Auch die französisch inspirierten Kleinigkeiten aus der Vitrine schmecken vorzüglich. Abends geht es richtig los, wenn das studentische Stammpublikum auf ein oder mehrere Viertel Wein hereinschneit, die Besucher des Kinos im Filmmuseum sich vor dem Film stärken oder danach zum Absacken reinschauen.

209 F4 St.-Jakobs-Platz 1
089 26 69 49 10–24, Fr/Sa bis 1 Uhr
Busse Nr. 52 Blumenstraße

Turmstüberl

Wer ins Café will, muss im Valentin-Karlstadt-Musäum Eintritt zahlen; dafür nimmt er lebenslange Eindrücke mit hinauf in den Turm. Einzigartig ist schon die Form des Cafés, achteckig, dem Grundriss des Turms geschuldet. Gemütliche Sitzecken gibt es in 14 m Höhe also mehr als genug. Der Betreiberin mit dem schönen bayerischen Namen Bernadette Obergrußberger macht der tägliche Aufstieg mit den Kuchen und Weißwürsten nichts aus sie ist gestählt von ihren Wanderungen im Himalaya. Ab und an gibt es auch Veranstaltungen, jeden letzten Sonntag im Monat z. B. den satirischen Rückblick – pünktlich um 11.01 Uhr.

210 B4 Tal 43 089 29 37 62
Mo, Di, Do 11.01–17.29, Fr, Sa bis 17.59, So 10.01 bis 17.59 Uhr Isartor

Wohin zum ... Einkaufen?

Zwischen Marienplatz und Glockenbachviertel treffen ganz unterschiedliche Einkaufswelten aufeinander: Rund um den Marienplatz finden die Kunden Kaufhäuser und Bekleidungsgeschäfte, wie es sie auch in anderen Metropolen gibt. Entlang der Sendlinger Straße sind modische Boutiquen, italienische Schuhläden und Geschäfte mit kunterbuntem Schnickschnack zum Dekorieren und Einrichten versammelt. Der Viktualienmarkt und die umliegenden Geschäfte sind ein Paradies für Gourmets mit Spezialitäten aus aller Herren Länder. Die Läden im Glockenbachviertel rund um den Gärtnerplatz sind die angesagtesten der Stadt und ändern sich so schnell wie die Moden.

ZWISCHEN MARIENPLATZ UND STACHUS

Im 1861 gegründeten Münchner Modetempel und »Kaufhaus der Sinne« **Ludwig Beck** (Marienplatz 11) findet sich in der 4. Etage eine der bestsortierten Musikabteilungen für Klassik, Folklore und Jazz. Im »Hautnah« nebenan, in Becks Parfumabteilung, verwirren zahllose Düfte, Cremetiegel und Flacons die Sinne der Kunden.

Hieber-Lindberg (Sonnenstr. 15) verfügt als größtes Münchner Musikgeschäft über das bestsortierteste Angebot an Noten und Instrumenten.

UM DEN VIKTUALIENMARKT

Bei **Kamm Weninger** (Viktualienmarkt 2) kauft die Münchnerin von

FÜR KINDER
Das **Schuhhaus Tretter** (Neuhauser Str. 39) lockt seit Jahrzehnten die ganz jungen Kunden mit einer **Holzrutsche**, auf der sie ratzfatz in ihrer Abteilung landen. Es funktioniert so gut, dass so manche Kinder vergessen, weshalb sie eigentlich hergekommen sind.

Welt schon seit dem Jahr 1936 alles rund ums Haar.

Auf der anderen Seite des Viktualienmarktes duftet es im **Kräuterhaus Lindig** (Blumenstr. 15) nach exotischen Aromen. Kein Wunsch nach Heil- oder Duftpflanzen bleibt hier unerfüllt.

Ein paar Schritte weiter gibt es Spezialitäten **Vom Fass** (Reichenbachstr. 2). Öl, Essig, Weinbrand, Grappa – alles wird frisch abgefüllt.

Auf dem Markt selbst verkauft **Exoten Müller** Drachenfrüchte aus Vietnam und Guaven aus Kolumbien; beim **Duftschmankerl** gibt's Gewürzsträuße und Mobiles aus duftenden Zutaten.

Etwas streng riecht's manchmal beim **Rottler**; das liegt am Sauerkraut vom Fass, den eingelegten Salzgurken, dem Senfgemüse und der Riesenauswahl an Gewürzen.

Auch **Caseus** umgeben gelegentlich heftige Duftwolken, ist er doch der Käsehändler am Markt.

kaffee & mehr (Viktualienmarkt 1) verkauft genau das, die Auswahl ist ebenso phänomenal wie die Beratung. Jeder Kunde kann sich hier sicher sein, am Ende den wirklich zu ihm passenden Kaffee ganz nach gusto gefunden zu haben.

Poseidon (Westenriederstr. 13) ist die Feinschmeckeradresse für Fischliebhaber, die hier auch einen schnellen Fischsnack an den Stehtischen genießen können.

Zwei Häuser weiter verführt **Chocolate and more** (Westenriederstr. 15) mit köstlichen Lauenstein-Pralinés, verheißungsvoll duftender heißer Schokolade und hübschen Souvenirs zu einem völlig enthemmten Kalorienshopping.

Auf bayerische Volkskunst wie Bierkrüge und Zinnbecher ist **Antiquitäten Herold Neupert** (Westenriederstr. 8) spezialisiert.

Um Aromen und Düfte geht es schließlich nochmals im Pfeifen- und Zigarrenladen von **Georg Huber** (Tal 22). Holztäfelung und aufmerksame Beratung schaffen eine exquisite Atmosphäre.

ZWISCHEN SENDLINGER STRASSE UND GÄRTNERPLATZ

Bei **Kienmoser** (Sendlinger Str. 36) kauft man Seile aus Naturfasern von 1–50 mm Durchmesser in gewünschter Länge, Netze, Gurte und sonst alles, was eine Seilerei eben herstellt.

Mit die größte Auswahl an Jeans hat **Jeans-Kaltenbach** (Herzogspitalstr. 4) auf mehreren Etagen und mit einer Outlet-Abteilung.

Im **Optimal** (Kolosseumstr. 6) im Glockenbachviertel dreht sich alles um die runden Scheiben aus Vinyl. Die Auswahl an Platten aus First- und Secondhand ist phänomenal, die Klientel ebenso bunt gemischt wie die Musikstile.

Nicht nur Wäsche gibt es in einem der angesagtesten Modeläden Münchens: Das **Slips** (Am Gärtnerplatz 2) verkauft große und kleine Modelabels.

Kontrastprogramm in Leder und glitzerndem Chrom bietet das **Gasoline Alley** (Corneliusstr. 5), die Münchner Adresse für echte Biker, die amerikanische Originalklamotten oder rare Zubehörteile für ihren röhrenden Liebling suchen.

servus.heimat (Brunnstr. 3) verkauft T-förmige Unter- oder Drüberziehhemden mit heimatlichem Aufdruck von Gams über Breze bis Dackel, Heimatgeschirr (Flachmann mit dem Schriftzug »Heimat«), der *gucki bayerisch* (Diashow im Alpenhaus und aus der

Hand) und der Hirschkopf mit Geweih für die Wand daheim (in den gängigen Farben Grün, Orange und Pink und für depressive Stunden auch in Schwarz).

Wohin zum ... Ausgehen?

Theater, Kinos, Konzertsäle, Nachtclubs, Diskotheken, Szenetreffs, Jazzclubs – in München kommt auch abends keine Langeweile auf, denn die Stadt bietet eine enorm vielfältige Palette an unterschiedlichsten Vergnügungsmöglichkeiten an. Das gilt auch für den hier vorgestellten Bereich der südlichen Innenstadt.

BARS MIT ESSEN

Die **Buena Vista Bar** (Am Einlass 2a, Tel. 089 26028811, 18–1, Fr/Sa bis 3 Uhr, Küche bis 24 Uhr) gibt sich kubanisch; ihr portugiesischer Besitzer reist ständig auf Castros Insel, bringt kostbare Bilder mit und hängt sie an die unverputzten Wände. Angeschlossen ist eine kleine Avantgardebühne, das Team-Theater. Vor und nach den Vorstellungen bricht der Service manchmal zusammen, dafür ist es knall- und stimmungsvoll. Am Wochenende fährt spät abends die Salsa vom Plattenteller in die Knochen der Gäste und auf den Gängen und zwischen den Tischen tanzen alle Altersstufen mit – Zeit für einen Flirt.

Das **Baader Café** (Baaderstr. 47, Tel. 089 2010638, So–Do 10–1, Fr/Sa bis 2 Uhr) ist eine der ältesten Szenekneipen im Gärtnerplatzviertel und nach wie vor eine der beliebtesten: Es hechelt keinen Moden hinterher, sondern ist nun schon seit den 1980er-Jahren einfach der ideale Ort, den Abend bei Bier, Wein, knackigen Salaten oder kleinen italienischen und österreichischen Köstlichkeiten zu verbringen. Hier treffen sich Menschen aller Altersstufen.

BARS

Braunes Holz, braune Wände und braune Sitzwürfel bestimmen die Atmosphäre der **Lizard Lounge** (Corneliusstr. 34, Tel. 089 20009827, Fr, Sa 20–3 Uhr). Könnte deprimierend wirken, tut es aber nicht. Vogelbunt wie die Drinks oder minimalisiert in Schwarz wie der Lidstrich der weiblichen Gäste, hält das Publikum die Balance in der Farbgebung, cool und selbstbewusst wippen die Hüften im Takt der DJ-Musik, das Bier wird lässig aus der Flasche getrunken, die Cocktails halten spitze Nägel in allen Regenbogenfarben.

Der **Ksar Club** (Müllerstr. 31, Tel. 089 55298479, Mo–Do 20–3, Fr, Sa 20–4 Uhr) ist ein Dauerbrenner im Münchens Nachtleben; an den Wochenenden wird es in dem kleinen Lokal ganz schön eng, und die Unglücklichen, die hineinwollen, aber nicht können, werfen in dicker Traube Blicke durch die Panoramascheiben. Man kennt sich aus dem Nachtleben und plauscht, wenn die Musik es zulässt, doch auch neue Gesichter werden durchaus mit Interesse registriert.

LIVEMUSIK

Das **Strom** (Lindwurmstr. 88, Tel. 089 25205711, www.strom-muenchen.com, ab 23 Uhr) ist einer der Clubs, der der Avantgarde der jungen Musikszene den Weg bereitet und ihr ein Forum verschafft, zum Beispiel bei der Veranstaltung »Heimatsound« mit Bands aus der Region. Aber beileibe nicht nur unbekannte Indie-, Rock-'n'-Roll- und Brit-Pop-Gruppen treten hier auf. Manchmal kommt ganz was Spezielles auf der Bühne wie die Musik von Ami Warning und ihrer Band oder Adrian Held und Tobias Rieser, den Protagonisten von Klangkarussel.

Im **Milla** (Holzstr. 28, Tel. 089 18923101, www.milla-club.de, ab 20.30 Uhr, je nach Veranstaltung), ein anerkannter Fackelträger der livemusikbegeisterten Münchner Clubszene, stehen viele Newcomer-Gruppen auf der Bühne vor dem überschaubaren Zuschauerraum, nicht ganz uneigennützig natürlich. Schließlich gibt es ein eigenes Plattenlabel: Millaphon. Und wer ankommt, hat einen Plattenvertrag schon fast sicher. Wenn keine Livemusik ist, legen DJs auf.

DISKOTHEK

Das **59:1** (Sonnenstr. 27, Tel. 089 24205716, Mo–Sa ab 21 Uhr) ist zeitgemäß orange gestylt und bietet täglich wechselndes Musikprogramm von Jazz über Sixties bis Drum 'n' Bass; die Mehrheit des Publikums ist über 20 Jahre alt.

THEATER

Das **Staatstheater am Gärtnerplatz** (Gärtnerpl. 3, Tel. 089 2185 1960; www.gaertnerplatztheater.de) geht auf eine »Actiengesellschaft« Münchner Bürger zurück, die sich im Jahr 1865 ihre eigene Bühne schufen. Bald pleite, musste der König das Theater retten, seitdem gehört es dem Staat. Das Repertoire ist breit angelegt, man spielt Opern, Operetten, gibt Ballettabende und Jazzvorführungen. Wegen der noch bis 2016 andauernden Generalsanierung des Hauses wurde der Betrieb auf verschiedene Spielstätten in München verlagert. Nach dem Abschluss der Arbeiten in Zuschauerhaus und Bühnenbereich soll bereits zum 150-jährigen Jubiläum Ende 2015 der Betrieb eingeschränkt wieder aufgenommen werden; die Wiederaufnahme eines uneingeschränkten Spielbetriebs wurde für die Saison 2016/2017 angekündigt.

Das **Team-Theater Tankstelle** (Am Einlass 2a, Tel. 089 2604333) residiert in einer ehemaligen Tankstelle und zeigt von der Szene viel beachtete, moderne Stücke nationaler und internationaler Autoren.

Ins **Theater im Fraunhofer** (Fraunhoferstr. 9, Tel. 089 267850) geht bunt gemischtes Publikum, um die Kabarettaufführungen mit Kleinkunstcharakter zu erleben. Schwerpunkt ist kritisches Kabarett, dem sich besonders Nachwuchskünstler widmen. Danach setzt man sich in der Kneipe Fraunhofer an die langen Holztische und lässt den Abend bei Bier, einem bayerischen »Schmankerl« und Diskussionen ausklingen.

KINOS

Das **Filmtheater am Sendlinger Tor** (Sendlinger-Tor-Platz 11, Tel. 089 554636) zeigt die neuesten Produktionen in einem, Gott sei's gedankt, nicht auf Wohnzimmergröße heruntergebrochenen Saal. Wer rechtzeitig da ist, erhält einen der vier Logenplätze und genießt den Film exklusiv und abgehoben mit ausgezeichneter Sicht.

Das für seine filmkonservatorische Arbeit weltbekannte **Filmmuseum** (► 68) im Stadtmuseum bringt u. a. Retrospektiven aus seinem Archiv, Klassiker der Filmkunst und Avantgarde aus aller Welt. Häufig sind Regisseure und andere Filmschaffende zu Gast, um nach der Vorführung mit dem Publikum zu diskutieren.

Das **Werkstattkino** (Fraunhoferstr. 9, Tel. 089 2607250) ist Münchens schrägstes, von Cineasten hoch geschätztes Filmtheater mit einem wüsten Programm von Filmen zwischen B-Picture-Horror und argentinischem Porno, an dem auch Quentin Tarantino seine Freude hätte – und ganzen 60 Plätzen.

Die nördliche Innenstadt

Kleine Erlebnisse

Ritt auf der Welle

Neben dem **Haus der Kunst** (➤ 98) am Eisbach liegen und die dichte Traube Touristen beobachten, die die Surfer fotografieren.

Leben und lieben

Im Dianatempel des **Hofgartens** (➤ 97) seinem Partner ewige Liebe schwören – ein überaus spiritueller Platz.

Man sieht nur, was man weiß

Vor dem **Nationalmuseum** (➤ 92) stehen und sich überlegen welcher Fassadenteil welche Sammlung verbirgt – der jeweilige Stil wurde auf die Epoche der einzelnen Ausstellungen abgestimmt.

Die nördliche Innenstadt

Erste Orientierung

Elegante Boutiquen, vornehme Restaurants und im Mittelpunkt die Residenz der bayerischen Könige – im Edelquartier rund um Theatiner-, Residenz- und Maximilianstraße bummeln die Münchner nicht, sie promenieren. Fürs Kontrastprogramm sorgt das urbayerische Hofbräuhaus.

Im Verlauf ihrer Geschichte entwickelte sich die Stadt von einer Siedlung der Mönche über die glanzvolle Residenz der Wittelsbacher hin zu einer international hoch angesehenen Metropole des 21. Jahrhunderts. Den oft zitierten Charme eines »Millionendorfes« hat München dennoch nie ganz verloren, auch wenn es rund um die Residenz doch etwas mondäner zugeht und die minimalistisch-eleganten Fünf Höfe mit ihren schicken Geschäften dem ansonsten architektonisch eher konservativen Teil des Stadtzentrums ein modernes Glanzlicht aufsetzen. Generell achtet man hier doch sehr auf eine ausgewogene Balance zwischen Tradition und Moderne, nicht nur in den zahlreichen Theatern und der Oper. Der Respekt vor dem Bewährten geht so weit, dass an der Maximilianstraße potemkinsche Fassaden errichtet wurden, um die dahinter liegenden, futuristischen Maximilianshöfe zu kaschieren. Schein und Sein spielen rund um die Theatinerstraße also in vielerlei Hinsicht eine besonders wichtige Rolle. Auch deshalb schlägt hier das Herz der berühmten Münchner »Bussi-Gesellschaft«.

Rechts; Musikalischer und kulinarischer Genuss an der Oper

Fahrradstopp am Platzl

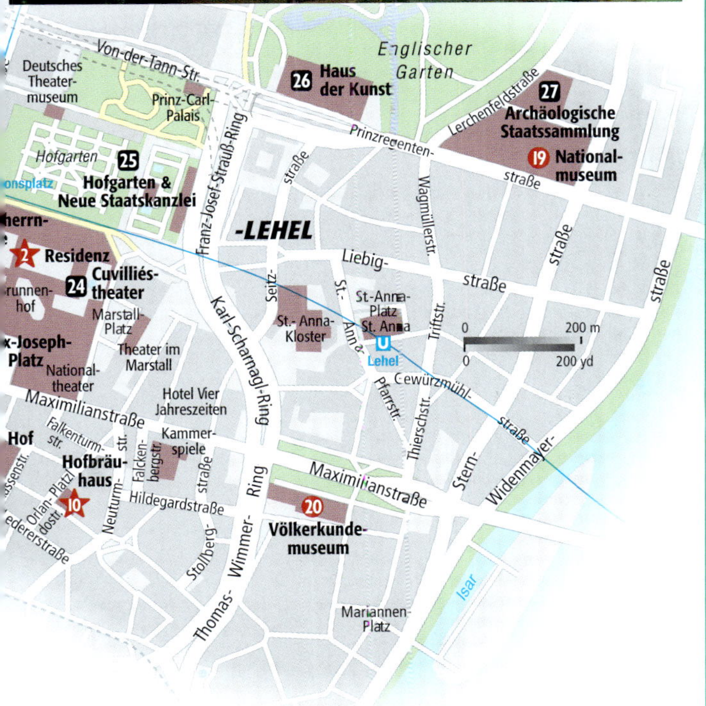

Nach Lust und Laune!

21 Alter Hof ➤ 96
22 Max-Joseph-Platz ➤ 96
23 Theatinerkirche ➤ 97
24 Cuvilliéstheater ➤ 97
25 Hofgarten & Neue Staatskanzlei ➤ 97
26 Haus der Kunst ➤ 98
27 Archäologische Staatssammlung ➤ 98

TOP 10

2 Residenz ➤ 84
10 Hofbräuhaus ➤ 89

Nicht verpassen!

18 Feldherrnhalle ➤ 91
19 Nationalmuseum ➤ 92
20 Völkerkundemuseum ➤ 94

An einem Tag

Dieser Routenvorschlag zeigt Ihnen, wie Sie einige der interessantesten Sehenswürdigkeiten in Münchens nördlicher Innenstadt an einem Tag besichtigen können. Die jeweiligen Highlights werden auf den nächsten Seiten näher beschrieben.

9:00

In den schmalen Gassen und Durchgängen um den 21 **Alten Hof** (➤ 96) spüren Sie einen Hauch von Mittelalter. Kontrastprogramm dazu sind gleich danach die ultraeleganten Passagen der Fünf Höfe (➤ 102), wo Sie sich mit einem Latte Macchiato oder Zitronengrastee stärken können. Am 22 **Max-Joseph-Platz** (➤ 96f) treffen Sie auf die schönen Künste: Hinter dem klassizistischen Säulenportikus der Bayerischen Staatsoper regiert die Muse der Musik, gleich nebenan im Residenztheater die des Sprechtheaters.

10.00

Die verschachtelte Anlage der 2 **Residenz** (➤ 84ff) zu besichtigen, braucht Zeit. Am besten ist es, Sie widmen sich vormittags erst einmal der wichtigsten Sammlung im Schloss, der Schatzkammer. Sollten Sie eine Pause machen wollen: Wenn Sie von der Loggia der 18 **Feldherrnhalle** (➤ 91) die Ludwigstraße entlangblicken, sehen Sie rechter Hand die sonnige Terrasse des Tambosi (➤ 101) am Hofgarten – ein idealer Platz für Ihre Mittagspause und das intensivere visuelle Studium der Feldherrnhalle!

12:30

Kehren Sie nun zurück, und betreten Sie das eigentliche Residenzmuseum. Planen Sie so, dass auch noch ausreichend Zeit bleibt für einen Besuch des zauberhaften 24 **Cuvilliéstheaters** (➤ 97). Gehen Sie dann durch den geometrisch angelegten 25 **Hofgarten** (➤ 97f) und an der **Neuen Staatskanzlei** vorbei zur Prinzregentenstraße, die am Englischen Garten entlang zur Isar führt. Sehen kann man den Park von der Straße aus allerdings kaum, denn den Blick darauf versperrt hier das 26 **Haus der Kunst** (➤ 98).

15:00

Das 19 **Nationalmuseum** (➤ 92f) hält, was es von außen verspricht. So interessant wie seine Architektur sind auch die Ausstellungen im Inneren. Lassen Sie sich von Kirchenschätzen und Weihnachtskrippen, von Volkskunst und gotischem Maßwerk in die bayerische Geschichte entführen!

16:00

Am grünen Isarufer entlang nach Süden gehend, kommen Sie auf die Maximilianstraße mit dem Max-II-Denkmal und dem 20 **Völkerkundemuseum** (➤ 94f). Eine gute Stunde haben Sie Zeit, sich in ferne Welten zu träumen, dann schließen seine Pforten. Der Bummel entlang der Maximilianstraße (unten) führt Sie zu den eleganten Boutiquen namhafter Designer.

18:00

Der Tagesmühe Lohn erwartet Sie schließlich im 10 **Hofbräuhaus** (➤ 89f) am Platzl. Entgegen den Gerüchten sind Sie hier nicht mit Touristen alleine, auch Münchner kommen gerne auf ein oder mehrere Bier in das alte Wirtshaus oder den gemütlichen Biergarten. Wer nach dem Besuch des Hofbräuhauses noch nicht genug hat, könnte ins P1 (➤ 103f) zum Abtanzen gehen. Oder haben Sie sich vielleicht Theaterkarten besorgt (➤ 104)?

2 Residenz

Als »Herzkammer Bayerns« fungierte ein halbes Jahrtausend lang die am Nordostrand der Altstadt gelegene Residenz der bayerischen Herzöge, Kurfürsten und Könige, an deren Ausbau namhafte Architekten beteiligt waren. Die rund 130 Räumlichkeiten der seit dem 16. Jh. entstandenen Schlossanlage wurden von den besten Künstlern und Kunsthandwerkern ihrer Epoche mit wundervollem Mobiliar, kostbaren Tapisserien und Bildern ausgestattet.

Im Jahr 1385 wurde den Wittelsbachern die Alte Veste – der Alte Hof (► 96) – zu eng, und sie ließen sich die Neuveste am späteren Max-Joseph-Platz, der auch Opernplatz genannt wird, errichten. Umbauten und Erweiterungen unter Herzog Wilhelm V. und seinem Sohn Maximilian I. machten den ursprünglich gotischen Bau im 16. Jh. zu einer Renaissanceresidenz. Hans Simon Reifenstuel aus Gmund am Tegernsee gilt als Baumeister, Peter de Witt, Candid genannt, war für große Teile der Innendekoration zuständig. Den letzten Umbau verantwortete Leo von Klenze: Das ursprüngliche Renaissanceportal an der Residenzstraße mit dem Bronzeguss der *Patrona Bavariae*, der Muttergottes als Schutzpatronin Bayerns, war König Ludwig I. nicht repräsentativ genug. Deshalb wurde in den Jahren 1826 bis 1835 der Königsbau mit klassizistischer Schaufassade und neuem Hauptportal zum Opernplatz hin errichtet – das Vorbild des in seiner grundsätzlichen Anlage Filippo Brunelleschi zugeschriebenen Palazzo Pitti in Florenz ist unverkennbar.

HÖREN & ERLEBEN

Schülerinnen und Schüler des Gymnasiums Ottobrunn erstellten in Kooperation mit dem Bayerischen Rundfunk einen Audioguide für ältere Kinder und Jugendliche, der in vier kleinen Hörspielen Statuen, Architektur und Gemälde des **Antiquariums** der Residenz mit eigenen Ohren erlebbar macht.

Auch eine Kapelle gehört zu den Reichen Zimmern.

Vormittags ...

Vom Opernplatz gelangen Sie durch den Haupteingang des Königsbaus zum ersten Hof und zur Kasse. Die wichtigste Sammlung, die **Schatzkammer**, ist gleich nebenan. Über 1200 Exponate herzöglicher und königlicher Insignien, sakrale Kunst und Schmuckstücke glitzern und funkeln in den Vitrinen, unter ihnen der um 890 entstandene goldgeschmiedete Altaraufsatz Arnulfciborium und eine Statuette von St. Georg auf einem aus Achat und Chalzedon geschnittenen Pferdchen mit rubingeschmücktem Sattel vom Ende des 16. Jh.s. Beachten Sie auch die prächtigen Reliquiare, die einst die Hofkapellen der Residenz schmückten.

Max I. Joseph grüßt huldvoll auf seinem Platz vor der Residenz.

... und nachmittags

Zwischen dem Küchenhof hinter der Kasse und dem Brunnenhof mit dem Wittelsbacher-Brunnen liegt einer der Prachtsäle der Residenz – das **Antiquarium** aus dem 16. Jh. Herzog Albrecht V. brachte darin seine Antikensammlung unter, das mächtige Tonnengewölbe schmückte Friedrich Sustris mit Allegorien, Grotesken, Stadtansichten und Landschaften Bayerns.

Über die Treppe gelangen Sie in die erste Etage, in den **Schwarzen Saal** mit seiner illusionistischen Deckenmalerei und zur **Ostasiensammlung** mit 500 Stücken fernöstlichen Porzellans in den Vorräumen der **Kurfürstenzimmer** am Brunnenhof, in denen bis 1599 die Bibliothek untergebracht war und die dann der Kurprinz und später Kurfürst Max III. Joseph bewohnte.

Nächste Station sind die **Charlottenzimmer**, die Prinzessin Charlotte Auguste, die Tochter König Max I. Josephs, als Wohnung nutzte. Heute sind sie im Stil höfischer Wohnkultur des 19. Jh.s eingerichtet.

Jetzt müssen Sie sich entscheiden, ob Sie den kurzen Rundgang unternehmen wollen und direkt zu den Reichen Zimmern gehen oder die Besichtigung ausweiten. Die **Trierzimmer** waren Gästeappartements und Ratszimmer. Im **Kaisersaal** aus dem beginnenden 17. Jh., zu seiner Zeit der prächtigste Festsaal der Residenz, sehen Sie Gobelins aus der Hand von Hans van der Biest und Deckengemälde von Peter Candid.

Antike Plastik misst sich mit Fresken der Renaissance.

Festsäle hinter Prachtfassaden

Als politischer und kultureller Mittelpunkt des Landes entwickelte sich die Münchner Residenz im Lauf der Jahrhunderte zu einer riesigen Anlage – mit einer Grundfläche von etwa 250 x 200 m ist sie heute eine der größten ihrer Art.

❶ **Festsaalbau:** Den Hofgarten flankiert der klassizistische Festsaalbau, den König Ludwig I. zusammen mit Königsbau und Allerheiligen-Hofkirche durch Hofbaumeister Leo von Klenze errichten ließ.

❷ **Königsbau:** Klenzes Königsbau, nach dem Vorbild des Palazzo Pitti in Florenz gestaltet, bestimmt die Front der Residenz zum Max-Joseph-Platz hin. Die Innenräume des Traktes sind von klassizistischer Kühle geprägt.

Die Königinmutter-Treppe in der Residenz – 1508 bis 1919 Wohn- und Regierungssitz der bayerischen Herzöge, Kurfürsten und Könige

❸ Alte Residenz: Der Bau entstand unter Kurfürst Maximilian I. in der Spätrenaissance (1611–1619). In der streng gehaltenen Front zur Residenzstraße öffnen sich zwei prächtige Portale aus Rotmarmor, flankiert von Bronzelöwen (Hubert Gerhard, um 1595) – ihre Nasen zu reiben bringt Glück.
❹ Antiquarium: Der größte profane Raum der Renaissance nördlich der Alpen dient heute u. a. als festliche Kulisse für Staatsempfänge.
❺ Schatzkammer: Glanzstücke sind u. a. das Gebetbuch Kaiser Karls des Kahlen, das Kreuzreliquiar von Kaiser Heinrich II. und die bayerische Königskrone von 1806.
❻ Altes Residenztheater: Als schönstes Rokokotheater in Deutschland gilt das »Cuvilliés«, vom Hofarchitekten François Cuvilliés d. Ä. erbaut. An der Ausstattung wirkten auch Künstler wie Johann Baptist Straub mit.
❼ Brunnenhof: Der 1610 angelegte Hof mit dem Wittelsbacherbrunnen ist als einziger diagonal zum Grundriss der Anlage ausgerichtet. Die Fassaden sind mit Scheinarchitektur bemalt.
❽ Spiegelkabinett: Der Stuck, der den Raum einst zierte, wurde nach der Zerstörung im Zweiten Weltkrieg rekonstruiert.
❾ Miniaturenkabinett: 129 Miniaturen, kaum größer jeweils als ein Briefbogen, waren von deutschen, französischen und niederländischen Künstlern im 16. bis 18. Jh. geschaffen worden.
❿ Silberkammern: Im einstigen Zimmer des Stadtrats und im Hartschiersaal wird wertvolles Silber präsentiert, darunter das umfangreiche Tafelsilber des Hauses Wittelsbach.
⓫ Steinzimmer: Die prunkvolle Ausstattung hier umfasst Mobiliar, Gobelins, Gemälde sowie eine Majolikasammlung.

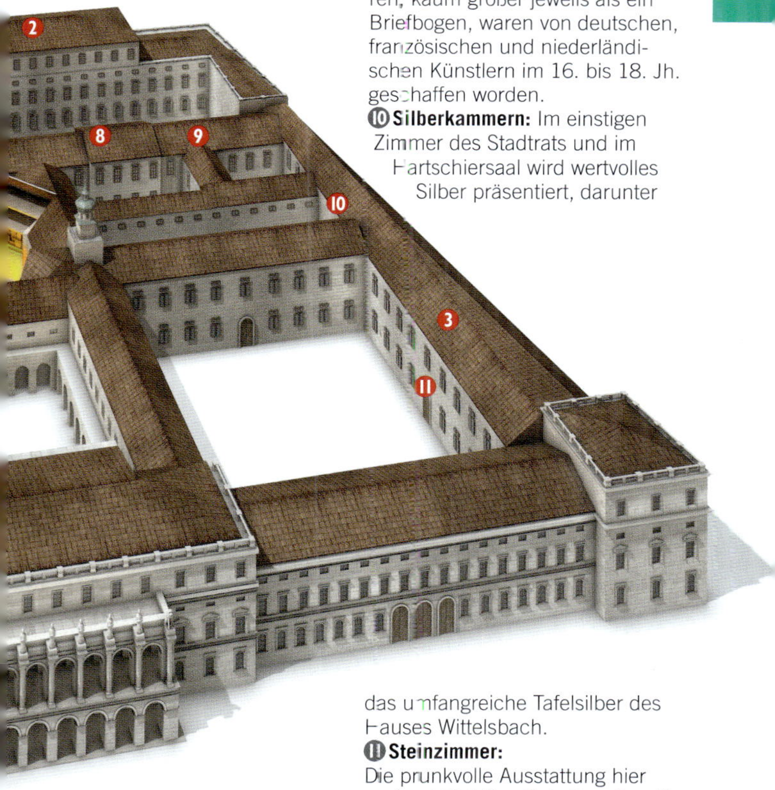

Der Vierschimmelsaal leitet zu den **Steinzimmern** über, die ihren Namen wegen der prächtigen Marmorausstattung erhielten. Der Kaiser des Heiligen Römischen Reiches residierte in ihnen, wenn er in München war. In der **Silberkammer** ist u.a. das aus 502 Teilen bestehende Tafelservice König Max I. Josephs zu bewundern.

Über die 1607 geweihte **Reiche Kapelle**, der private Gebetsraum von Maximilian I., gelangen Sie nun zu den **Reichen Zimmern**. Sie machen ihrem Namen alle Ehre: Kurfürst Max Emanuel ließ sie erbauen, sein Sohn Karl Albrecht beauftragte François Cuvilliés mit der Umgestaltung im Rokokostil. Vergoldete Schnitzereien und Stuckarbeiten prunken miteinander um die Wette. Ein weiterer Höhepunkt ist das **Miniaturenkabinett** am Ende der Zimmerflucht. Es wurde erst 2001 restauriert und zeigt zierliche Gemäldeminiaturen, eingelassen in die vergoldete Holztäfelung der Wände.

Über einen Durchgang erreicht man die sogenannten **Päpstlichen Zimmer**, den Wohnbereich der Schwiegertochter Maximilians, Kurfürstin Henriette Adelaide. In ihnen nächtigte Papst Pius VI., der als erster amtierender Stellvertreter Christi im Jahr 1782 München besuchte.

Nun verlassen Sie die erste Etage und kommen zuletzt in die **Ahnengalerie**. Im lang gestreckten Saal hängen 121 Porträts bayerischer Fürsten und ihrer Familien.

KLEINE PAUSE

Im **Casa del Caffè** (Residenzstr. 2) schmeckt der Espresso italienischer als in Verona.

---

206 B1 Residenzstr. 1 089 29 06 71; www.schloesser.bayern.de April–15. Okt. 9–18, sonst 10–17 Uhr Odeonsplatz Residenzmuseum und Schatzkammer je 7 €, Kombikarte 11 €

Münchens schönste Freilichtbühne ist der Brunnenhof der Residenz. Im Sommer bieten hier Klassik- und Jazzkonzerte einen Genuss für alle Sinne.

10 Hofbräuhaus

Münchner Familien, bayerische »Grantler« und Touristen aus aller Welt lieben das legendäre Gasthaus, dem sogar ein eigenes Lied gewidmet ist und in dem auch ein Engel, der verstorbene Dienstmann Alois Hingerl nämlich, seinen Stammtisch hat.

MITSINGEN IST PFLICHT

»Da, wo die grüne Isar fließt, wo man mit Grüß Gott dich grüßt ...« und so weiter und so fort. Wenn die Blaskapelle das »Hofbräuhauslied« anstimmt, fallen alle mit ein. Das Lied endet mit »oans, zwoa, gsuffa«, einer Aufforderung, der die Gäste gerne Folge leisten.

Gute Stimmung garantiert: in der »Schwemme«, dem im Erdgeschoss gelegenen historischen Herzstück des Hofbräuhauses

Im 16. Jh. tranken die adeligen Damen und Herren eigentlich lieber Wein als Bier. Da der importierte Rebensaft Herzog Wilhelm V. aber teures Geld kostete, ließ er 1589 den Hühnerstall der Alten Veste (heute Alter Hof, ➤ 96) abreißen und baute das Hofbräuhaus, um seinen Hofstaat mit Bier versorgen zu können. Im Jahr 1644 braute der Staat am Platzl weiter und verkaufte von dort an die Gaststätten. Erst 1830 wurden in den Brauereigebäuden die ersten Gasträume eingerichtet. 1896 öffnete der heutige Biertempel am Platzl seine Tore und wurde alsbald Legende. 6000 Liter HB-Bier fließen täglich aus den Fässern, und die Bedienungen stellen Rekorde im Tragen möglichst vieler Maßkrüge auf.

Alles am Platz(l): Gourmetküche, Gewürze & Co.

Der kleine Platz (bayer.: »Platzl«), an dem das Hofbräuhaus steht, wurde Ende des 19. Jh.s im Stil der Neorenaissance umgestaltet. Vor einiger Zeit sind die Gebäude rund um das Platzl renoviert worden, wobei man sich auch um die Erhaltung architektonischer Details bemüht hat. Besonders gelungen ist die Restaurierung des Orlandohauses an der Nordseite des Platzes. »Platzhirsch« am Platzl ist heute der Fernsehkoch Alfons Schuhbeck, der hier im historischen Zentrum der Stadt zwei Restaurants, die »Südtiroler Stuben« und »Schuhbecks Orlando«, sowie mehrere Läden für Gewürze, Schokoladen und Tee sowie einen Eissalon betreibt.

Hauptattraktion für Touristen aber bleibt das Hofbräuhaus. Dessen großer, rustikal eingerichteter Gastraum mit seinen Holztischen im Erdgeschoss heißt »Schwemme«. Hier kocht die Stimmung am Abend manchmal so hoch,

BAEDEKER TIPP

- Eleganter als die Schwemme sind die Gaststuben und der Historische Festsaal in der **ersten und zweiten Etage**. Im Festsaal spielt die Blasmusik ab 19 Uhr auf.
- Selbst viele Münchner wissen nicht, dass das Hofbräuhaus einen wunderschönen, schattigen **Biergarten** hat!
- Bis zur **Sperrstunde** zu bleiben empfiehlt sich nicht unbedingt – übermäßiger Alkoholkonsum zeitigt durchaus unangenehme Folgen. Und in Abwandlung eines Sprichworts könnte man sagen: Je später der Abend, desto betrunkener die Gäste.

dass man sie durchaus mit der auf dem Oktoberfest vergleichen kann. Dann lassen sich sogar die Stammtischler vom Überschwang anstecken und prosten den »Zuagroasden« zu. Wie viele Stammgäste das Hofbräuhaus hat, zeigen die als »Stammtisch« ausgewiesenen Tische, an denen sich in alter Tradition Herren- und gelegentlich auch Damenrunden einmal in der Woche treffen. Manche Stammgäste haben sogar einen eigenen Bierkrug, den sie bis zum nächsten Besuch im »Maßkrugsafe« wegsperren.

KLEINE PAUSE

Sie sind kein Freund von Bierseligkeit? Um die Ecke sorgt ab 18 Uhr die **Cortiina Bar** (Ledererstr. 8) für Kontrastprogramm – Design pur mit ebensolchen Gästen.

In München – genauer: am Platzl – steht ein Hofbräuhaus.

206 B1 Platzl 9 089 290 13 61 00; www.hofbraeuhaus.de
9–23.30 Uhr Marienplatz

EIN MÜNCHNER IM HIMMEL

Sehen Sie den »Grantler« mit der blauen Dienstmütze in der Ecke? Das ist der Engel Aloisius, ehemals Alois Hingerl und Dienstmann in München, dessen Geschichte Ludwig Thoma aufgezeichnet hat: Ein Schlaganfall raffte den Alois dahin, und er landete als Engel Aloisius im Himmel. Kreuzunglücklich, weil's dort nur Manna zu trinken gab, begann er zu randalieren. Also ernannte Gott ihn zum Boten, der die himmlischen Ratschlüsse der bayerischen Regierung überbringen sollte. Gleich mit dem ersten Brief landete Aloisius im Hofbräuhaus und sitzt da immer noch – und die bayrische Regierung wartet bis heute auf eine Eingebung.

18 Feldherrnhalle

Dass die Ruhmeshalle für die bayerische Armee an die Florentiner Loggia dei Lanzi erinnert, ist kein Zufall. Ihr Architekt Friedrich von Gärtner hielt sich eng an das italienische Vorbild. Die offene Bogenhalle bildet den Beginn der Prachtstraße zum Siegestor.

Winterstimmung vor der nach Florentiner Vorbild errichteten Feldherrnhalle

Eingeweiht wurde die Feldherrnhalle 1844. In einem der beiden Seitenbögen wacht Graf von Tilly, Feldherr im Dreißigjährigen Krieg, im anderen Fürst Wrede, General in den Napoleonischen Kriegen. Beide Bronzen entwarf Ludwig von Schwanthaler. 1892 kam unter Prinzregent Luitpold das »Armee-Denkmal« in der Mitte der Halle hinzu, geschaffen von Ferdinand von Miller. Adolf Hitler unternahm hier am 9. November 1923 seinen missglückten Putschversuch. Eine seitlich an der Feldherrnhalle in der Residenzstraße angebrachte Gedenktafel flankierten SS-Wachen. Jeder, der im »Dritten Reich« (1933–1945) daran vorbeiging, musste den Arm zum »Deutschen Gruß« heben. Um das zu vermeiden, gingen viele stattdessen lieber durch die Viscardigasse. 1945 wurde die Tafel entfernt.

KLEINE PAUSE

In der Brasserie **OskarMaria** im Literaturhaus gibt's Kaffee, Kuchen und Zitate von Oskar Maria Graf.

---

206 A2 Salvatorplatz 1 Odeonsplatz

BAEDEKER TIPP

Wenn Ihnen die Beine wehtun, nehmen Sie hier eine **Fahrrad-Rikscha**, und lassen Sie sich durch den Hofgarten zur Prinzregentenstraße schaukeln.

19 Nationalmuseum

Als in Nürnberg 1852 das Germanische Museum gegründet wurde, reagierte König Maximilian II. auf diese Herausforderung der Franken mit dem Bau eines »vaterländischen« Museums in München. Heute beherbergt es eine der bedeutendsten kunst- und kulturgeschichtlichen Sammlungen Europas.

Ursprünglicher Sitz des Bayerischen Nationalmuseums war das heutige Museum für Völkerkunde (► 94f), aber dort wurde der Platz schon bald zu eng, und so zog die Sammlung im Jahr 1900 in die neuen Räume an der Prinzregentenstraße. Gabriel von Seidl plante das Museum in Einklang mit den Exponaten: Wo Gotik ausgestellt werden sollte, wurde in gotischen Linien gebaut, Romanisches und Barockes erhielt einen ebensolchen Rahmen. Von außen wirkt das Museum deshalb recht uneinheitlich. Machen Sie sich auf Entdeckungsreise, und erforschen Sie Gemälde, Sakralkunst, Kunsthandwerk, Rüstungen, Waffen und Bauernstuben.

Preziosen aus Elfenbein und andere Kostbarkeiten

Zu den Glanzstücken der Sakralkunst gehören filigrane Elfenbeinreliefarbeiten wie die Reider'sche Tafel *Christi Himmelfahrt* (19×12 cm, 5. Jh.) und die *Kreuzigung Christi* von 870 (22×10 cm) sowie gotische Skulpturen z. B. von Tilman Riemenschneider.

Kostüme, Möbel, kostbare Uhren, Pokale und Wandschmuck führen das höfische Leben des Barock und Rokoko vor. Aber auch Gegenstände aus Klassizismus, Historismus und Jugendstil sowie der bürgerlichen Welt sind zu sehen. Im Untergeschoss widmet sich die Volkskunde-

Maximilian II. vor seinem Museum

abteilung dem profanen Leben der einfachen Leut' in früheren Zeiten mit Bauernstuben und Gegenständen des täglichen Gebrauchs.

Ihr Kinderlein kommet

Hier ist auch einer der Höhepunkte des Museums, die von November bis Januar geöffnete Krippenausstellung, zu finden. Krippen von 1700 bis 1850 aus dem Alpenraum und Süditalien zaubern Weihnachtsstimmung herbei. Zu verdanken ist die Sammlung dem Münchner Kommerzienrat Max Schmederer, der sie Ende des 19. Jh.s aufbaute. Stimmungsvoll arrangiert, scheinen die Szenen der Verkündigung an die Hirten, der Anbetung der Könige, der Herbergssuche oder der Flucht nach Ägypten von Leben erfüllt. Besonders schön ist ein neapolitanischer Markt von mehreren Metern Länge mit 38 cm hohen Figuren: Zu sehen sind Metzger und Bäcker, Marktfrauen und Passanten, die winzigen Körbe fein geflochten, das Mauerwerk weinumrankt. Solche Straßenszenerien, die auf den »historisch korrekten« Rahmen des Morgenlandes verzichten, sind typisch für die Krippenkunst Neapels bis zum Ende des 18. Jh.s.

Ob Ritterrüstungen oder alte Krippenfiguren – im Bayerischen Nationalmuseum gibt's immer viel zu entdecken.

KLEINE PAUSE

Im Museum serviert das **BNM-Café/Restaurant** Kaffee, Kuchen oder ein Mittagsmenü.

---

207 D2 Prinzregentenstr. 3 089 211 24 01; www.bayerisches-nationalmuseum.de Di–So 10–17, Do bis 20 Uhr Lehel Tram Nr. 18, Bus Nr. 100 Nationalmuseum/Haus der Kunst 7 €

BAEDEKER TIPP

- Versäumen Sie keinesfalls das aus Lindenholz gefertigte **Modell der Stadt München** in der Münchner Kunstkammer des Museums, das der Straubinger Drechslermeister Jakob Sandtner für Herzog Albrecht V. um das Jahr 1570 schuf.
- Jeden Sonntag um 11 Uhr und donnerstags um 18 Uhr finden **Führungen zu speziellen Themen** statt.
- Einmal im Monat wird sonntags um 15 Uhr für die kleineren Besucher ein spezielles **Kinderprogramm** aufgelegt: Abenteuergeschichten lauschen, mit der Museumsmuffel-Bande auf Entdeckungsreise gehen, Puppen basteln ...

20 Völkerkundemuseum

Indianische Tipis, afrikanische Masken und asiatische Götterstatuen entführen im (nach Berlin) zweitgrößten Völkerkundemuseum Deutschlands in eine geheimnisvolle Welt.

Ein bisschen maurisch sieht das Völkerkundemuseum aus, doch die verspielte Fassade wurde nicht für die exotische, sondern für die bayerische Kunst entworfen, die heute im Nationalmuseum zu sehen ist (➤ 92f). Die Wittelsbacher waren ethnografisch interessiert und sammelten bereits früh »Objekte« aus fremden Kulturen. Prinzessin Therese von Bayern ging sogar selbst auf Reisen und brachte 1893 von ihrer Tour durch nordamerikanisches Indianerland 125 »Kuriositäten« mit nach München. Diese sind heute Kern der Ausstellung im Nordamerikasaal des Museums. Aus den über 150 000 Exponaten im Fundus werden die ständigen sechs Ausstellungen über Afrika, Indien, Ostasien, Nord- und Südamerika, Ozeanien und den islamischen Orient immer wieder neu zusammengestellt, um möglichst viele Stücke in die Öffentlichkeit bringen zu können. Sonderausstellungen nehmen sich der Gegenwart an und beleuchten Themen wie das Genozid in Ruanda oder die Frage: »Was essen wir wirklich?«

Imposant: der Eingangsbereich des Museums

Asiatische Kostbarkeiten

In der Asienabteilung in der ersten Etage sind Meisterwerke aus Stein, Bronze und Holz so arrangiert, dass sie die besondere Stimmung hinduistischer oder buddhistischer Tempel heraufbeschwören und zur Meditation einladen. Die Wittelsbacher Ostasiatikasammlung und die Sammlung des Japanforschers Franz von Siebold waren der Grundstein des Völkerkundemuseums und sind heute noch sein besonderer Stolz. Zuletzt eröffnet wurden weitere ständige Ausstellungen zu den Themen Ozeanien und islamischer Orient.

Holz, Plastik, Federn

Ständige Gäste in der Afrikaabteilung in der zweiten Etage waren die Maler des »Blauen Reiter«, August Macke und Wassily Kandinsky. Die hier gezeigten Figuren und Masken lieferten ihnen einigen Stoff für ihre Bildkompositionen. Aber nicht nur traditionelle Skulpturen sind zu sehen, sondern auch zu Götzen verfremdete moderne Haushaltsge-

WITTELSBACHER PHILANTHROPIE

Botanische und zoologische Forschung war Anlass der Reise von Carl Friedrich Philipp von Martius und Johann Baptist von Spix nach Brasilien. Bei der Rückkehr nach München 1820 hatten sie zahllose Präparate und zwei Indianerkinder dabei, die Königin Karoline sofort persönlich unter ihre Fittiche nahm. Doch all die Sorge fruchtete nichts gegen das Klima: 1821 starb der Junge, ein Jahr später das Mädchen. Die Worte »Unerbittlich des Nordens rauer Winter ... « schmücken den Grabstein der beiden Indianer auf dem Münchner Südfriedhof.

genstände und ornamentale Textilarbeiten. Indianergesänge locken den Besucher in den Nordamerikasaal; hier findet sich neben der Sammlung Prinzessin Thereses das älteste erhaltene Kajak der Welt von 1577. Das indigene Südamerika ist durch herrliche, teils aus Federn gearbeitete Textilien vertreten. Den Alltag der Indianer illustrieren landwirtschaftliches Gerät, Kochutensilien und Jagdwaffen.

KLEINE PAUSE

Im Museumscafé **Max2** können Sie sich mit Suppe, Salat, Quiche oder Kuchen stärken.

206 C1 Maximilianstr. 42 ☎ 21 13 61 00; www.voelkerkundemuseum-muenchen.de Di–So 9.30–17.30 Uhr Lehel Tram Nr. 18, 19 Maxmonument 5 €, So 1 € (Sonderausstellungen kosten extra)

Filigranes Meisterwerk aus Federn

BAEDEKER TIPP

- Jeden letzten Freitag im Monat (Sept.–April) finden beim **»Ethnologischen Salon«** Lesungen und Diskussionen statt.
- »Wie leben die Menschen in der Arktis? Was ist Tifinagh oder Tapa? Woher kommt der Kakao? Waren Totempfähle zum Martern da?« Bei den **Kinderführungen** des Völkerkundemuseums finden diese und noch viel mehr Fragen eine Antwort.

Nach Lust und Laune!

21 Alter Hof

Ein überwölbter Durchgang, ein kopfsteingepflasterter Hof, ein hoher, mit Rauten geschmückter Turm – die ehemalige Residenz bezaubert mit mittelalterlichem Flair: Im späten 12. Jh. entstand die erste Festungsanlage an der Stadtmauer, 1328 zog Ludwig IV. der Bayer als Deutscher Kaiser ein. Ende des 14. Jh.s kam dann das Aus; die neu erbaute Residenz (➤ 84ff) war repräsentativer. Der Alte Hof ist nur von außen zu besichtigen, im Inneren sind heute staatliche und kulturelle Institutionen untergebracht, ein Teil wird von Geschäften und als Wohnungen genutzt.

206 A1 Burgstr. 8 Marienplatz

TROMPE-L'ŒIL

Wenn Sie die Maximilianstraße stadtauswärts gehen, achten Sie doch auf das erste Haus links nach der Oper! Sehen Sie den Unterschied zu den Nachbarbauten? Wenn nein, dann ist es wirklich gelungen. Hier klaffte lange eine hässliche Baulücke, die mit den modernen Maximilianshöfen hinter der nach altem Vorbild errichteten Fassade geschlossen wurde.

22 Max-Joseph-Platz

Das **Bayerische Nationaltheater** (➤ 104) am Max-Joseph-Platz, der

München leuchtet: hier im Blick vom Tambosi (➤ 101) auf die Theatinerkirche.

In ganzer Pracht: die Staatsoper

nach der darin residierenden Staatsoper auch Opernplatz heißt, stiftete König Max I. Joseph 1818, doch schon fünf Jahre später wurde es ein Raub der Flammen. Leo von Klenze rekonstruierte das Theater bis 1825. In dem klassizistischen Bau gibt es prunkvolle Säle und einen herrlichen Zuschauerraum samt Königsloge. Fünf Uraufführungen von Wagner-Opern finanzierte Ludwig II. in diesem Theater. Den Vorplatz ziert ein Denkmal von Max I. Joseph. Die Straße von der Residenz nach Osten ließ Maximilian II. ab dem Jahr 1852 von Friedrich Bürklein planen. Prächtig und von Bürgerhäusern flankiert, führt sie zum Maximilianeum (➤ 141) am anderen Isarufer. Heute ist die **Maximilianstraße** die teuerste Einkaufsmeile Münchens; an ihr liegen das Luxushotel Vier Jahreszeiten und die renommierten Kammerspiele sowie gleich neben der Oper die schicken Maximilianshöfe.

206 A1 Odeonsplatz
www.bayerische-staatsoper.de
Tram Nr. 19 Nationaltheater

23 Theatinerkirche

Kurfürstin Henriette Adelaide gelobte den Bau der Theatinerkirche, St. Kajetan, 1662, und da sie aus dem Haus Savoyen stammte, holte sie sich mit dem italienischen Hochbarock ein Stückchen Heimat nach München: Ein Jahrhundert später besserte Cuvilliés mit Rokoko nach.

FÜR KINDER

Regelmäßig finden in der Parkettgarderobe des Nationaltheaters die **Sitzkissen-Konzerte** statt: Bequem auf den Polstern am Boden gelagert, hören die Kinder Geschichten und Musik. Spielplan: www.bayerische.staatsoper.de

Schlanke Fronttürme mit barocken Turmhelmen flankieren den Mittelteil der Fassade, das Innere ziert reicher Stuckschmuck.

206 A2 Theatinerstr. 22 089 21 06 96 0; www.theatinerkirche.de Kirche tägl. 7 bis 20 Uhr; Fürstengruft Mai–Okt. Mo–Fr 10–13.30, 14–16.30, Sa 10–15 Uhr Odeonsplatz

24 Cuvilliéstheater

Deutschlands schönstes Rokokotheater schuf François Cuvilliés 1751 zusammen mit den besten Hofkünstlern seiner Zeit. 1781 wurde Mozarts *Idomeneo* darin uraufgeführt. 1944 fiel das Theater dem Bombenhagel zum Opfer und wurde bis 1963 originalgetreu rekonstruiert. Vom ursprünglichen Bau stammen nur noch die Holzverzierungen der Logen.

206 B1 Residenzstr. 1 089 29 06 71; www.schloesser.bayern.de, www.bayerische-staatsoper.de April–Juli und 16. Sep.–15. Okt. Mo–Sa 14–18, So 9–18, Aug.–15. Sep. 9–18, 16. Okt.–31. März Mo–Sa 14–17, So 10–17 Uhr Odeonsplatz 3,50 €

25 Hofgarten & Neue Staatskanzlei

Ein kleiner Triumphbogen führt vom Odeonsplatz zum im 17. Jh.

Brunnen und Pavillon (1615) im Hofgarten

angelegten Hofgarten mit seinen geometrischen Beeten und Wegen, die auf den zentralen Dianatempel zustreben. Auf ihm wacht *Tellus Bavarica*, eine Allegorie der »bayerischen Erde« als bronzener Göttin. Östlich schließt der etwas protzig geratene, das alte, 1907 erbaute Armeemuseum mit Glas und Stahlbeton umschließende Neubau der Staatskanzlei den Hofgarten ab.
206 B2 Karl-Scharnagl-Ring Odeonsplatz Bus Nr. 100 Von-der-Tann-Straße

26 Haus der Kunst

Zur Einweihung des vom Architektenpaar Troost errichteten Nazi-Baus am 18. Juli 1937 kam die gesamte Führungsriege der NSDAP. Die darin abgehaltenen Ausstellungen widmeten sich bis Kriegsende dem, was die Machthaber unter »Deutscher Kunst« verstanden: pompös die Skulpturen, kantig die Gesichter auf den Gemälden, blond die Haare, blau die Augen.

FÜR KINDER

Die Archäologische Staatssammlung organisiert bunte **Kinder- und Familienprogramme** zu den Themen Steinzeit, Kelten und Römer. Aktuelle Termine: www.archaeologie-bayern.de.

Heute zeigt die Galerie im Wechsel Ausstellungen der Klassischen Moderne, aber auch zeitgenössische und avantgardistische Kunst.
206 C2 Prinzregentenstr. 1 089 21 12 70; www.hausderkunst.de 10–20, Do bis 22 Uhr Lehel Tram Nr. 18, Bus Nr. 100 Nationalmuseum/Haus der Kunst 12 €

27 Archäologische Staatssammlung

Die Sammlung schlägt den Bogen von der Altsteinzeit über die Antike bis zum frühen Mittelalter und ist damit eine schöne Ergänzung des gleich nebenan liegenden Nationalmuseums, das die Geschichte an dieser Stelle fortsetzt. Grabbeigaben erlauben den Blick auf die Welt der Kelten, Germanen und Römer, Alltagsgegenstände dokumentieren das ganz normale Leben, und sakrale Kunst lässt die Götter der Frühzeit auferstehen.
207 D2 Lerchenfeldstr. 2 089 211 24 02; www.archaeologie-bayern.de Di–So 9.30–17 Uhr Lehel Tram Nr. 18, Bus Nr. 100 Nationalmuseum/Haus der Kunst 3 €

Wohin zum ...
Essen und Trinken?

Preise
für ein Essen ohne Getränke:
€ unter 20 Euro €€ 20–40 Euro €€€ über 40 Euro

RESTAURANTS

Austernkeller €€€
Das Traditionsrestaurant ist *die* Münchner Adresse für Liebhaber von Fisch und Meeresfrüchten. Die etwas plüschige Einrichtung mit Lüstern und Antiquitäten vergisst man schnell, wenn die Bouillabaisse oder Irischer Angellachs auf der Zunge zergehen. Natürlich werden auch Kaviar und Austern serviert. Aufmerksame, flinke Kellner umsorgen die Gäste. Preiswert schlemmen kann man mit den günstigen Drei-Gänge-Menüs.

206 B1 Stollbergstr. 11 29 87 87 tägl. 17–1 Uhr Tram Nr. 19 Kammerspiele

Brenner €€–€€€
Rote Polsterbänke, hölzerne Stühle und dorische Säulen bilden den extravaganten Rahmen für ein ausgezeichnetes Essen. Wer nur einen Aperitif zur blauen Stunde möchte, ist ebenfalls gerne gesehen, und wer sich auf die Wohlgerüche des eigenen Tellers konzentrieren will, ist gut beraten, bei der Vorbestellung um einen Tisch möglichst entfernt vom zentralen Grillbereich zu bitten.

206 B1 Maximilianstr. 15 089 452 28 80 Mo–Do 8.30–1, Fr/Sa bis 2, So 9.30–1 Uhr Odeonsplatz

Conviva im Blauen Haus €€–€€€
Das Blaue Haus ist die Probebühne der Münchner Kammerspiele. Darin lockt das Conviva mit einem ungewöhnlichen Konzept: Man sitzt kommunikationsfreundlich an langen Holztischen, und das Personal rekrutiert sich zu mehr als 50 % aus Münchnern mit geistigem oder psychischem Handicap. Die Gerichte sind ausgezeichnet und mit allerfrischesten Zutaten bereitet. Nicht ohne Grund darf das Conviva auch die Theaterkantine mit ihren durchaus kapriziösen Essern bewirtschaften.

206 B1 Hildegardstr. 1 089 23 33 69 77 Mo–Sa 11–1, So 17–1 Uhr Marienplatz

Dallmayr €€€
Dallmayr ist eine der ersten Adressen für alles, was es auf der Welt an feinen Lebensmitteln gibt. Die Küche des mit zwei Michelin-Sternen ausgezeichneten Restaurants wird hoch gelobt. Küchenchef Diethard Urbansky, 2014 vom Restaurantführer *Gusto* zum »Koch des Jahres« ernannt, legt großen Wert auf geradlinige, feine Speisen und verzichtet auf modischen Schnickschnack. Das Ambiente ist gediegen-elegant, die Gäste schätzen den Blick von den Tischen am Fenster auf Marienhof und Frauenkirche.

206 A1 Dienerstr. 14/15 089 213 51 00 Di–Fr ab 19, Sa auch 12–13.30 Uhr Marienplatz

Gandl €€–€€€
Eine ebenso originelle wie delikate Kombination von Feinkostgeschäft und Restaurant: Tagsüber gibt's in Bistroatmosphäre im Laden italienisch inspirierte und eher preiswertere Gerichte, abends, in etwas formellerem Ambiente und von aufmerksamen Kellnern umsorgt, französische Küche vom Feinsten. Am

schönsten aber ist das Gandl im Sommer, wenn ein paar Tische am St.-Anna-Platz romantische Gefühle wecken.

206 C1 St.-Anna-Platz 1 089 29 16 25 25 Mo–Sa 9–1 Uhr Lehel

Hofer – der Stadtwirt €€

Hofer residiert im ältesten Haus Münchens, und dessen um 1550 errichtete Gewölbe allein sind schon den Besuch wert. Zum kulinarischen Wohlbefinden tragen Weißwürste, Leberkäs' oder Geröstete Knöd'l bei; um der italienisch inspirierten Münchner Seele zu schmeicheln, gibt's Büffelmozzarella und Vitello tonnato – im Sommer auch im Innenhof.

206 A1 Burgstr. 5 089 24 21 04 44 Mo–Sa 10–24 Uhr Marienplatz

Kaimug €–€€

In der Thai-Garküche in den Fünf Höfen duftet es verführerisch nach allen Genüssen Asiens. Die Gäste holen Essen und Trinken selbst und lassen sich an den stets gut besetzten Tischen oder entlang der Glasfront auf Barhockern nieder. Grünes Thaicurry oder Tigergarnelen in Chillipaste machen Lust auf eine Thailandreise. Ein Tipp: wenn's zu voll ist, kann man die Speisen auch mitnehmen und sie beispielsweise auf einer Bank am Marienhof hinter dem Rathaus verzehren.

206 A1 Theatinerstr. 15 089 20 60 33 25 Mo–Sa 10–21 Uhr Marienplatz

Les Deux €€€

Bistro und Bar-Café unten, elegantes Restaurant mit einer sternambitionierten Küche oben – und die Architektur in dem engen Schäfflerhof ist extravagant wie ein Keil zwischen die Gebäude getrieben. Die Qualität hat ihren Preis, aber dafür wird man mit einem Feuerwerk der Geschmacksnuancen verwöhnt – Vitello tonnato vom Kalbskopf, Rehrücken mit Maroni, Quitte und schwarzen Nüssen, Rumtopf mit Zabaione. Günstiger speist man im Bistro Elsässer Flammkuchen – auch der erfreut den Gaumen.

206 A1 Schäfflerhof (Maffeistr. 3a) 089 710 40 73 73 9–1 Uhr (Restaurantküche 12–14, 18.30–22 Uhr) Marienplatz

Nage und Sauge €

Das Lokal mit italienisch beeinflusster Küche und einfacher Einrichtung wird wegen der Preise und besonders wegen des lockeren Ambientes von jüngeren Gästen aufgesucht. Da man hier nicht reservieren kann, empfiehlt es sich, früh zu kommen. Spezialitäten sind beispielsweise Tortellini mit Spinat-Gorgonzola-Sauce.

210 C4 Mariannenstr. 2 089 29 88 03 Mo–Sa 17.15–1 Uhr, So bis 24 Uhr Tram Nr. 18 Mariannenplatz

Refettorio €

Der **Refettorio** ist todschick und wird nicht nur von den Forschern der Max-Planck-Gesellschaft (in deren Haus man residiert) verehrt. Durch die schier endlose Glasfront schweift der Blick über den großzügig geplanten Marstallplatz. Die auch auf die Jahreszeiten abgestimmte Küche nutzt biodynamische Zutaten aus der Region.

206 B1 Marstallpl. 3 089 22 80 16 80 8.30–23 Uhr Tram Nr. 19 Nationaltheater

Schuhbeck's in den Südtiroler Stuben €€€

Die Einrichtung mit Holztäfelungen unter Stuckdecken im Hauptrestaurant, der Münchner-Kindl-Stube, oder in der Barockstube ist elegant und bequem. Zu Recht gerühmt wird der Münchner Sternekoch für seine Kombination von bayerisch-mediterraner Tradition mit innovativen Gewürzkreationen. Das hat höchstes Niveau – nur der Service kann da nicht immer ganz mithalten. Probieren Sie Böfflamott mit Gänseleber und Brez'nknöd'l, die bajuwarische Version des *Bœuf à la mode*.

206 B1 Platzl 6/8 089 216 69 00
Mo–Sa 18–23, Di–Sa auch 12–14.30 Uhr
Marienplatz

Spatenhaus €€

In den holzgetäfelten Räumlichkeiten sitzen die Gäste im Erdgeschoss in lauschigen Ecken oder an großen Tischen, im ersten Stock etwas eleganter. Bayerisch-rustikal ist die Küche mit großen Portionen, die in Windeseile serviert werden.
206 A1 Residenzstr. 12
089 290 70 60 9.30–1 Uhr
Tram Nr. 19 Nationaltheater

Tambosi €€

Das üppig mit Stuck geschmückte Kaffeehaus, dessen Tradition bis ins 18. Jh. zurückreicht, ist vor allem im Sommer ein Muss: Dann wird nämlich die Terrasse im Hofgarten eröffnet, und die Gäste genießen die italienischen Snacks vor der Kulisse des Renaissancegartens. Die Küche bietet mit Bruschette, Crostini und Pasta die üblichen Münchner Italospezialitäten in guter Qualität, an Wochenenden manchmal begleitet von live gesungenen Opernarien.
206 A2 Odeonsplatz 18 089 29 83 22
8–1 Uhr Odeonsplatz

Zum Franziskaner €€–€€€

Die Alt-Münchner Traditionsgaststätte wirkt nach einem Facelifting luftiger und heller, ohne den bayerischen Charme verloren zu haben. Auf der Speisekarte rangieren bayerische Schmankerl. Vor allem Geschäftsleute und viele Touristen schätzen den schnellen Service und die deftige Kost.
206 A1 Perusastr. 5, zweiter Eingang Residenzstr. 9 089 231 81 20 9–24 Uhr
Marienplatz

CAFÉS

Bar Centrale

Eng und rauchig ist es in der nun schon seit Jahren angesagten Bar, wo junge Menschen und Geschäftsleute das gemütlich-holzgetäfelte Ambiente, die bequemen Sessel und das Sehen und Gesehenwerden genießen, bevor sie in die Clubs weiterziehen.
210 B4 Ledererstr. 23 089 22 37 62
7.30–1, So ab 9 Uhr Marienplatz

Kreutzkamm

Das hell eingerichtete Café ist die Adresse für das Kaffeekränzchen älterer Damen, die es gewohnt sind, an ihrem angestammten Tisch Platz zu nehmen und den besten Baumkuchen Münchens zu bestellen.
206 A1 Maffeistr. 4 089 29 32 77
Mo–Sa 8–19, So 12–18 Uhr (im Sommer So geschl.) Tram Nr. 19 Theatinerstraße

Schumann's Tagesbar

Charles Schumann ist ein stadtbekanntes Original, ein Tageslokal in den Fünf Höfen aber nicht nur deshalb, sondern wegen der wirklich guten Snacks, des hervorragenden Cappuccino und der netten Atmosphäre zu empfehlen.
206 A1 Maffeistr. 6 089 24 21 77 00
Mo–Fr 8–21, Sa 9–19 Uhr Marienplatz

Wohin zum ... Einkaufen?

Abgesehen von der direkten Umgebung des Hofbräuhauses ist dieser Teil des Stadtzentrums der feinere und teurere Shoppingbereich in München. Internationale Designer und große Namen finden sich hier Tür an Tür.

RUND UMS HOFBRÄUHAUS

Das Shoppingangebot um das Hofbräuhaus bestimmen nicht ausschließlich Bayernsouvenirs und

Fußball: In der Ledererstraße findet man etwa das **Shirokko** (Ledererstr. 19) mit Weltmusik, Lounge-Sounds & Co. – es gibt kaum einen Musikstil, der in diesem alteingesessenen Münchner Laden nicht vertreten wäre, und die Beratung ist exzellent. Wer Handschuhe braucht, ist bei **Roeckl** (Maffeistr. 1) richtig – seit 170 Jahren. Ob den eleganten Damenhandschuh bis zur Ellenbeuge für die Oper, den sportlichen Handschuh für den Ausritt der Lady im Englischen Garten, den durchbrochenen Lederschutz für die das Lenkrad kräftig umpackende Männerhand – was immer die Frau und der Mann von Welt begehren, wird geboten. Im winzigen Laden von Elfriede Mertl **Terzi Stahlwaren** (Orlandostr. 6) gibt's, »ois, wos schnoad« (alles, was schneidet): Scheren, Messer und eine große Auswahl der bayerischen Hirschermesser, also Messer mit einem Griff aus Hirschhorn. Fans jeglicher Couleur finden im **Fan-Shop** (Orlandostr. 4) Trikots und Devotionalien ihrer favorisierten (Bundesliga-)Fußballmannschaft. Wer ausschließlich Fanartikel »seines« Münchner Vereins sucht, betritt den Fanshop TSV 1860 von München gegenüber oder den FC-Bayern-Shop nebenan. **Schuhbecks Gewürzladen** (Platzl 4a) offeriert fein verpackt Pulver und Körner aus aller Herren Länder, darunter acht Chilisorten, die mit einem Kilopreis von 45 Euro bis knapp unter 500 Euro zu Buche schlagen – man muss aber nicht gleich zwei Pfund nach Hause tragen, 100 g gehen auch.

AN DER MAXIMILIANSTRASSE

Die Maximilianstraße ist Münchens Flanier- und Shoppingmeile für den gut gefüllten Geldbeutel; D&G, Jill Sander und Ralph Lauren zeigen in perfekt gestylten Schaufenstern, was im kommenden Jahr Trend wird. In der **Montblanc Boutique** (Maximilianstr. 14) erhält der/die Geschäftsmann/frau alles, was die tägliche Arbeit angenehm und den Erfolg vorzeigbar macht, aus deutscher Produktion: Füllfederhalter und weiteren Luxus aus Hamburg. Ein Münchner Traditionsgeschäft verbirgt sich um die Ecke hinter einer winzigen Auslage: **Elly Seidl** (Am Kosttor 2) ist Spezialistin für Pralinés, und das schon seit 1918! Ausgefallene, aber auch ganz traditionelle Delikatessen – dafür steht **Dallmayr** (Dienerstr. 14/15). Lachs und Austern, Kaffee und Weißwürste, Pralinés und Öle sind von ausgesuchter Qualität. Die **Caravanserai** (Maximilianstr. 42) versteckt sich in den erlauchten Hallen des Völkerkundemuseums und verkauft Orientalika, sprich Schmuck und Textilien.

ZWISCHEN MAFFEISTRASSE UND RESIDENZ

Angefangen hat **Lodenfrey** (Maffeistr. 7) mit Trachten, inzwischen ist das Geschäft Münchens führendes Haus für Designermode und die Trachtenabteilung nach wie vor eine der besten in der Stadt.

Münchens ganzer Shoppingstolz gilt den **Fünf Höfen**, in denen Modeläden wie Zara, Strenesse und Emporio Armani, der Schuhpapst Camper und die Wellness-Lounge von Beauty Spy die exquisite Architektur von Stararchitekten wie Herzog & de Meuron füllen. Was die wenigsten wissen: Gut versteckt im Tiefgeschoss residiert ein bestens sortierter **Supermarkt**, in dem es den ganzen Alltagskram zu kaufen gibt, der in die gestylte Welt »oben« nicht so recht passt.

Sportliche Mode hat das Label von Willy und Sonia Bogner berühmt gemacht. Im **Bogner-Haus** (Residenzstr. 14/15) zeigt das Ehepaar die Vielseitigkeit seiner Entwürfe. Seit 1596 ist die Familie Meier im Schuhmacher-Metier, und im herrlich nostalgischen Laden von **Eduard Meier** (Brienner Str. 10) wird diese Tradition weiter gepflegt. Die hier nach Maß gefertigten Schuhe sind zwar ein sehr teurer Spaß, halten dafür aber ein Leben lang. Allein der Duft des frischen Leders ist schon eine Verlockung.

Auch **Kandis** (Residenzstr. 23) ist ein Münchner »Kindl«; man sieht das der schlicht-eleganten Mode mit leicht afrikanischem Einschlag allerdings nicht an. Naturmaterialien wie Leinen, Baumwolle und Seide werden hier zu zeitlosen Modellen für Damen und Herren verarbeitet.

Ob **Schlichting** (Maximilianstr. 35) eher Kinder oder deren markenbewusste Mütter anspricht, sei dahingestellt. Auf jeden Fall gibt's hier vom Häkelmützchen bis zum Kommunionkleidchen, vom Strampler bis zu den hipsten Jeans die tollsten Klamotten für kleine und große Kinder, dazu wunderschöne, italienische Schuhe für die Kleinen von Welt und Spielzeug – selbstverständlich aus Holz.

Wohin zum ... Ausgehen?

BARS MIT ESSEN

Schumann's (Odeonsplatz 6–7, Tel. 089 229060, Mo–Fr 8–3, Sa/So ab 18 Uhr): Im Domizil des Grand Homme der Barszene am Odeonsplatz können alle, die bekannt sind, aber auch ganz normale Menschen von Schumanns Charme, den schmackhaften Snacks und exzellenten Cocktails zehren.

In der **Kulisse** (Maximilianstr. 26, Tel. 089 294728, Mo–Sa 8.30–1 Uhr, So ab 17 Uhr) treffen sich seit 50 Jahren die Schauspieler der umliegenden Theater nach getaner Arbeit und manchmal vor den Proben zum Frühstück, sonst: Shoppingpublikum für Kaffee, Cocktail oder eine Pasta.

Die **Bar Lehel** (Karl-Scharnagl-Ring 68, Tel. 089 21111760, Mo–Sa 11–3 Uhr) ist tagsüber Lunch-Location, nachmittags ein Café, am früheren Abend wird ambitionierte Küche gereicht, und danach beginnt die Zeit des Clubbens. Die Tische werden hochgeschraubt, DJs packen ihre Gerätschaften aus und los geht's. Ab und an wird auch Livemusik gespielt.

BARS

Die Cocktails sind gut geschüttelt, das Publikum entspannt. In der traditionellen American Bar **Pusser's** (Falkenturmstr. 9, Tel. 089 220500, Mo–Sa 18–3, So 19–3 Uhr) genießt man unaufgeregt den Abend.

Tiefe Ledersessel und schummerige Baratmosphäre laden nicht nur zum Nikotingenuss im **Tabacco** (Hartmannstr. 8, Tel. 089 227216, Mo–Sa 17–3 Uhr). Auch die guten Cocktails sind zu empfehlen.

Die älteste lateinamerikanische Bar Münchens, die **Cohibar** (Herzog-Rudolf-Str. 2, Tel. 089 22880289, Mi/Do 20–2, Fr/Sa 20–4 Uhr) versteckt sich in einer kleinen Nebenstraße der Maximilianstraße. Die DJs sorgen regelmäßig mit Latinhouse, Salsa und Merengue für überbordende Stimmung, die nicht zuletzt auch von den ausgezeichneten »Cóceteles« beflügelt wird, die bis 21 Uhr zum Sonderpreis über die Theke wandern.

Falk's Bar im Hotel Bayerischer Hof (Promenadeplatz 2–6, Tel. 089 2120956, 11–2 Uhr) begeistert mit üppigem Stuckdekor und entspannter Atmosphäre im 1839 eröffneten Spiegelsaal.

DISKOTHEKEN

Ganz gleich, wie viele Pachas neu eröffnen, das **P1** (Prinzregentenstr. 1, Tel. 089 2111140, ab 22 Uhr) hält seine Spitzenstellung schon seit Jahrzehnten. Das mag am Geschick des Wirtes aus der Münchner Feinkost-Käfer-Dynastie liegen oder einfach daran, dass es hier wirklich ganz lässig und entspannt ist – wenn man es denn schafft, am Türsteher vorbeizukommen.

Eigentlich sollte es das **Prinzip** (Maximilianstr. 29, Tel. 0177 8354997, Do–Sa ab 24 Uhr) nur ein paar Monate geben, aber aus dem Provisorium wurde eine Dauereinrichtung. In der Innenstadt die Adresse für House-Fans.

Das **Gecko** (Maximiliansplatz 5, Tel. 089 59998999, Fr/Sa ab 22 Uhr) zieht Münchner und eine Menge Besucher aus dem Umland zum Abtanzen an – erklärtermaßen nicht nur Kiddies: 1200 m^2, zwei Dancefloors, höllisch laute Musik und VIP-Bereiche für die ganz Wichtigen!

LIVEMUSIK

Der **Night Club** des Hotels Bayerischer Hof (Promenadeplatz 2–6, Tel. 089 21200, 22–3 Uhr) spricht mit seinem anspruchsvollen Programm aus Jazz, Latin und Soul etwas ältere Semester an; wenn namhafte Bands gastieren, erreicht die Stimmung trotz des eleganten Ambientes schnell den Siedepunkt.

In der **Roten Sonne** (Maximiliansplatz 5, Tel. 089 55263330, Öffnung 22/23 Uhr) gibt's am Freitag und Samstag immer Livemusik, auch sonst ab und zu. Die besten DJs, die angesagtesten Gruppen und Gäste – megacool.

THEATER

Diese Ecke Münchens ist Theaterland. Von der Oper bis zur Boulevardkomödie, vom avantgardistischen Theater zum klassischen Sprechstück wird hier Abend für Abend in höchster Qualität gespielt. Flaggschiff ist das **Bayerische Nationaltheater** (Max-Joseph-Platz 2), dessen Opern- und Ballettvorstellungen meist schon lange vorher ausverkauft sind. Fragen Sie an der Theaterkasse (Marstallplatz 5, Tel. 089 21851920) nach, oder versuchen Sie, per Mausklick Karten zu ergattern (www.bayerische-staatsoper.de). Wenn Sie sich nur an den Räumen und der Einrichtung erfreuen wollen, können Sie auch an einer Führung (meist um 14 Uhr) teilnehmen (Auskunft unter Tel. 089 21851025, hier auch Infos zu Führungen für Kinder).

Nebenan im **Residenztheater** (Max-Joseph-Platz 1) wird das exzellente Ensemble von Intendant Martin Kušej häufig mit Standing Ovations gefeiert (Kartenvorverkauf beginnt jeweils einen Monat vor der Vorstellung, Vorverkaufskasse am Marstallplatz 5, Tel. 089 21851940 oder unter www.staatsschauspiel.de). Auf dem Programm stehen die Klassiker des Sprechtheaters, aber auch junge Autoren.

Zwischen Tradition und Avantgarde zeigen die ebenfalls exzellent besetzten Ensembles der **Münchner Kammerspiele** (Maximilianstr. 26), des **Neuen Hauses** (Falckenbergstr. 1) und des **Werkraumtheaters** (Hildegardstr. 1) mit großer Spielfreude ihr Können (Kartenvorverkauf 14 Tage vorher, Maximilianstr. 28, Tel. 089 23396600).

Leichtere Kost – Boulevard und Komödie – steht in der **Kleinen Komödie im Bayerischen Hof** (Promenadeplatz 6, Tel. 089 29161633, www.komoedie-muenchen.de) auf dem Programm.

KINO

Eines der wenigen noch erhaltenen »richtigen« Kinos in München ist das **Theatiner Filmkunst** (Theatinerstr. 32, Tel. 089 223183; www.theatiner-film.de). Hier können Sie die kleinen Kostbarkeiten der Filmkunst (O.m.U.) aus der Vergangenheit genießen, und das im originalen 1950er-Jahre-Ambiente.

Maxvorstadt & Schwabing

Kleine Erlebnisse

Kunst im öffentlichen Raum

Im **Türkentor** (Türkenstr. 17, Di–So 11–17 Uhr, Winter 12–15 Uhr) neben dem Museum Brandhorst (➤ 114) meditieren und die Macht der 25 Tonnen schweren roten Granitkugel »Large Red Sphere« (Walter de Maria) spüren.

Lebenskünstler

Im **Englischen Garten** (➤ 112) auf den Stufen des Monopteros sitzen und sich freuen, dass es immer noch Nonkonformisten gibt.

Kunst des Müßiggangs

An einem Sonntagnachmittag abseits der Trampelpfade durch die Straßen **Alt-Schwabings** (➤ 121) schlendern – ruhiger geht es nicht.

Erste Orientierung

Rund um die Universität, wo Ende der 1960er-Jahre Pflastersteine flogen, führen Studenten und Kunstbetrieb heute ein entspanntes Tête-à-tête. Das legendäre Alt-Schwabing ist eine der trendigsten Shoppingecken Münchens, und gleich nebenan lockt die grüne Oase des Englischen Gartens zu Sport und Erholung.

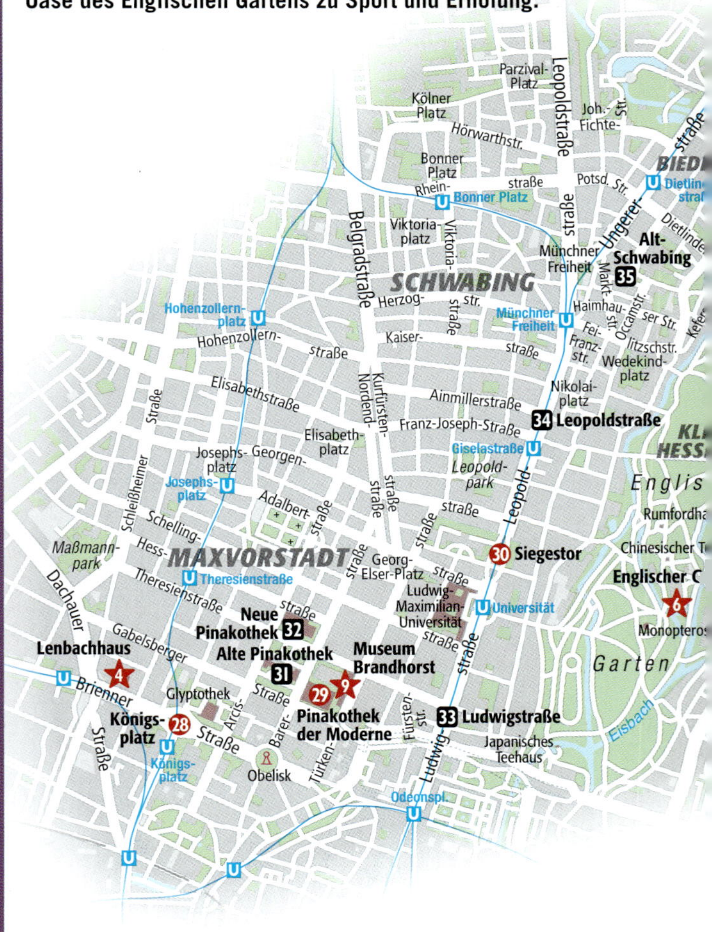

Kunst und Kultur konzentrieren sich im Münchner Kunstareal in drei Pinakotheken, dazu in Sammlungen moderner Kunst, expressionistischer Werke und griechischer Heroen. Da trifft es sich gut, dass das Studentenviertel rund um diese Kunststadt voller Cafés und Kneipen ist, in denen die Studenten der hehren Kunst und Architektur ein buntes, quirliges Leben entgegensetzen. Auch Schwabings Flanier-

Designklassiker in der Pinakothek der Moderne

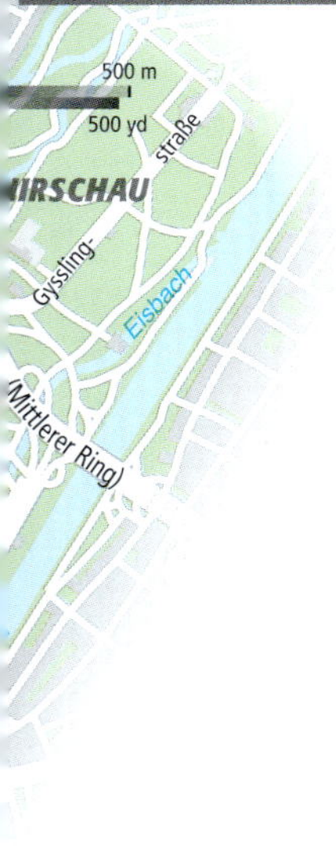

TOP 10

Nicht verpassen!

Nach Lust und Laune!

meile, die Leopoldstraße, ist der ideale Ort des Müßiggangs: Zahllose Menschen können es sich offenbar leisten, den Tag in Straßencafés zu vertrödeln und dabei zuzugucken, wie hinter Sonnenbrillen versteckte Cabrio- und Geländewagenbesitzer die Straße auf und ab brausen und nach hübschen Mädchen Ausschau halten. »Leopoldstraßen-Schick« nennen kritische Geister den hier vorherrschenden Hang zur Angeberei im Outfit und im Auftreten etwas abfällig. Alt-Schwabing rund um die Münchner Freiheit ist ein klassisches Ausgehviertel: Hier gibt's die bissigsten Kabarettbühnen, die abgestürztesten Kneipen und die angesagtesten Läden, zumindest, was die Bedürfnisse der Hip-Hop-Szene angeht.

An einem Tag

Dieser Routenvorschlag zeigt Ihnen, wie Sie einige der interessantesten Sehenswürdigkeiten in der Maxvorstadt und in Schwabing an einem Tag besichtigen können. Die jeweiligen Highlights werden auf den nächsten Seiten näher beschrieben.

9:00

Beginnen Sie den Gang durch die Münchner Kunstgeschichte im Kunstbau des 4 **Lenbachhauses** (➤ 110f). Anschließend entführt der von Leo von Klenze entworfene 28 **Königsplatz** (➤ 115f) mit Glyptothek, Staatlichen Antikensammlungen und dem Museum der Abgüsse Klassischer Bildwerke (Katharina-von-Bora-Straße 10) in die Antike. Über die Zeit des »Dritten Reichs« informiert das neue NS-Dokumentationszentrum.

12:30

Ein kurzer Spaziergang bringt Sie zum vietnamesischen Restaurant Cyclo (➤ 122), wo Sie sich eine Mittagspause gönnen sollten: Es ist viel gerühmt für seine delikate Küche. So gestärkt können Sie sich zwischen den alten Meistern in der 31 **Alten** (Abb. unten: Peter Paul Rubens mit Jan Wildens, »Raub der Töchter des Leukippos«, 1617/1618) oder ihren Malerkollegen in der 32 **Neuen Pinakothek** (➤ 120) entscheiden. Oder aber Sie verzichten auf beide und machen eine kleine Verschnaufpause, bevor es mit der modernen Kunst weitergeht.

14:30

Aber auch hier müssen Sie sich letztlich entscheiden, entweder Architektur, moderne Kunst und Design in der 29 **Pinakothek der Moderne** (➤ 117f) oder interessante Wechselausstellungen zeitgenössischer Kunst von Richard Avedon bis Andy Warhol im 9 **Museum Brandhorst** (➤ 114).

16:00

Eine Reverenz an die Renaissance: die 33 **Ludwigstraße** (➤ 120f) zwischen Feldherrnhalle (➤ 91) und 30 **Siegestor** (Abb. rechte Seite; ➤ 119) schwelgt in klassizistischen Linien und hellem Stein, hinter dem Studenten in den Instituten der Universität und im Lesesaal der Staatsbibliothek büffeln. Ein schneller Espresso im Café an der Uni (➤ 124) stärkt den Geist. Lassen Sie dann die Maxvorstadt hinter sich, und machen Sie einen Bummel durch die 34 **Leopoldstraße** (➤ 121) nach Norden. Selbst an kalten Tagen sind die Straßencafés voll besetzt und auch die Modeläden gut besucht. Von der Münchner Freiheit aus lockt 35 **Alt-Schwabing** (➤ 121) mit zahlreichen Kneipen und vielen originellen Läden.

17:30

Der 6 **Englische Garten** (➤ 112f) ist leicht zu finden. Sind Ihre Beine schon sehr müde, dann gönnen Sie ihnen eine kurze Rast im Seehaus (➤ 123) am Kleinhesseloher See. Japanisches Teehaus und Monopteros sind die Stationen beim Spaziergang durch den Park, der nur an einem Punkt enden kann: am Chinesischen Turm. Unter Kastanien und umgeben von einem bunten Völkchen aus Studenten, Rentnern und Familien schmeckt die Radler-Maß hier so gut wie nirgendwo sonst.

20:00

Haben Sie Lust auf bestes politisches Kabarett? Bei der Lach- und Schießgesellschaft werden Pointen gezündet und wird scharfzüngig parliert. Oder möchten Sie lieber Schwabinchen & Co. beim Gutaussehen zusehen? Dann nichts wie ab in die Reitschule, einen bewährten Münchner Singletreff.

4 Lenbachhaus

In der Villa Franz von Lenbachs im Museumskomplex »Lenbachhaus Kunstbau« finden sich die schönsten Werke der Künstlergruppe »Der Blaue Reiter« und die größte Ausstellung an Kandinsky-Gemälden Deutschlands. Das Haus selbst weckt unübersehbar Erinnerungen an italienische Verhältnisse: Münchens »Malerfürst« wollte partout in einer toskanischen Villa wohnen.

Franz von Lenbach (1836–1904) machte sich Ende des 19. Jh.s einen Namen mit Porträts berühmter Persönlichkeiten. Mehrmals war er in Rom gewesen, und einen italienischen Palazzo wollte er auf dem Zenit seines Erfolges nun auch in München haben. Gabriel von Seidl erfüllte ihm 1891 den Wunsch. Noch heute springt das Italienische den Besucher geradezu an – Fontänen plätschern, die Hecken sind gestutzt, marmorne Bänke laden zur Rast. Das repräsentative Palais sah rauschende Künstlerfeste und prominente Besucher. Reichskanzler Bismarck gefiel es so gut, dass er sich auf dem Balkon des Palais von den Münchnern feiern ließ. Seit 1994 ziert der Neon-Schriftzug »You Can Imagine The Opposite« von Maurizio Nannucci als Objekt zeitgenössischer Kunst die Fassade.

Berühmt ist die Städtische Galerie im Lenbachhaus vor allem für ihre »Blauer Reiter«-Sammlung mit Werken von Künstlern wie August Macke, Franz Marc und Gabriele Münter.

Der »Blaue Reiter«

München war in der Regierungszeit des Prinzregenten 1886–1912 ein vitaler Hort der Künste und der Literatur. 1909 formierten sich in München lebende Künstler zur »Neuen Künstlervereinigung München« und organisierten Ausstellungen. Als Wassily Kandinskys Gemälde *Komposition V* für eine Ausstellung 1911 abgelehnt wurde, tat sich Kandinsky mit Franz Marc, Gabriele Münter, Alexej Jawlensky, August Macke, Paul Klee und anderen zusammen und veranstaltete eine eigene Werkschau – der »Blaue Reiter« war geboren. In ihren Ateliers in Schwabing und in Gabriele Münters Haus in Murnau entstanden Meisterwerke des Expressionismus wie Franz Marcs *Der Tiger* (1912), Alexej Jawlenskys *Reife* (1912) und Kandinskys *Impression III (Konzert)* (1911). Die Großzügigkeit zweier Damen führte schließlich die Villa des Malerfürsten und den »Blauen Reiter« zusammen: 20 Jahre nach Lenbachs Tod entschloss sich seine Witwe, das Haus und einen

Lauschiges Idyll mit italienischem Flair

Teil der Werke ihres Mannes an die Stadt München zu verkaufen. Damit war 1924 der Grundstein für die Städtische Kunstgalerie gelegt.

Kunstbau und Anbau

Die Erweiterung des Lenbachhauses mit dem Kunstbau hatte sich zufällig ergeben. Beim U-Bahnbau war aus technischen Gründen ein Leerraum entstanden, der 1994 dem Museum zugeschlagen wurde. Seitdem nutzte man die von Uwe Kiessler gestaltete unterirdische Kunsthalle für temporäre Ausstellungen. Bei der Generalsanierung des Lenbachhauses bis 2013 errichtete man eine neue Überbauung als Erweiterung der ständigen Ausstellung, um die ursprüngliche Bausubstanz zu erhalten, aber dennoch den Anforderungen eines modernen Museums genügen zu können. Im Kunstbau finden nach wie vor die Sonderausstellungen statt. Man betritt ihn über die unterirdische Passage vom U-Bahnhof aus. Ab 2015 widmet man sich hier der Freundschaft zwischen Macke und Marc, dann geht es um die von Klee und Kandinsky.

KLEINE PAUSE

Auf der Terrasse des Café-Restaurants **Ella** (der Kosename Kandinskys für Gabriele Münter) im Museumskomplex gibt es Kaffee und Kuchen mit Blick auf den Königsplatz.

205 D3 Luisenstr. 33 089 23 33 20 00; www.lenbachhaus.de
Mi–So 10–18, Di bis 21 Uhr Königsplatz 10 €

BAEDEKER TIPP

Augen auf! – Der öffentliche Raum zwischen Lenbachhaus und Kunstbau wird ab und an von verschiedenen Künstlern mitgestaltet.

6 Englischer Garten

Ende des 18. Jh.s angelegt und 1808 der Öffentlichkeit übergeben, war der Englische Garten einer der ersten Volksparks Europas. Wenn Sie am Wochenende einen Spaziergang durch den Park unternehmen, werden Sie sehen, dass der Begriff »Volk« wirklich zutrifft: Alt und Jung, Familien und Pärchen, Hundebesitzer und Radfahrer, Rollerblader und »g'standene« Bayern, elegante Damen und Punks – alle lieben sie diese grüne Oase im Herzen der Stadt.

Der englische Physiker Sir Benjamin Thompson (1753–1814), in München besser bekannt als Graf von Rumford, gilt als Begründer des Parks. Er überredete Kurfürst Karl Theodor, das Jagdgebiet nördlich der Residenz einem nützlichen Zweck zuzuführen, nämlich eine Veterinärstation des Militärs einzurichten. Friedrich Ludwig von Sckell (1750–1823) schuf daraus eine englische Gartenanlage. Rund 5 km ist der Park entlang der Isar zwischen dem Haus der Kunst (➤ 98) und dem Oberföhringer Stauwehr (➤ 187) lang und ca. 1 km breit. Nördlich vom Haus der Kunst treffen sich die Studenten.

Grüne Oase mit Ziertempel (Monopteros) und Schwan

Kleinhesseloher See, Hirschau und Aumeister

Drei Inseln dümpeln in dem künstlich geschaffenen Idyll des **Kleinhesseloher Sees**. Schwäne und Enten sehen den Münchnern im Sommer beim Bootfahren und im Winter beim Schlittschuhlaufen auf dem zugefrorenen See zu. Gartenvater Sckell erhielt hier auf einer Landzunge ein eher sprödes Denkmal, eine mit Pinienzapfen geschmückte Säule (1824 nach einem Entwurf von Klenze geschaffen). Gleich nebenan herrscht im Biergarten des eleganten Restaurants Seehaus (➤ 123) Hochbetrieb, sobald sich die ersten Sonnenstrahlen zeigen.

Nördlich des Kleinhesseloher Sees führt eine Fußgängerbrücke über den Isarring in den nördlichen Teil des Englischen Gartens. Hier können Sie durchaus noch Füchsen oder Rehböcken begegnen! In der **Hirschau** (➤ 124) allerdings gibt's kein Rotwild, sondern Bier, bayerische Gerichte sowie ab und an Tanzveranstaltungen. An der Isar entlang oder über die sich vielfach verzweigenden Wege, erreichen Sie schließlich das bei den Münchnern recht beliebte Ausflugslokal Aumeister am nördlichen Ende des Parks (► 187).

Auf Umwegen zum Chinesischen Turm

Wenn Sie den Kleinhesseloher See umrunden und dem westlichen Weg nach Süden folgen, kommen Sie vorbei am **Rumfordhaus**, einstmals als Offizierskasino gedacht und heute Münchens am schönsten gelegener Jugendkulturtreff. Unter alten Kastanien und Buchen überqueren Sie auf einem Brücklein den Ertenbach und erreichen jenen Teil des Englischen Garten, der für seine »Nackerten« berühmt ist: Am **Schwabinger Bach** dürfen seit 1982 die Sonnenanbeter alle Hüllen fallen lassen. Getan haben sie das auch schon vorher, aber weil's illegal war, stellten Polizisten ihnen Bußgeldbescheide aus, was immer wieder für lustige Szenen sorgte. An seinem südlichen Ende empfängt das **Teehaus** im Sommer am Wochenende Gäste zur Teezeremonie. Errichtet wurde es anlässlich der Olympischen Spiele in München 1972. Nur wenige Schritte entfernt, erinnert an der Einmündung der Königinstraße ein Stück der **Berliner Mauer** an das geteilte Deutschland bis 1989. Direkt neben dem Haus der Kunst (► 98) springen wagemutige Surfer mit ihrem Brett in den Eisbach und tanzen auf der Stauwelle unter dem Applaus der Umstehenden. Zurück nach Norden, passieren Sie nun den auf einem Hügel stehenden **Monopteros**, ein ionisches Tempelchen (1836) und Treffpunkt der Jugend. Oft wird am Hügel Musik gemacht und gelegentlich auch nicht ganz legalen Genüssen zugesprochen. Der **Chinesische Turm**, bereits im Jahr 1790 als Holzpagode in den Park gestellt, ist Wahrzeichen für den beliebtesten Biergarten des jüngeren und studentischen Publikums (► 123f). Unter Kastanien nehmen die lauen Sommernächte hier kein Ende

KLEINE PAUSE

Wie wär's mit einer Runde **Bootfahren** auf dem Kleinhesseloher See?

---

206 C2 – 203 F3 Universität, Giselastraße, Münchner Freiheit

BAEDEKER TIPP

- Zwischen 1. April und 31. Oktober können Sie einmal im Monat an einer **Japanischen Teezeremonie** im Teehaus teilnehmen (Tel. 089 22 43 19; Sa/So 14, 15, 16 und 17 Uhr, Unkostenbeitrag 6 €).
- Müde Beine? Am Chinesischen Turm stehen fast immer ein paar **Kutschen**; die bringen Sie durch den Park zurück ins Hotel.
- Das **alte Karussell** neben dem Chinesischen Turm macht Kleinen wie Großen Spaß; Kinder freuen sich am Karussellfahren, die Eltern über das Jugendstilschmuckstück mit seinen schön restaurierten Pferdchen.

9 Museum Brandhorst

Die bunte Fassade birgt Kunst von Größen wie Warhol, Beuys und Naumann. Gezielt für die Sammlung Brandhorst erbaut, konnte sich der Bau an ihr orientieren – einzelne Räume wurden speziell für bestimmte Werke etwa von Cy Twombly (1928–2011) konzipiert.

Udo Brandhorst heiratete Anette Petersen, eine Erbin des Waschmittelkonzerns Henkel (»Persil«) und beide sammelten 20 Jahre lang moderne Kunst, stifteten Sammlung und Museum. 2009 war Eröffnung, seit 2013 leitet Achim Hochdörfer das Museum. Kernstück der Sammlung Brandhorst mit ihren Skulpturen, Gemälden und Installationen war und ist das fast vollständige buchillustratorische Werk von Picasso. Brandhorsts interessierten sich eben besonders für die Verbindung von Dichtung und Malerei und ihre Wechselwirkungen. Insgesamt 700 Werke sind zu sehen, und es hat kein Ende. Die Stiftung ist finanziell so ausgestattet, dass sie sich zukünftig einen guten Überblick der Kunst des 21. Jahrhunderts einverleiben kann – es bleibt spannend.

Effekt(iv): die Keramikstäbe der Außenfassade des Museums

Architektur

Das Büro Sauerbruch Hutton durfte aus dem Vollen schöpfen und schuf eine sich verwirrend vielfältig äußernde Fassade aus Keramik in 23 Farben, die je nach Sonneneinstrahlung und Blickwinkel gänzlich unterschiedlich wirkt. Über 3000 m² Ausstellungsfläche erstrecken sich über drei Etagen mit großzügig dimensionierten Sälen – Museumsarchitektur, die Wege weist.

KLEINE PAUSE

Das **Café Puck** (Türkenstr. 33) ist Studentenkneipe, Frühstücksraum und Cocktailbar – für Fingerfood, Salate oder eine Pasta immer gut.

---

205 F3 · Theresienstr. 35a · 089 238 05 22 86; www.museum-brandhorst.de · Di–So 10–18 Uhr, Do bis 20 Uhr · Tram Nr. 27, Bus Nr. 100 Pinakotheken · 7 €

BAEDEKER TIPP

Die in unregelmäßigen Abständen immer wieder mal abgehaltenen **Workshops** des Museums werden von Kunstexperten begleitet und erlauben die intensive Auseinandersetzung mit den Werken bestimmter Künstler.

28 Königsplatz

Ein antikes Forum mitten in München! König Ludwigs I. Schwärmerei für die Antike und Leo von Klenzes architektonisches Genie haben diesen einmaligen Platz mit den Propyläen, der Glyptothek und den Antikensammlungen geschaffen. Im Sommer verwandelt er sich in Münchens schönste Freiluftarena.

In die Pläne des Baumeisters Leo von Klenze flossen auch Vorstellungen des Architekten Karl von Fischer ein, der den Königsplatz als Forum der Künste im Gegensatz zum »Forum der Wissenschaften« an der Ludwigstraße betrachtete. Erst fünf Jahrzehnte später waren die Bauarbeiten mit der Fertigstellung der Propyläen abgeschlossen. In den Jahren 1933 bis 1935 wurde der Platz zur nationalsozialistischen Akropolis Germaniae umgestaltet. Die tempelartigen klassizistischen Bauten mutierten zur Theaterkulisse für Aufmärsche der Nationalsozialisten. Der einstige Führerbau an der Arcisstraße beherbergt heute die Hochschule für Musik und Theater. Im einstigen NSDAP-Verwaltungsbau an der Katharina-von-Bora-Straße ist die Staatliche Graphische Sammlung untergebracht.

NS-Dokumentationszentrum

An der Brienner Straße, wo seinerzeit das Braune Haus stand, setzt der weiße Kubus des vom Berliner Architekturbüro Georg Scheel Wetzel entworfenen, 2015 eröffneten NS-Dokumentationszentrums einen Kontrapunkt zu den wuchtigen Parteitempeln des Dritten Reichs. An historischem Ort entstand ein »offener und lebendiger Ort des Lernens, der Information, der Erinnerung, der kritischen Auseinandersetzung und der offenen Diskussion über die Geschichte des Nationalsozialismus«.

Antikes Sixpack: der Barberinische Faun in der Glyptothek

Besuch beim Faun

Kern der Ausstellung in der Glyptothek ist die berühmte Sammlung antiker Kunst von Ludwig I.; für sie errichtete Hofbaumeister Leo von Klenze in den Jahren 1816 bis 1830 die Glyptothek in Form eines ionischen Tempels. In ihm sind heute Skulpturen und Tempelreliefs ästhetisch äußerst stimmungsvoll arrangiert: Da räkelt sich lasziv der Barberinische Faun (220 v. Chr.), kühl und in klassischen Proportionen erstarrt erscheint der Apoll von Tenea (560 v. Chr.), lebhaft und scharf gezeichnet sind die Abbilder berühmter Persönlichkeiten wie die des Kaisers Augustus (30 v. Chr.).

BAEDEKER TIPP

- Versäumen Sie keinesfalls im Untergeschoss der Antikensammlung den *Goldkranz aus Armento* (370 v. Chr.) und das *Große Diadem aus Pantikapaion* (300 v. Chr.).
- Das **Museum der Abgüsse Klassischer Bildwerke München (M F A)** zeigt mit über 1700 Gipskopien die Kunstfertigkeit antiker Bildhauer (Haus der Kulturinstitute, Katharina-von-Bora-Straße 10, Tel. 089 28927690; Mo–Fr 10–20 Uhr, Eintritt frei).
- Hinter Hecken und unter Bäumen verbirgt sich gleich nördlich des Königsplatzes in der Parkanlage ein kleiner und meist ruhiger **Kinderspielplatz** (Luisenstr. 35) mit Geräten, Rodelhügel für den Winter und einem Wasserbereich für den Sommer.

Hinter römischem Portikus

Den korinthischen Tempel gegenüber der Glyptothek errichtete Georg Friedrich Ziebland in den Jahren 1838 bis 1848. Darin zeigen die **Staatlichen Antikensammlungen** Kleinplastiken und Schmuck, von archaischen Stierplastiken der Kykladenkunst (3. Jt. v. Chr.) über Gefäße aus Mykene (14. Jh. v. Chr.) bis zur Dionysos-Schale aus dem 6. Jh. v. Chr. Auch hier bilden von Ludwig I. erworbene Exponate den Kern der Ausstellung.

KLEINE PAUSE

Im **Café der Glyptothek** is(s)t man umgeben von perfekt geformten Marmor-Hellenen.

---

205 D2 Königsplatz

Antikensammlungen und Glyptothek
Königsplatz 1 und 3 www.antike-am-koenigsplatz.mwn.de
Di u. Do–So 10–17, Mi bis 20 Uhr (Antikensammlungen);
Di, Mi und Fr–So 10–17, Do bis 20 Uhr (Glyptothek) 6 € (beide Häuser)

NS-Dokumentationszentrum
Briennerstr. 45 089 23 32 61 42; www.ns-dokumentationszentrum-muenchen.de Di–So 10–17 Uhr (Eröffnung voraussichtl. 30. April 2015)

Isar-Athen: Der Königsplatz wurde nach dem Vorbild der Akropolis in Athen errichtet.

29 Pinakothek der Moderne

Um die Pinakothek der Moderne wurde in München lange gekämpft, weil dem Staat dafür das Geld fehlte. Private Förderer sprangen ein, und heute ist München stolz auf das größte Museumsgebäude Europas, auf dessen außergewöhnliche Architektur und auf mehrere hier präsentierte Sammlungen von Weltruf.

Außen puristisch schlicht, innen eine gelungene Symbiose von Kunst und Architektur

Es hatte zwölf Jahre lang gedauert, bis der Beschluss der Staatsregierung, eine dritte Pinakothek zu errichten, 2002 endlich realisiert wurde. Der rechteckige, eine zentrale Rotunde umschließende Bau mit seinen hohen Glasfassaden geht auf einen Entwurf des Münchner Architekten Stephan Braunfels zurück; die hohen, lichtdurchfluteten Räume bilden einen wunderbaren Rahmen für die darin ausgestellten Sammlungen.

Sammlung Moderner Kunst

Malerei, Plastik und neue Medien sind Themen der Sammlung Moderner Kunst im ersten und zweiten Obergeschoss. Hier finden sich Werke des Surrealismus und Expressionismus, darunter besonders eindrucksvolle Gemälde von Max Beckmann. René Magritte und Salvador Dalí sowie Pablo Picasso werden mit großen Werkgruppen vorgestellt. Die zweite Hälfte des 20. Jh.s vertreten Joseph Beuys, Andy Warhol und Georg Baselitz; die neuen Medien repräsentieren u. a. Videoprojektionen von Bruce Naumann.

Design

Eine geschwungene Treppe führt von der Rotunde hinunter in den Designbereich: Hier sehen Sie, beginnend mit den Entwürfen Rudolf Thonets Mitte des 19. Jh.s über das Bauhaus bis zur Pop Art, einen ebenso bunten wie abwechslungsreichen und spannenden Überblick über die Entwicklung des Designs. Der berühmte Citroën DS 19 von 1955 ist ebenso vertreten wie Thonets klassische Stühle; Schmuckdesign von höchster Qualität können Sie in der »Danner-Rotunde« bewundern.

Architektur

Deutschlands größte Sammlung für Architektur hat in diesem Museum ebenfalls Platz gefunden. Zeichnungen und Modelle führen quer durch die Architekturgeschichte, angefangen bei den Bauten der Münchner Klassizisten Leo von Klenze und Friedrich von Gärtner über Le Corbusier bis hin zum Werk des im Jahr 2004 verstorbenen Otto Steidle, von dem neben vielen modernen Wohnhäusern u.a. auch das Alfred-Wegener-Institut in Bremerhaven und die Ulmer Universität entworfen wurde.

Staatliche Graphische Sammlung München

Zukünftig sollen auch die Archive und der Studiensaal der Graphischen Sammlung, eine der bedeutendsten weltweit, in der Pinakothek der Moderne untergebracht werden.

KLEINE PAUSE

Gegenüber der Pinakothek der Moderne lädt das **Timballo** (Gabelsbergerstr. 9) zu Panini oder preiswertem bayerisch-italienischem Mittagessen ein.

205 F3 Barer Str. 40 089 23 80 53 60; www.pinakothek-der-moderne.de Di–So 10–18, Do bis 20 Uhr Tram Nr. 27, Bus Nr. 100 Pinakotheken 10 €

Licht und Schatten: in der zentralen Rotunde

BAEDEKER TIPP

- Regelmäßig finden **Konzerte** und **Filmvorführungen** statt; über das Programm informiert die Homepage.
- Das **Palais Pinakothek** (Türkenstr. 4, Tel. 23 80 51 98) lädt jeden Freitag 15 bis 17.30 Uhr Kinder von 5 bis 12 Jahren zu einer **Kunstentdeckungstour** in die Pinakotheken und das Museum Brandhorst (5 € mit Brotzeit, Voranmeldung nötig).

30 Siegestor

Ein Triumphbogen »zum Ruhme der bayerischen Armee« bildet den nördlichen Abschluss der Ludwigstraße. Dahinter begann früher das flache Land; heute schließt sich hier das lebhafte Schwabing an die stille Prachtstraße an.

Ein Triumphbogen für München

König Ludwig I. hatte dieses Tor schon vor Augen, als er noch Kronprinz war, aber erst ein Jahr nach seiner Abdankung konnte es 1849 eingeweiht werden. Hofbaumeister Leo von Klenze plante es, doch den Auftrag erhielt schließlich Friedrich von Gärtner, der dem König eine Replik des Konstantinbogens in Rom vorschlug. So wurde das Tor dann auch realisiert. Den hohen Mittelbogen flankieren zwei kleinere Seitenbögen, korinthische Säulen schmücken und strukturieren das Tor, das alle von Norden nach München Reisenden mit majestätischer Wucht empfing. Stadtauswärts gerichtet ist nicht nur die Inschrift für die bayerische Armee, sondern auch die Figurengruppe der Löwenquadriga mit der Bavaria, die 1852 als krönender Abschluss des Siegestores hinzugefügt wurde. So blickt nun das Stein gewordene Symbol Bayerns auf die beiden Türme des »Münchner Tors« (➤ 38), die den Schwabinger Himmel über der Leopoldstraße beherrschen.

KLEINE PAUSE

Das **CADU** (Café an der Uni, ➤ 124) stellt im Sommer Tische und Stühle in seinen idyllischen Innenhof.

---

206 B4 Ludwigstr. Universität

BAEDEKER TIPP

Augen auf! Ursprünglich besaß das Siegestor im Attika-Bereich sechs Rundbilder mit Allegorien der bayerischen Kreise: Der Bergwerksbau versinnbildlicht die Oberpfalz, Viehzucht Ober- und Mittelfranken, Ackerbau Ober- und Niederbayern und Wein- und Getreideanbau Unterfranken. Die Tondi für Schwaben und Rheinpfalz (Weberei und Fischerei) wurden bei der Rekonstruktion 1956 nicht mehr angebracht.

Nach Lust und Laune!

31 Alte Pinakothek

Die Alte Pinakothek birgt eine der bedeutendsten Gemäldesammlungen alter Meister in Deutschland. Alleine der lang gestreckte Bau, von Klenze in den Jahren 1826 bis 1836 nach klaren museumsarchitektonischen Kriterien wie dem optimalen Lichteinfall konzipiert und im Stil der Florentiner Renaissance errichtet, ist aber eine Sehenswürdigkeit für sich. Dank der Sammelleidenschaft der Wittelsbacher besitzt die Pinakothek viele Werke von Weltruhm, darunter Albrecht Dürers *Vier Apostel*, Albrecht Altdorfers *Alexanderschlacht* und Raffaels *Madonna des Hauses Tempi*. Unbedingt sehenswert sind die Säle der Flämischen Malerei des 17. Jh.s, u. a. mit Peter Paul Rubens' *Medici-Zyklus*.

205 E3 · Barer Str. 27, Eingang Theresienstr. · 089 23 80 52 16; www.alte-pinakothek.de · Mi–So 10–18 Uhr, Di bis 20 Uhr · Königsplatz, Theresienstraße · Tram Nr. 27, Bus Nr. 100 Pinakotheken · 4 €

32 Neue Pinakothek

Henry Moores *Große Liegende* begrüßt die Besucher vor der Neuen Pinakothek. Die Sammlung mit Gemälden und Plastiken des 19. Jh.s gilt nach der Berliner Nationalgalerie als zweitwichtigste Deutschlands. Anliegen der Pinakothek ist es, die Befreiung von den Konventionen und die Individualisierung zu zeigen, die im 19. Jh. die Kunstentwicklung u. a. von Francisco Goya, William Turner, Eduard Manet und Paul Cézanne prägten. Die deutschen Romantiker werden ebenfalls ausführlich gewürdigt.

205 E3 · Barer Str. 29, Eingang Theresienstr. · 089 23 80 51 95; www.neue-pinakothek.de · Mi–Mo 10–18 Uhr, Mi bis 20 Uhr · Königsplatz, Theresienstraße · Tram Nr. 27, Bus Nr. 100 Pinakotheken · 7 €

BAEDEKER TIPP

Schnäppchen: Das für die Pinakotheken, das Museum Brandhorst und die Sammlung Schack gültige Tagesticket kostet nur 12 €.

33 Ludwigstraße

Die Prachtstraße für Ludwig I. zwischen Feldherrnhalle (► 91) und Siegestor (► 119) entspricht nicht ganz den Vorstellungen, die Architekt Leo von Klenze sich gemacht hatte: Seine Vorgabe lautete nämlich: kein Grün und wenige, aber große Fenster! Eine gerade, klassizistische Linie sollte die Straße werden mit dem Siegestor im Fluchtpunkt – aber die zukünftigen Besitzer und Mieter der Palazzi wehrten sich und forderten Nachbesserung. Mit dem eleganten Rondell der Universität und der klaren Fassade der Staatsbibliothek ist die Ludwigstraße unter Bauherr Friedrich von Gärtner doch noch gelungen, und die Studenten sorgen da-

Jonathan Borofskys 16 Tonnen schwere Skulptur »Walking Man« in Schwabing

für, dass der steinerne Ernst nicht allzu schwer auf ihr lastet.
206 A2 – B4 Odeonsplatz

34 Leopoldstraße

Die Fortsetzung der Ludwigstraße nach Norden ist ihr völliges Gegenteil: Von einer Pappelallee gesäumt, uneinheitlich bebaut, der Gehsteig gepflastert mit Straßencafés, wirkt sie lebhaft und lebendig. Vor der Uni-Mensa verkaufen Studenten und Händler antiquarische Bücher, weiter nach Norden schaufensterbummeln junge und ältere Semester entlang der Boutiquen. Unübersehbar (und ein wahrer »Kinderschreck«) auf Schwabings Flaniermeile ist die 17 m hohe Skulptur *Walking Man* vor dem Gebäude der »Münchner Rück«.
206 B5 Giselastraße

35 Alt-Schwabing

Vom Platz mit dem Namen Münchner Freiheit gelangen Sie ins Herz des »alten« Schwabing, in die Feilitzsch-, Occam- und Haimhauser Straße oder zum Wedekindplatz. Schwabing ist ein Zustand, wird gemeinhin gesagt. Keine explizite Sehenswürdigkeit ist hier zu entdecken, sondern die besondere Atmosphäre: ein bisschen Vorstadt, viel Jugend, zahllose Kneipen, Kinos, Cafés und Diskotheken. Ein Focus ist das Café Münchner Freiheit, in dem sich gelegentlich auch gerne prominente Schwabinger einen Kaffee bestellen. Der bayerische Volksschauspieler Helmut Fischer, unvergessen als *Monaco-Franze* in Helmut Dietls gleichnamiger Serie, war hier Stammgast.
202 C1 Münchner Freiheit

BAEDEKER TIPP

Das **Staatliche Museum Ägyptischer Kunst** hat seine Exponate in weiten Hallen und mit Stelen abgeteilten Räumen äußerst geschickt und attraktiv arrangiert. Überall bringt modernste Technik mit Touchscreens und Filmen Besuchern den ägyptischen Lebenskreis nahe, schafft Verbindungen zwischen Wirtschaft, Alltagskultur und den spirituellen Sphären der Götterwelt – eine für Erwachsene und Kinder gleichermaßen reizvolle Zeitreise (Gabelsbergerstr. 35, Tel. 089 28927630, www.smaek.de; Eintritt 7 €).

Wohin zum …
Essen und Trinken?

Preise
für ein Essen ohne Getränke:
€ unter 20 Euro €€ 20–40 Euro €€€ über 40 Euro

RESTAURANTS

Alter Simpl €
Das Lokal ist eine Institution in der Maxvorstadt und vor allem beim jungen, studentischen Publikum beliebt, denn es gibt deftige, einfache Küche wie »Fleischpflanzerl« mit Pommes oder Schweinebraten mit Krautsalat.
206 A4 Türkenstr. 57 089 272 30 83
11–3, Fr/Sa bis 4 Uhr Universität

Atzinger €
Studentisches Publikum liebt diese Eckkneipe seit Jahrzehnten, und nicht nur, weil das Essen relativ günstig ist. Der Atzinger ist einfach ideal gelegen als Treffpunkt zwischen den Vorlesungen oder nach dem Seminar. Und auch wenn die Einrichtung aufgefrischt wurde und die Speisekarte der »Moderne« angepasst, hält man der Kneipe weiterhin die Treue.
206 A3 Schellingstr. 9 089 28 28 80
9–1 Uhr Universität

Cyclo €€
An diesem edlen Vietnamesen ist fast alles perfekt: Einrichtung, Blumenschmuck, wunderschön arrangierte Gerichte, diskret-aufmerksamer Service. Und das Essen? Noch perfekter: Versuchen Sie den köstlich-scharfen Rindfleischsalat mit knackigem Gemüsebouquet oder die Hühnerbouillon mit Ingwer! Übrigens gibt's alles auch zum Mitnehmen!
205 F3 Theresienstr. 70
089 28 80 83 90 Sa–Do 12–15, 18–24, Fr/Sa bis 1Uhr Universität

Deeba €€
Abends sollten Sie besser reservieren, denn im Deeba ist fast immer viel los. Das liegt an der köstlich gewürzten, stets frisch zubereiteten pakistanischen Küche, aber auch am Personal, das mit Leidenschaft berät, scherzt, improvisiert und einfach immer flott und gut drauf ist. Ob Huhn mit Zitrone und süß-saurer Sauce oder Lammeintopf – immer gibt es einen köstlichen Basmatireis mit Safran als Beilage.
205 F3 Barerstr. 42 089 28 34 07
tägl. 11.20–15, 18–24, Sa ab 18 Uhr
Tram Nr. 27, Bus Nr. 100 Pinakotheken

Görreshof €
Eines der wenigen bayerischen Traditionslokale, das sich sein Publikum aus dem Viertel weitgehend erhalten konnte – was wahrscheinlich daran liegt, dass hier mit derbfreundlichem Charme serviert wird und die Ochsenbrust vom bayerischen Freilandtier erstens sehr gut schmeckt und zweitens fair berechnet auf der Karte steht.
205 D5 Görresstr. 38 089 20 20 95 50
11–24 Uhr Josephsplatz

Kaisergarten €–€€
Das rustikale bayerische Lokal in der hübschen Kaiserstraße hat einen schönen kleinen Biergarten. Gekocht wird nach bayerischen und österreichischen Rezepten, so z. B. Sauerbraten, »Fleischpflanzerl« oder Tafelspitz, doch stets mit einer modernen Note, die den Speisen die Schwere nimmt.
202 B1 Kaiserstr. 34 089 34 02 02 03
10–1 Uhr Münchner Freiheit

Last Supper €€
Münchens Restaurant für Heavy-Metal-Fans und Punks, die kein Problem damit haben, unter Marienbildern in einer Art bayerischem Aquarium zu tafeln. Es gibt nur Menüs, allerdings stets mit Alternativen zum Austauschen, wenn einem etwas nicht zusagt. Die Küche ist hervorragend, das Ambiente und die mit fortgeschrittenem Abend immer lauter werdende Musik muss man mögen.
205 E2 Karlstr. 10 089 28 80 88 09
Mo–Fr 11–1, Sa 19–1 Uhr Karlsplatz

Lemar €€
Auf bequemen Polstern liegt man fast und studiert die Speisekarte nach den Rezepten des zwischen Iran und Pakistan gelegenen Landes. Hinweise auf die Schärfe der Gerichte erlauben auch sensibleren Gourmets ein Festmahl – nur von den Pfefferschoten sollte man die Finger lassen. Selbstverständlich gibt es eine Weinkarte, passender ist aber ein angenehmes Getränk auf Joghurt-Basis als Begleiter zu Vor- und Hauptgericht. Ein Gedicht sind die Nachspeisen (die man nach den üppigen Portionen aber nur schwer unterbringt).
202 A1 Viktor-Scheffel-Str. 23
089 39 76 77 18–24 (Küche bis 22 Uhr)
Tram Nr. 27 Kurfürstenplatz

Mocca €
Gibt es eine bessere Visitenkarte als ständiger Besuch von Gästen von der arabischen Halbinsel, die meist in der ersten Etage (ab 17 Uhr offen) in den Nischen abfeiern und vom Hamburger bis zum Gemüsecurry querbeet auftafeln lassen?
202 C2 Herzogstr. 2 0178 329 02 72
Mo–So 14–2 Uhr Münchner Freiheit

Osterwaldgarten €–€€
Ein idyllisches, kleines Wirtshaus in Alt-Schwabing mit hübschem Biergarten und wohlschmeckender bayerischer Küche. Am Wochenende kommen viele Fahrradausflügler, dann ist draußen nur schwer ein Platz zu ergattern.
203 D2 Keferstr. 12 089 38 40 50 40
10–1 Uhr Münchner Freiheit

Seehaus €€–€€€
Elegant-bayerisches Ambiente und ebensolche Küche in unvergleichlicher Lage direkt am Kleinhesseloher See. Spezialitäten sind Zanderfilet oder feiner Tafelspitz. Zum Restaurant gehört eine schöne Terrasse; im angrenzenden Biergarten geht's etwas volksnaher zu, und das Essen ist hier günstiger.
203 E1 Kleinhesselohe 3 089 381 61 30 10–1 Uhr Münchner Freiheit

Tantris €€€
Seit Jahren ist dieses Restaurant mit seinem 1970er-Jahre-Interieur Münchens Gourmet-Spitzenreiter und mit zwei Michelin-Sternen gekrönt. Solche Qualität hat natürlich ihren Preis, ein Menü kostet zwischen 150 und 180 Euro – plus Weinbegleitung, falls gewünscht. Das ist zwar nicht billig, aber den Preis wert – und das Tantris einfach eine Klasse für sich.
202 C3 Johann-Fichte-Str. 7 089 361 95 90 Di–Sa 12–15 / 18.30–1 Uhr
Dietlindenstraße

Wirtshaus Zur Brez'n €€
Ursprünglich ein echt bayerisches Lokal, inzwischen leider mit viel Schnickschnack zum Leopoldstraßen-Bayer umdekoriert. Trotzdem eines der beliebtesten Restaurants am Leopold-Boulevard, und die Küche mit »Schmankerln« wie »Knöd'lgröstel« (geröstete Semmel- und Kartoffelknödel) oder Tafelspitzbrühe kann sich sehen lassen.
202 C1 Leopoldstr. 72 089 39 00 92
10–1, Do–Sa bis 3 Uhr Münchner Freiheit

BIERGÄRTEN

Chinesischer Turm €
In Münchens buntestem Biergarten treffen sich rund um die Holzpagode

alle Nationalitäten und Altersstufen zum gemeinsamen, fröhlichen und entspannten Feiern auf 7000 Sitzplätzen! Essen gibt's an diversen »Brotzeitstandln«, das Bier stammt von Löwenbräu und die Weiße vom Franziskaner. Kinder verjubeln derweil das Geld ihrer Eltern auf dem Jugendstilkarussell nebenan.
207 D4 Englischer Garten 3 089 383 87 30 10–23 Uhr Giselastraße

Hirschau €–€€
Mit 1700 Plätzen ein überschaubarer, netter Biergarten im ruhigen Teil des Englischen Gartens nördlich des Isarrings. »Wiesnhendl« und »Steckerlfisch« schmecken besonders gut. Für Kinder gibt es einen Abenteuerspielplatz.
203 F1 Gyßlingstr. 15 089 36 09 04 90 11.30–23 Uhr Münchner Feiheit

CAFÉS

Altschwabing
Immer noch schwebt ein Hauch von Nostalgie über diesem alten Kaffeehaus, auch wenn es vom Zeitgeist nicht unberührt blieb. Folglich gibt's heute Muffins, Donuts oder Café Macchiato statt der klassischen Portion Kaffee, aber das Jugendstilinterieur macht diesen »Makel« wieder wett.
205 F4 Schellingstr. 56 089 273 10 22 8–2 Uhr Universität

CADU/Café an der Uni
Gegenüber dem Uni-Hauptgebäude und an einem ruhigen Innenhof gelegen, ist dieses nette Café erste Wahl bei den Studenten. Neben Kaffee und Kuchen gibt's auch preiswerte kleine Snacks wie z. B. Baked Potatoes.
206 B3 Ludwigstr. 24 089 28 98 66 00 8–1 Uhr, Sa/So ab 9 Uhr Universität

Münchner Freiheit
Diese Torten! Diese Eisbecher! Das Café mit seinen fünf winzigen Etagen an der Münchner Freiheit ist nicht nur *der* Treff der Schwabinger, sondern auch eine kulinarische Offenbarung für alle Leckermäuler. Während es sich »oben« an der Münchner Freiheit eher die älteren Semester bequem machen, hocken die Jüngeren lieber im Ableger »unten«, im Forum am U-Bahn-Ausgang.
202 C2 Münchner Freiheit 20 089 38 39 08 66 6.30–22 Uhr Münchner Freiheit

Puck
Sie haben verschlafen, es ist schon 17 Uhr, und Sie würden gerne frühstücken? Kein Problem im Café Puck. Hier gibt's Kaffee, Eier, Müsli und Toast bis 18 Uhr, schließlich möchte man dem studentischen Publikum etwas bieten. Aber auch ohne Frühstück ist das Café ein angenehmer Ort für die Zeitungslektüre oder das Treffen mit Freunden am Abend – und die dunkle Holztäfelung ist ein wohltuender Kontrast zum sonst üblichen Chrom und Glas.
206 A3 Türkenstr. 33 089 280 22 80 9–1 Uhr (Frühstück bis 18 Uhr) Universität

Wohin zum ... Einkaufen?

In der Maxvorstadt und in Schwabing dreht sich viel um Mode. Das Angebot in den Geschäften richtet sich an das junge, studentische Publikum und an die modebewussten Schwabinger. Vor 10 Uhr macht hier kaum ein Laden auf.

RUND UM DIE UNIVERSITÄT

Das **Antiquariat J. Kitzinger** (Schellingstr. 25) ist eine Institution Münchner Denker, Studenten und

Literaten. Gibt's etwas nicht, dann versucht man es zu besorgen; und wer stöbert, wird manche Entdeckung machen. **Purer Luxus** (Türkenstr. 53) ist eine der Adressen, wo die ausgestellten Accessoires und Modeteile die Passanten in den Laden ziehen – nicht nur Luxus, sondern auch Verführung pur. Wenn Ihr Geldbeutel gut gefüllt ist, dann statten Sie doch dem **Projekt.3** in der Türkenstr. 71 einen Besuch ab: Edle Schlichtheit empfängt Sie, und ebenso edel ist das Sortiment von Designern wie D&G oder Cinque. Nicht minder edel ist das Sortiment bei **Carta Pura** (Schellingstr. 71), allerdings dreht sich hier alles um feines Papier, das in Einzelbögen, aber auch en gros verkauft wird. **Antike Lampen** (Türkenstr. 90) verkauft Kristallüster, Kronleuchter und Tischlampen aus den Anfängen der Elektrifizierung.

RUND UM DIE MÜNCHNER FREIHEIT

Beginnen Sie den Shoppingbummel im **Robot** (Leopoldstr. 69), ein ehemaliger Punkladen, der in den 1980er-Jahren die Münchner Szene mit mutwillig abgewirtschafteter Kleidung und Sicherheitsnadeln versorgte. Auch heute hat man die Finger noch am Puls der Zeit. Angesagte Kleidung, hippe Accessoires und natürlich die allerheißesten Turnschuhe locken die Kunden an. Haben Sie wohlgefüllte Einkaufstüten bei sich? Dann geben Sie alles bereits Gekaufte brav am Eingang ab, bevor Sie das **Flip** (Feilitzschstr. 6) betreten, so will es die Hausordnung. Drinnen finden Sie die neuesten und angesagtesten Designerklamotten und schicke Accessoires – wohlgemerkt, keine klassischen Label, sondern flippiges Zeug. Im **Leib und Seele** (Feilitzschstr. 15) wird tragbare Mode des eigenen Labels verkauft – was Mann/Frau braucht, um auf der Leopoldstraße zu reüssieren. Aber auch Stücke von noch unbekannten Sternen am Modehimmel kommen an die Stangen. Dazu gibt's Kunst an den Wänden, und Musiker dürfen ihre Compilations anbieten. **Kunst & Spiel** (Leopoldstr. 48) ist ein Spielzeug-, Spiele- und Kreativtempel für anthroposophisch ausgerichtete Menschen, aber auch andere werden fündig.

RUND UM DIE HOHENZOLLERNSTRASSE

Im **Africa House** (Hohenzollernstr. 50) dreht sich naheliegenderweise alles um den schwarzen Kontinent. Der Schmuck und die aus afrikanischen Stoffen nach zeitlosen Entwürfen genähte Kleidung sind ein Traum! Wenn Sie auf der Suche nach hippen Designerklamotten aus Italien sind, werden Sie bei **Irina Scarpe & Vestiti** (Ainmillerstr. 2) fündig. In der **Schuhmanufaktur Danis** (Elisabethstr. 28) bestellt man sich seine Schuhe nach Maß auf den eigenen Leisten gebaut und dem eigenen Stil folgend, oder aus Katalogen bester Hersteller wie Heschung, Allen Edmonds oder Carlos Santos; selbstredend, dass man seine Treter auch zur Reparatur bringen kann. Die besten Baguettes in München backt übrigens **Dompierre** in der Tengstr. 31 – Rezepte und das Mehl kommen natürlich aus Frankreich, dazu gibt es als Leckerei kleine Tartes, köstliche Croissants und vor dem Wochenende eine lange Kundenschlange. Die Peifen- und Tabakstube **Lichtenstern** (Belgradstr. 6) verkauft Knaster aus allen Teilen der Welt, am teuersten natürlich aus Kuba; dazu eine Flasche Rum aus Nicaragua oder Haiti? Jede nur erdenkliche Farbe, für Künstler wie auch für Heimwerker, gibt's bei **Living Colour** (Hohenzollernstr. 39), dazu optimales Zubehör und kompetente, aufmerksame Beratung. Eine Schwabinger Institution ist die **Strumpftante** (Hohenzollernstr. 45) mit einer Riesenauswahl klassischer und ausgefallener Seidenstrümpfe, Socken und Füßlinge sowie stets freundlichem Personal. Ins **Kinderzimmer** (Kurfürstenstr. 55) gehen Sie besser allein, denn wenn Kinder dieses Zauberreich betreten, in dem es die schönsten Spielsachen der Welt gibt, sind Sie gezwungen, ihnen etwas zu kaufen. Und falls Sie hier im westlichen Schwabing noch Lust auf Gemüse oder Obst verspüren, dann bummeln Sie doch zum **Elisabethmarkt** (Elisabethplatz) einer kleineren, aber ähnlich feinen Ausgabe des berühmten Viktualienmarktes (➤ 64ff).

Wohin zum ... Ausgehen?

BARS MIT ESSEN

In der **Brasserie Treszjnewski** (Theresienstr. 72, Tel. 089 282349, So bis Mi 8–1, Fr/Sa bis 2 Uhr) fühlen sich manche Gäste besonders wichtig, aber abgesehen davon, ist das gemütlich eingerichtete Lokal ein angenehmer Ort, um den Abend mit einem gepflegten Pils, knackigem Salat oder Pasta zu beginnen.

Im **Café Reitschule** in der Königinstr. 34 (Tel. 089 388 87 60, Mo–Sa 9–1, So nur bis 19 Uhr) können Sie tatsächlich den Reitern beim Trainieren zusehen. Aber die meisten kommen her, um sich an asiatischen und italienischen Snacks zu delektieren – und um zu flirten.

Die **Bar dell'Osteria** in der Schellingstr. 60 (Tel. 089 28673670, 11–24 Uhr) vermittelt italienische Lebensart im Univiertel: Espresso, Panini, delikate Antipasti, vor allem aber köstliche Weine aus dem eigenen Laden gleich nebenan.

Im **Lardy** (Leopoldstr. 49, Tel. 089 344949, Mo–Do 19–2, Fr/Sa bis 4 Uhr) geht's um »Tapas & Soul«. Der In-Mexikaner an der Leopoldstraße ist der ideale Ort für heftige Flirts oder auch nur stumme Bewunderung, denn viele Gäste sind oder halten sich für prominent.

Ein Traditionslokal ist das **Max Emanuel** in der Adalbertstr. 33 (Tel. 089 2715158, 10–1 Uhr) in vielerlei Hinsicht. Erstens besitzt es einen beliebten, lauschigen Biergarten mit guter bayerischer Küche, zweitens einen Nebenraum, in dem mittwochs und freitags die Münchner Latinos auf die hübschesten Salsa-Tänzerinnen treffen und das zur Musik des besten Salsa-DJs Chuck Hermann. Sonntags mutiert der Salsa-Schuppen zu einem Fifties-Club, da schwingen die Pferdeschwänze und Petticoats. Anbaggern ist Ehrensache, Erfolg aber nur bei guten Tanzkenntnissen garantiert.

In der **NewsBAR** (Amalienstraße 55, Tel. 089 281787, So–Do 9–1, Fr/Sa bis 2 Uhr) findet man fast immer einen Platz, um sich in Ruhe zu unterhalten, das Essen ist recht gut, die Cocktails ebenso; die Bar ist auch perfekt für eine Pause vom Getriebe mit ein bisschen Lesen, da die Zeitschriftenauswahl richtig groß ist.

Im **Roxy** in der Leopoldstr. 48 (Tel. 089 349292, 8–3 Uhr) bereitet sich die Leopoldstraßenszene auf den Abend vor. Hier müssen Sie unbedingt einen Tisch im Freien ergattern, einen Riesen-Eisbecher bestellen und dann möglichst ebenso cool dreinblicken wie die anderen.

Im **Cafe Jasmin** (Steinheilstr. 20, Tel. 089 45227406, 10–1 Uhr) traf man sich einst zum Kaffeekränzchen – bis die Szene den Ort für sich entdeckte. Die Britpop-Beseelten (doch, die gibt es noch!) kommen ab 20 Uhr auf einen oder mehrere Cocktails, führen intellektuelle Gespräche über dies & das.

Billardfreunde kennen in der Maxvorstadt nur eins: ab in den **Schellingsalon** (Schellingstr. 54, Tel. 089 2720788, Do–Mo 10–1 Uhr). Das alte Lokal mit seinen ebenso alten Spieltischen ist mit mancherlei prominentem Namen verbunden: Angeblich war es einst Hitlers Stammkneipe, später wurde der kleine Franz Josef Strauß zum Bierholen in den Salon geschickt. Davon sollten Sie sich aber nicht abhalten lassen, denn hier herrscht eine derart abgestürzt-bayerische Atmosphäre, dass es fast schon wieder schön ist. Und, wie gesagt, die Billardspieler lieben es.

Im **Arts 'n' Boards** (Belgradstr. 9, Tel. 089 30658490, Mo–Mi 10–24, Do, Sa bis 1, So 10–16 Uhr) trifft sich Getränk mit Kunst und Essen; wechselnde Ausstellungen, Frühstück bis 16 Uhr, ein kleiner Biergarten, gute Drinks und jeden zweiten Dienstag »Open Stage« mit Vorträgen von Witzeerzählern, Musikern, Malern, Videomachern …

Im **Steinheil** (Steinheilstr. 16, Tel. 089 527488, 10–1 Uhr) sind die Studenten der nahen TU Stammgäste – wohl auch deshalb, weil's hier Riesenportionen zu günstigen Preisen gibt. Abends ist die Kneipe fast immer rappelvoll, die Luft zum Schneiden und die Stimmung bestens.

Lauer Sommerabend und keine Lust auf Biergarten? Dann nichts wie auf die Terrasse des **Tijuana** (Leopoldstr. 13, Tel. 089 33040724, 17–1, Fr/Sa bis 3 Uhr), Tacos und einen Happy-Hour-Cocktail bestellen und den aktuellen Jahrmarkt der Eitelkeiten goutieren: Die gestyltesten »Madln« und schnittigsten »Buam« plustern und gockeln hier nämlich um die Wette.

Die **Volksküche** (Brienner Str. 83, Tel. 089 57877859, 11–1 Uhr, Sa ab 18 Uhr) hat wie so viele Münchner Lokale einen schönen Garten, und der befindet sich im Innenhof des Volkstheaters. So treffen sich Familien und Theatergäste entspannt zu gutem Wein, Entrées und Merguez.

Das **Vorstadt Café** (Türkenstr. 83 Tel. 089 2720699, 8–1, Fr/Sa bis 2 Uhr) ist immer voll, man kommt zum Frühstück, auf einen Mittagssnack oder um den Abend mit Rotwein und Frittata ausklingen zu lassen.

Das **Zest** in der Adalbertstr. 23 (Tel. 089 28006666, 17–1 Uhr) ist eine feste Institution im Univiertel. Dunkle Wände, eine lange Bar und ein kleiner Restaurantbereich sorgen für eine angenehm zurückhaltende Atmosphäre. Die Tageskarte bietet italienisch beeinflusste Gerichte und Salate.

BARS UND DISKOTHEKEN

Arg klein ist das barocke **Pomp** (Georgenstr. 50, Tel. 089 2711889, Do–Sa 21–5 Uhr) mit seinen roten Wänden, aber der Besuch lohnt sich, denn hier sind Cocktailkönner am Werk und die DJs erstklassig.

Im **Barer 61** (Barerstr. 61, Tel. 089 32602496, 7–22 Uhr, So ab 8 Uhr) trifft sich die Schwabinger Szene im besten Sinn morgens zum Frühstück und abends zum Drink im außergewöhnlichen Ambiente.

In **Alfonso's Live Music Club** (Franzstr. 5, Tel. 089 338835, 20–2, Fr/Sa bis 3 Uhr) kommen seit 1988 Blues- und Rockmusiker auf die Bühne und begeistern in der heimeligen Atmosphäre des mit nur 30 Plätzen kleinsten Clubs mit Livebühne das Publikum – eine Traditionsadresse.

In der gemütlichen Bar **The Potting Shed** (Occamstr. 11, Tel. 089 34077284, Di–So ab 17 Uhr) werden die Ingredienzen der Cocktails über »Fairer Trade« besorgt, die Kreationen sind außergewöhnlich: Five-Spice Margarita, Montgomery Martini mit Wodka, Honiglikör, Ananassaft und Ingwer oder Daiquiri mit Vanille und Rhabarbersaft. Wer Hunger hat, bestellt Tapas, Thaiburger oder Bratwurst.

Im **Crash** (Ainmillerstr. 10, Tel. 089 391640, Do 20–1, Fr/Sa 20 bis 4 Uhr) treffen sich Altrocker mit Teens und Twens in der ältesten Disko der Stadt.

Die **Alte Galerie** (Kaulbachstr. 75, Tel. 089 349887, Do 20–1, Fr/Sa bis 4 Uhr) punktet mit immer dem gleichen Themenabend – »Hemmungslos« – und günstigen Preisen.

Das **Jennerwein** (Belgradstr. 27, Tel. 089 3087221, So–Do 20–1, Fr/Sa bis 3 Uhr) gibt es seit 1961 und ist heute mit DJs unterschiedlichster Couleur (Soul, Ska, Swing, Surf & Co.) ein Sammelplatz für alle, die es überschaubar lieben.

Im **Eat the Rich** (Heßstr. 90, Tel. 089 185982, Mo–Sa 19–3 Uhr) geht's hingegen immer sehr laut und hoch her, was nicht zuletzt an den Riesencocktails liegt, die hier ausgeschenkt werden.

Leopoldstraße und Alt-Schwabing locken Cocktailfreunde beispielsweise mit der **Vanilla Lounge** (Leopoldstr. 65, Tel. 089 38666836, Mo–Fr 8–1, Sa/So bis 3 Uhr) und dem **Cocktailhouse** (Feilitzschstr. 25, Tel. 089 398019, So–Do 19–1, Fr/Sa bis 3 Uhr), wo die gemixten Drinks in einem angenehm mit DJ-Sounds untermalten Ambiente oder im Sommer draußen auf der Terrasse genossen werden.

Das **Pathos München** (Dachauer Str. 110d, Tel. 089 12111075, offen bei Theatervorstellungen, meist am Wochenende ab 22 Uhr) feiert nach dem Theater Party mit unterschiedlichen Musikrichtungen, häufig Drum'n'Bass. Und die freie Theaterszene versteht es, bis in die Morgenstunden abzutanzen.

THEATER

Weit über München hinaus ist die **Lach- und Schießgesellschaft** (Haimhauser-/Ecke Ursulastr., Tel. 089 391997, www.lachundschiess.de) bekannt. Hier regiert das politische Kabarett mit wechselndem Programm und Gastspielen. Berühmte Komiker und Kabarettisten wie Michael Mittermeier treten gleich um die Ecke im **Lustspielhaus** (Occamstr. 8, Tel. 089 344974, www.lustspielhaus.de) auf.

In der **Schauburg** (Franz-Joseph-Str. 47, Tel. 089 23337171, www.schauburg.net) wird anspruchsvolles Theater für Jugendliche und Kinder gemacht. Ab und an, ein Geheimtipp, treten in der angeschlossenen Kneipe der Schauburg lokale Kabarettisten auf und erklären erhellend lustig ihre Sichtweise der Welt.

In der alten Szenekneipe **Heppel & Ettlich** (Feilitzschstr. 12, Tel. 089 3887820, www.heppel-ettlich.de) gibt's Theater, Kabarett & Co.

Das **Münchner Volkstheater** in der Brienner Str. 50 (Tel. 089 523550, www.muenchner-volkstheater.de) hat nichts mit bayerischer Folklore am Hut, es sei denn, sie lässt sich frech und dem Zeitgeschmack entsprechend präsentieren wie z. B. mit dem überaus erfolgreichen Stück *Geierwally*.

Das **Vereinsheim** (Occamstr. 8, Tel. 089 33088655, ab 18 Uhr) muss man gesehen haben – wenn man auf die Sixties und Seventies steht: Plastikpolster und Stahlrohre, Nierentische, Polstergruppen. Das Essen macht satt, das Angebot ist klein, dafür wird man mit Kleinkunst unterhalten. Jeden Sonntag ist »Schaumschläger-Abend«, da lesen Literaten aus ihren Manuskripten vor. Wen es nicht interessiert, der trinkt sein Bier am Kicker.

KINO

Das **Arri** in der Türkenstr. 91, Tel. 089 38899664) trotzt dem Trend der Multiplexe mit bequemsten Polstersesseln, großer Beinfreiheit – und einem so anspruchsvollen wie attraktiven Programm.

Kinderfilme zeigt die Theaterkneipe **Heppel & Ettlich** in der Kaiserstr. 67 (siehe oben unter Theater) jeden Sonntagvormittag.

Rechts der Isar

Kleine Erlebnisse

Flanieren im Park

Die **Maximiliansanlagen** neben dem Maximilianeum (➤ 141) sind ein herrlich ruhiger und hübscher Park; hierher verirrt sich fast niemand.

Sinnieren im Museum

Bei der beeindruckenden Vorführung im **Planetarium** des Deutschen Museums (➤ 134) über das gestirnte Firmament und das moralische Gesetz nachdenken.

Delikat delektieren

Sich bei einem Bummel durch Käfer's Markthallen an Delikatessen aus aller Welt berauschen und sie in der Käfer Schänke (➤ 144) verkosten.

Erste Orientierung

Haidhausen und Bogenhausen, aber auch die Au lagen einst »weitab« der Stadt München, erreichbar über eine einzige Isarbrücke, die Ludwigsbrücke beim heutigen Deutschen Museum. Heute ist Haidhausen ein Szenetreff, während in Bogenhausen das Geld regiert und die Au ein beschauliches Wohnviertel blieb.

Haidhausen sollte mal als »Zweites Schwabing« Karriere machen, doch so weit ist es zum Glück dann doch nicht gekommen. Es war ein weiter Weg vom Proletarierviertel, wo die Arbeiter Lehm abbauten und Ziegel brannten, bis zum Szenerevier: In den 1970er-Jahren wurde das ehemalige »Glasscherbenviertel« Hochburg der jungen alternativen Szene und ist das bis heute geblieben. Nur den einst so billigen Wohnraum gibt's nicht mehr. Seit der Erklärung zum »Sanierungsgebiet« 1976 regiert die Sanierungswut, und die Mieten sind drastisch gestiegen.

Damit rückt Haidhausen dem nördlich gelegenen Bogenhausen näher! Hier sind die klassizistischen und Jugendstilfassaden noch eindrucksvoller renoviert, und in der Mauerkircherstraße residiert der städtische Reichtum in Loftwohnungen und Edelvillen. Wesentlich bodenständiger geht es im früheren Überschwemmungsgebiet der Isar, dem heutigen Stadtteil Au, zu. Er hat sich den Ruf eines Arbeiterviertels bewahrt.

Nur die Ware ist das Wahre: auf der Auer Dult.

TOP 10

★ I Deutsches Museum ➤ 134

Nicht verpassen!

36 Villa Stuck ➤ 138

Nach Lust und Laune!

37 Müller'sches Volksbad ➤ 140
38 Gasteig ➤ 140
39 Maximilianeum ➤ 141
40 Friedensengel ➤ 141
41 Prinzregententheater ➤ 141
42 Bogenhausener Friedhof ➤ 142
43 Haidhausen ➤ 142

An einem Tag

Dieser Routenvorschlag zeigt Ihnen, wie Sie einige der interessantesten Sehenswürdigkeiten rechts der Isar an einem Tag besichtigen können. Die jeweiligen Highlights werden auf den nächsten Seiten näher beschrieben.

9:00

Beginnen Sie den Tag mit einem Besuch im größten und bedeutendsten Technikmuseum der Welt: Das 1 **Deutsche Museum** (➤ 134ff) auf der ehemaligen Kohleninsel in der Isar erklärt Natur und Technik mit Originalflugzeugen und chemischen Experimenten, mit Riesen-Modelleisenbahnen und Musikinstrumenten, mit Sternenhimmeln und Flugmaschinen auf so unterhaltsame Weise, dass die Zeit nur so verfliegt.

12:00

Bevor Sie einen Mittagsspaziergang die Isar entlang machen, bewundern Sie das wunderbar restaurierte Jugendstilbad, das 37 **Müller'sche Volksbad** (Abb. unten; ➤ 140): Im Café Volksbad (➤ 145) stärken Sie sich mit einem Imbiss oder Kaffee. Am 39 **Maximilianeum** (➤ 141) können Sie während der Sitzungsperiode die bayerischen Parlamentarier debattieren hören. Eine Isarbrücke weiter blickt man vom 40 **Friedensengel** (➤ 141) hinunter auf die Prinzregentenstraße und über das Lehel.

13:00

Münchner Jugendstil außen wie innen wartet in der nahen 36 **Villa Stuck** (➤ 138f), die in einigen Räumen Wechselausstellungen zeigt. Und auch das hübsche 41 **Prinzregententheater** (Abb. rechte Seite oben; ➤ 141f) ist nicht weit. Quer durchs feine, alte Bogenhausen steuern Sie dann den

42 Bogenhausener Friedhof (➤ 142) an, wo Münchner Prominenz zur letzten Ruhe gebettet wurde. Müde vom bisherigen Spaziergang? Dann steigen Sie jetzt besser in die Tram und fahren rasch – die Füße schonend – zum Max-Weber-Platz.

15:00

Im Biergarten der Traditionsgaststätte Hofbräukeller (➤ 145) finden Sie für die Pause garantiert einen Platz – er ist riesig. Weißwürste werden immer um 14 Uhr von der Karte gestrichen; aber wie wär's mit ausgezeichneten Rostbratwürsten, einem Schweinsbraten oder knackigem Salat?

16:00

Jetzt tauchen Sie ein ins lebhafte **43 Haidhausen** (➤ 142). Durch die Kirchenstraße, vorbei am Haidhauser-Museum und zur Alten Haidhauser Kirche, passieren Sie die Szenekneipe Wasserwerk, wo bis in die 1990er-Jahre im Bordell Blauer Engel derber Striptease und mehr geboten wurde. Hier ist auch das Herbergenviertel mit seinen idyllischen Häuschen. Die Haidhausener Lädchen, Ateliers und Boutiquen laden zum Schaufensterbummel und manchen vielleicht auch zum Kauf! Am besten widmen Sie sich nur schon der Frage, wo Sie essen wollen – Sie haben die Qual der Wahl. Entscheiden Sie sich für etwas Kräftiges, denn die Nacht könnte noch lange werden!

21:00

Allmählich erwacht jenseits des Ostbahnhofs in der beliebten **Kultfabrik** und auf dem Gelände der ebenso angesagten **Optimolwerke** (➤ 147) das Leben. Nightlife im Trend der Zeit, für jeden Geschmack: Stürzen Sie sich hinein, hier haben Sie Ausgang bis zum Morgengrauen!

I Deutsches Museum

Bis zu 1,5 Mio. Besucher pro Jahr sprechen für sich! Das Deutsche Museum gilt mit 47 000 m² Ausstellungsfläche als eines der führenden Museen seiner Art weltweit. Seit über 100 Jahren veranschaulicht es die Entwicklung der Naturwissenschaften und Technik, und regelmäßig kommen neue Ausstellungen hinzu.

Oskar von Miller, der Gründer des Museums, hatte sich von Anfang an Interaktivität auf die Fahnen geschrieben, auch wenn das Wort damals noch nicht existierte. Ein Technikmuseum zum Anfassen, das obendrein Spaß macht – so sein damals völlig neuartiges Konzept. Ziele waren Bildung, Verständnis, Neugierde, alles zu erreichen mit Hilfe von Vorführungen, Dioramen, Eigeninitiative und Vielseitigkeit. Eine Bibliothek und ein Archiv sollten gleichzeitig zur vertiefenden Beschäftigung mit den Themen anregen. Am 70. Geburtstag von Millers wurde der Bau 1925 an seinem heutigen Standort auf der Isarinsel eingeweiht. Die Feierlichkeiten nutzte der gerade erst gegründete Bayerische Rundfunk symbolträchtig zur Einführung einer unglaublichen Neuerung: der ersten Liveübertragung im Radio! Den 65 m hohen Turm des Museums, in dem übrigens in Foucault'scher Tradition ein Pendel die Erddrehung sichtbar macht, sah von Miller als ein Münchner Wahrzeichen; von seiner Aussichtsplattform blickt man über die Stadt und die Isarauen bis zur Alpenkette.

Blick über die im Jahr 1901 von dem Architekten Friedrich von Thiersch entworfene Corneliusbrücke auf die Museumsinsel.

Ohne Berührungsängste

Bis heute kommt es den Kuratoren darauf an, immer auf dem aktuellen Stand der Technik zu sein. 1931 etwa konnte man im Museum die erste Fernsehsendung sehen! Nach dem Krieg, als 80 % der Gebäudesubstanz und 20 % der Exponate beschädigt oder zerstört waren, verlagerte sich der Schwerpunkt, den Forschungstendenzen folgend, auf die Naturwissenschaften. Seit den 1990er-Jahren zeigt man auch gegenüber den schöngeistigen Bereichen keine Berührungs-

Probieren geht über studieren: Pendelversuch »Der elastische Stoß«.

ängste, sondern sucht sogar den Kontakt zur Kunst.

Technik auf Knopfdruck

Von Millers konzeptionelle Vorstellungen prägen noch heute die Ausstellung. »Bitte berühren« heißt das Motto: Auf Knopfdruck spielen verkleinerte Wellen Gezeiten und demonstrieren damit die Sandverfrachtung, Blitze entladen sich während der Vorführung in der Hochspannungsanlage, eine riesige Modelleisenbahn beweist, dass sich Züge auch an Fahrpläne halten können. Im Projektionsplanetarium jagt ein monströser, computergesteuerter Roboter Sterne und Planeten über den Mini-Himmel, im Bergwerk schieben verschmutzte Kumpel schwere Loren, und maßstabsgetreue Modelle illustrieren die Entwicklung von Brücken- und Straßenbau. Vom begehbaren Schiffsdeck mit Sonnenstühlen fällt der Blick bei Möwengeschrei auf Helgoland, Dioramen lassen an den ersten Flugversuchen der Gebrüder Wright teilnehmen, und der

Seenotrettungskreuzer »Theodor Heuss« liegt im Freigelände auf dem Trockenen. Und wo sonst kann man so einfach einen Blick ins Cockpit eines Kampfjets werfen? Auf spezielle Interessen zugeschnitten sind Abteilungen wie Glastechnik, Werkzeugbau und Drucktechnik.

Wie man mit dem Fortschritt Schritt hält

Den modernen Entwicklungen trägt die Auseinandersetzung mit zukunftsträchtigen Wissenschaftsbereichen wie Pharmazie und Medizintechnik Rechnung. Die bereits im Jahr 2002 eröffnete Abteilung Gentechnik war da eine konsequente Folge. Dort kann man sogar durch eine »begehbare Zelle« spazieren. Weitere Attraktionen sind eine Nachbildung der Altamira-Höhle in Spanien mit ihren prähistorischen Zeichnungen, Musikinstrumente von der Äolsharfe bis zur Zither, ein Modell der Raumstation »Spacelab« in Originalgröße – die Vielfalt ist beeindruckend! Kein Wunder, dass das Museumskonzept häufig kopiert wurde! Allerdings machte es die Ausweitung des Exponatenbestands auch zunehmend notwendig, Teile der Sammlungen auszulagern. Seit 1992 konzentriert sich die **Flugwerft Schleißheim** auf die Historie der Fliegerei (Abb. rechte Seite, ➤ 180), 2003 entstand in den historischen Hallen auf der Schwanthaler Höhe das **Verkehrszentrum** (➤ 165), das alle Aspekte der Mobilität anspricht.

Zukunftsinitiative Deutsches Museum

Bayern wäre nicht Bayern, wenn es eines seiner kostbarsten und einträglichsten Museen nicht in Richtung Zukunft trimmen würde. Sowohl das Gebäude als auch viele Abteilungen sind in die Jahre gekommen und tiefgreifende Maßnahmen zur Sanierung der maroden Bausubstanz haben sich als nötig erwiesen. Auch die teils vor Jahrzehnten kon-

Biologie und Medizin im Museum: Diese plastische Darstellung eines Virus macht die Wissenschaft anschaulich.

Otto Lilienthal und der Traum vom Fliegen: Mit diesem 1894 gefertigten Segelapparat (im Bildvordergrund) flog der Luftfahrtpionier bis zu 80 m weit.

zipierten Ausstellungen bedürfen einer weitgehenden Modernisierung und Anpassung an neue Forschungserkenntnisse und museumspädagogische Anforderungen – und man will einen Großteil der über 80 000 heute in Lagern verborgenen Exponate der Öffentlichkeit zugänglich machen können. 400 Mio. Euro kostet das Facelifting, dauern wird es bis etwa 2025, da der Museumsbetrieb weitergeht.

KLEINE PAUSE

Ein Selbstbedienungsrestaurant, ein Imbiss, das Internetcafé im 3. Stock, das Café Zentrum und ein Café in der Luftfahrtgalerie – die Verpflegung im Museum ist gesichert. Ein weiteres Café ist im Museumsshop zu finden.

210 B3 Museumsinsel 1 089 217 91; www.deutsches-museum.de 9–17 Uhr Isartor Tram Nr. 16 Deutsches Museum 8,50 €

BAEDEKER TIPP

- **Mit Kindern im Museum:** Das **Bergwerk** fasziniert alle, die **Kinderwelten** fesseln die Kleinen, Jungs begeistern sich für die **Modelleisenbahn**, die Größeren können der **Technik** einiges abgewinnen. Höhepunkt für junge Besucher aber ist das **Kinderreich** mit seinen diversen Attraktionen vom Computer bis zu den Wasserspielen. Und in der Adventszeit werden im Museum **Märchen** vorgelesen – natürlich in der zur Geschichte passenden Abteilung.
- Täglich um 11, 14 und 16 Uhr entfesseln die Mitarbeiter des Deutschen Museums in der **Hochspannungsanlage im Erdgeschoss** ein Gewitter, dessen Blitzeinschläge ein Freiwilliger in der metallummantelten Kugel des Faraday'schen Käfigs unversehrt überlebt – (Hoch-)Spannung pur!
- Wegen der Sanierungsarbeiten sind in den kommenden Jahren einzelne Abteilungen nicht zugänglich – welche genau, erfahren Sie auf www.deutsches-museum.de.

36 Villa Stuck

Franz von Stuck spielte um die Wende vom 19. zum 20. Jh. im Kunstleben Münchens eine bestimmende Rolle. Berühmt ist er nicht zuletzt für sein zu vielfältigsten Interpretionen anregendes Werks »Die Sünde« (1893), das in der – schon für sich sehr sehenswerten – Villa des Malerfürsten ebenso zu bewundern ist wie dessen historische Wohnräume und attraktive Wechselausstellungen.

Ein Edelmix aus klassizistischen Elementen und verspieltem Jugendstil dominiert das ehemalige Wohn- und Atelierhaus von Franz von Stuck (1863–1928). Schon an der Fassade des Haupthauses sind die Bezüge zur Antike unübersehbar. Klar durch rechteckige Felder und die beiden Eckrisalite strukturiert, wird sie von vier Kopien berühmter antiker Statuen gekrönt.

Klassizistische Formen, Mosaiken, Gemälde, selbst entworfenes Mobiliar, Teppiche und Accessoires im Schnörkellook der damaligen Zeit – von Anfang an war die Villa Stuck als Gesamtkunstwerk konzipiert. Bei derart musealem Charakter musste das Gebäude fast zwangsläufig zum Ausstellungshaus avancieren, was – wenn auch nicht ohne

Die modern gestalteten Ausstellungsräume befinden sich im Ostflügel der Villa Stuck.

Außen wie innen fürstlich: die Villa des Malerfürsten (unten ein Blick in die historischen Wohnräume mit dem Durchgang vom Empfangssalon in den Musiksalon)

Hindernisse – bis 1992 endlich gelang. In den historischen Räumen fällt das Bild *Der Wächter des Paradieses* auf, Stucks erster Mal-Erfolg. Unübersehbar ist zudem das einst aufgrund seiner erotischen Ausstrahlung heftig umstrittene Bild *Die Sünde* aus dem Jahr 1893, ein weiblicher Halbakt mit Schlange, den Kunsthistoriker als »symbolistisch-diabolisches Gegenbild« zur Mona Lisa gedeutet haben. Aus dem golden gerahmten Bild sticht ein blasser, durch dunklen Stoff nur teilweise verhüllter Frauenkörper heraus, für den Anna Maria Brandmaier Modell gestanden haben soll, die Mutter von Stucks Tochter Mary.

Imposant ist auch die Wandbemalung in den historischen Räumen: Farbton, stilistische Elemente und nicht zuletzt die Figuren erinnern an die Dekoration römischer Villen, wie sie in Pompeji gefunden wurden.

Im Ostflügel, dem früheren Atelierbau, verbergen sich hinter der dekorativen Jugendstilfassade modern gestaltete Ausstellungsräume. Wechselausstellungen spüren dort dem Jugendstil in all seinen Ausprägungen weltweit nach. Hier präsentiert sich das Werk Stucks und seiner Zeitgenossen aus der Umbruchzeit zum 20. Jh. im Zusammenhang.

KLEINE PAUSE

Da Sie schon mal hier sind, lohnt es nicht, für eine Pause den Standort zu wechseln. Außerdem sitzt man im Künstlergarten des **Cafés der Villa Stuck** (Tel. 089 45 55 51 66) recht angenehm, ruhig und lauschig, abseits vom Verkehr der Prinzregentenstraße und mit Blick auf Kunstinstallationen. Als Imbiss gibt es hausgemachte Suppen und Kuchen.

211 E5 Prinzregentenstr. 60 089 455 55 10; www.villastuck.de Mi–So 11–18 Uhr Max-Weber-Platz, Prinzregentenplatz Tram Nr. 16 Friedensengel, Bus Nr. 100 9 €

BAEDEKER TIPP

Beachten Sie das Deckengemälde im direkt an den Empfangssalon anschließenden **Musiksalon**: Der gemalte Sternenhimmel zeigt eine Planetenkonstellation, wie sie in der Augustnacht 1895 am Himmel stand, als Stuck seine Tochter Mary zeugte.

Nach Lust und Laune!

37 Müller'sches Volksbad

Ein wahrer Badetempel! Das Bad des Ingenieurs Karl Müller gilt als eines der schönsten Jugendstilbäder weltweit. In der 1879–1901 »hauptsächlich für das unbemittelte Volk« erbauten Badeanstalt spiegeln sich orientalische und römische Bädertraditionen, kunstvoll überhöht mit Stuck, Goldreliefs, dekorativen Geländern und Schnörkeln im Stil der damaligen Zeit. Einziger »Wermutstropfen«: Ein Blick auf das eindrucksvolle Innere ist nur im Rahmen eines Badebesuchs möglich – aber Schwitzbad, Dampfbad, finnische Sauna, Solarien, Massagen und das letzte Münchner Wannen- und Brausebad versprechen ein Rundum-Wohlfühl-Erlebnis.

210 C3 · Rosenheimer Str. 1 · 089 23 61 50 50 · Di–So 7.30–23, Mo bis 17 Uhr · Tram Nr. 16 Deutsches Museum · 4,10 €

38 Gasteig

Die Architektur des Kulturzentrums, das ab dem Jahr 1975 am »gachen Steig« (steiler Weg) entstand und u.a. die Münchner Philharmoniker, das Richard-Strauss-Konservatorium sowie die Münchner Stadtbibliothek beherbergt, ist nicht unumstritten. Böse Zungen sprechen noch heute von einer »Kulturvollzugsanstalt«, während andere die klaren Linien und die Vielgliedrigkeit der Raumgestaltung loben.

Breit zeigt sich das Spektrum der 1700 Veranstaltungen im Jahr mit hochkarätig besetzten Konzerten in der Philharmonie sowie Vorträgen im Carl-Orff-Saal. Bei den Frühjahrsbuchwochen im März und der Münchner Bücherschau im November/Dezember präsentieren Münchner Verlage ihr Programm. Leben bringt aber vor allem das Filmfest Ende Juni mit einer Openair-Großleinwand. Außerdem finden im Gasteig auch regelmäßig Kinder- und Jugendveranstaltungen statt, etwa »Anatol der Trommeltroll« für die Kleinen oder »Sams – eine Woche voller Samstage« für die ganze Familie.

211 D3 · Rosenheimer Str. 5 · 089 48 09 80; www.gasteig.de · Rosenheimer Platz · Tram Nr. 16 Am Gasteig

»IT'S JUST A JUMP TO THE LEFT …

… and then a step to the right«: Fans der **Rocky Horror Picture Show** wissen natürlich sofort, was damit gemeint ist. In einem nur wenige Schritte vom Müller'schen Volksbad entfernten Kino (**Museum Lichtspiele**, Lilienstr. 2, www.museum-lichtspiele.de) läuft ihr schrill-schräg-schöner Kultfilm seit fast 40 Jahren – seit dem 24. Juni 1977! – jede Woche Freitag und Samstag um 23 Uhr in einem eigens dafür ausgestatteten Kinosaal. Man kommt gern in passender Verkleidung, einige feiern dabei ihren Junggesellenabschied, andere einfach so – und ein Mitmachpaket mit Accessoires gibt es an der Kinokasse auch.

Nike und Victorien auf dem Maximilianeum, dem Sitz des Bayerischen Landtages

IM WIDERSTAND
Hinter der überdimensionalen, Wasser speienden Trompete an der Südostseite des Kulturzentrums erinnert eine in den Boden eingelassene Gedenkplatte an Georg Elser (1903 bis 1945): Im Bürgerbräukeller, der damals an dieser Stelle stand, hatte der Widerstandskämpfer am 8. November 1939 ein – gescheitertes – Attentat gegen Adolf Hitler und fast die gesamte dort mit ihm versammelte NS-Führungsspitze verübt.

39 Maximilianeum

Es war die Idee Maximilians II., »auf der Isarhöhe ... einen großen Nationalbau« zur »Hebung des monarchischen nationalen Volksgeistes« zu errichten – der monarchische Volksgeist ist dennoch verschwunden, auch wenn manche in Bayern anderes vermuten! Der symmetrische Prachtbau im Stil der Neorenaissance mit seinen offenen Arkaden bildet den optischen Abschluss der exklusiven Maximilianstraße (► 97). Seit 1949 tagt im Maximilianeum Bayerns Parlament. Besucher können nach Vorlage von Personalausweis oder Pass beim Pförtner während der Sitzungsperiode das parlamentarische Geschehen verfolgen. Ein Flügel ist den Maximilianeums-Stipendiaten vorbehalten: Bayerische Abiturienten mit der Traumnote 1,0 bekommen hier die Möglichkeit, nach bestandener Aufnahmeprüfung bei freier Kost und Logis ihr Studium zu absolvieren.

211 E4 ✉ Max-Planck-Str. 1 ☎ 089 412 60; www.bayern.landtag.de Ⓤ Max-Weber-Platz Tram Nr. 16 Maximilaneum frei

40 Friedensengel

Nike, die Siegesgöttin, gab das Vorbild für den goldenen Friedensengel ab, der seit 1899 über der Isar an den Frieden von Versailles 1871 erinnert. Unter dessen golden glänzenden Fittichen treffen sich die Münchner an Silvester, um dem Feuerwerk zuzuschauen. Ursprünglich sollte eben hier Richard Wagners Münchner Opernhaus stehen. Ludwig II. gab es in Auftrag, Gottfried Semper arbeitete an den Plänen, doch die Münchner protestierten. Wagner musste die Stadt verlassen und schenkte seine Gunst Bayreuth.

207 E1 ✉ Europaplatz 1 Bus Nr. 100 Friedensengel

41 Prinzregententheater

Ein Festspielhaus nur für die Opern Richard Wagners – diese Idee griff knapp 40 Jahre nach Gottfried Semper Ernst von Possart wieder auf. So entstand in den Jahren 1900/01 das Prinzregententheater. 1964 wurde das Theater für baufällig erklärt und blieb über lange Jahre für den Spielbetrieb geschlossen. Erst im Jahr 1996 konnte man es nach einer umfassenden Restaurierung mit einer Wagner-Oper neu eröffnen. Seither finden hier Konzerte, Opernaufführungen und Lesungen statt – der Bau wird insbesondere für seine gute Akustik sehr gelobt.

207 F1 ✉ Prinzregentenplatz 12
☎ 089 21 85 28 99; www.prinzregententheater.de Ⓤ Prinzregentenplatz

42 Bogenhausener Friedhof

Besuch bei der Prominenz, wenn auch der toten! Im Schatten der Bogenhausener Kirche wollten sie begraben sein, die Berühmtheiten. Unter einem roten Herz ruht die Schauspielerin Liesl Karlstadt (► 72), unter einem geglätteten Steinblock der Regisseur Rainer Werner Fassbinder (► 31), außerdem fanden unter efeuumrankten Bäumen und hübschen Grabkreuzen auch Erich Kästner, der Schauspieler Walter Sedlmayr, der von den Nazis hingerichtete Pater Alfred Delp und die Autorin Annette Kolb ihre letzte Ruhe. Genauso sehenswert wie der romantische Gottesacker ist die Kirche St. Georg, eine Dorfkirche in prächtigem Rokoko, in der sich die großen Künstler der Zeit wie Johann Baptist Straub und Ignaz Günter verewigt haben.

Dorfkirche im schicken Bogenhausen

207 F3 ✉ Bogenhausener Kirchplatz 1
🕓 tägl. bis zum Einbruch der Dunkelheit
🚃 Tram Nr. 16 Sternwartstraße

43 Haidhausen

Einkaufen und Ausgehen – das ist Haidhausen heute. Hier lebt eine bunte Bevölkerung, denn viele sind schon zugezogen, als die Mieten noch erschwinglich waren. Wie es im 18./19. Jh. in Haidhausen aussah, zeigen die noch erhaltenen historischen Häuschen vor allem im Herbergenviertel, wo der **Kriechbaumhof** (Preysingstr. 71) und das Herbergenmuseum im **Üblackerhäusl** (Preysingstr. 58, Tel. 089 4807679, Mi/Do 17–19, Fr, So 10–12 Uhr) von den äußerst beengten und oft hygienisch zweifelhaften Wohnumständen der Arbeiter erzählen. Ergänzend beleuchtet das **Haidhausen-Museum** (Kirchenstr. 24, Tel. 089 4485292, Mo–Mi 16–18, So 14–18 Uhr) mit wechselnden Ausstellungen Kultur und Sozialgeschichte des Viertels. Die **Alte Haidhauser Kirche** (Kirchenstr.) war früher Mittelpunkt des Dorfes Haidhausen, und am **Wiener Platz** mit den Marktständen rund um den Maibaum ist diese dörfliche Stimmung noch heute zu spüren.

211 E3 ✉ zwischen Rosenheimer Str., Orleansstr. und Einsteinstr. Ⓢ Rosenheimer Platz, Max-Weber-Platz

Wohin zum …
Essen und Trinken?

Preise
für ein Essen ohne Getränke:
€ unter 20 Euro | €€ 20–40 Euro | €€€ über 40 Euro

RESTAURANTS

Atelier Gourmet €€–€€€
Klein und fein, hell und modern … und vor allem klasse! Fisch und Meeresfrüchte dominieren die reichhaltige Speisekarte. Ein Tipp: Das Menü bestellen, das es in mehreren Ausbaustufen gibt. Helles Holz, die Wände im cremefarbenen Ton, aber auch der freundliche Service und nicht zuletzt der liebenswürdige französische Akzent tun das Ihrige zum Wohlfühl-Gefühl. Sollte es mal voll sein, dann gibt's gleich nebenan mit dem Le Bousquérey die Konkurrenz – mit ähnlichem Angebot, ähnlichem Flair, ähnlichen Preisen!
211 D2 Rablstr. 37 089 48 72 20
Mo–Sa 18–1 Uhr Rosenheimer Platz

Augustiner Haidhausen €
Eine solche Gaststätte darf natürlich auch in Haidhausen nicht fehlen: Man sitzt an langen, dunklen Tischen, trinkt, ratscht und isst »Bayerisches, Mexikanisches und Internationales«. Frühstück für Langschläfer gibt es bis 16 Uhr! Je später der Abend, desto dämmriger wird das Licht, desto lauter spielt die Musik … Im Sommer sitzt man draußen vor dem Lokal auf dem Fußweg und beobachtet die Passanten. Kreditkarten werden hier nicht akzeptiert.
211 F3 Wörthstr. 34 089 62 28 62 15
10–1 Uhr Ostbahnhof

Bogenhausener Hof €€€
Ein äußerst adrettes, exklusives Restaurant, das zum Stadtteil passt! In diesem unter Denkmalschutz stehenden Haus kommt verfeinerte bayerische Küche auf den Tisch, begleitet von edlen Weinen. Kein Wunder, dass sich ab und zu auch Prominenz blicken lässt! Im idyllischen Sommergarten mit der ausladenden Kastanie erinnert nichts mehr daran, dass in den 1950er-Jahren an gleicher Stelle regelmäßig der »Münchner Zamperlmarkt« (Hundemarkt!) abgehalten wurde!
207 F3 Ismaninger Str. 85
089 98 55 86 Mo–Sa 12–16/18–1 Uhr
Tram Nr. 16 Sternwartstraße

Dreigroschenkeller €–€€
»Henkersmahlzeit« verspricht die Speisekarte unter anderem – da fühlt man sich gleich magisch hinuntergezogen in die urigen Backstein-Kellergewölbe unter den Museums-Lichtspielen, wo jeder Raum anders eingerichtet ist. Die »Kulturspelunke zum Futtern, Feiern und Fabulieren« serviert aber auch Schöngeistiges: Gelegentlich bringen Schauspielschüler Brecht'sche Moritaten zur Aufführung! Da ist man dann kulinarisch schon bei »Pfarrers Süßspeis« angelangt …
210 C3 Lilienstr. 2 089 37 95 58 34
So–Do 17–1, Fr/Sa bis 3 Uhr
Tram Nr. 16 Deutsches Museum

Juleps €€
In rustikalem Ambiente, bei dezentem Licht und unter leise kreisenden Ventilatoren kommt amerikanische Küche mit einem Schuss Tex-Mex auf den Tisch – nichts für

Vegetarier! Es empfehlen sich Steaks, diverse Burger-Varianten oder die leckeren Fajitas. Zum Abschluss gibt's internationale Cocktails. Die Restaurant-Bar kann schon als Klassiker gelten, das Publikum ist gemischt.

211 F3 Breisacher Str. 18
089 448 00 44 17–1, Fr/Sa bis 3 Uhr
Ostbahnhof

Käfer Schänke €€€

»Wer gerne isst, der lächelt« – so lautet die Küchenphilosophie in diesem stilvollen Restaurant. Und es gibt wahrlich viel zu lächeln bei der mediterranen Küche in den kleinen, privaten Stuben. Besondere Anlässe zu zweit begeht man am besten im Porzellankabinett ... Als Klassiker gilt die »Käfer-Ente«, gern serviert man aber auch Fleischspeisen en gros, die dann am Tisch tranchiert werden. Alles ist vom Feinsten, dem Ruf des Hauses entsprechend wird natürlich sehr auf Topqualität geachtet.

östlich 207 F1 Prinzregentenplatz 73
089 416 82 47 Mo–Sa 11.30–1 Uhr
Prinzregentenplatz

Le Bousquérey €€€

Franzosen gibt es ja viele in München, aber nur wenige bieten eine so exzellente Küche in Verbindung mit einem überaus hilfsbereiten Personal, das bei der Wahl von Speisen und besonders der Weine kompetent beisteht. Auch wenn man recht eng sitzt, nach wenigen Minuten fühlt man sich wohl und wie zu Hause. Nicht nur des Preises wegen sollte man sich an die Vorschlagsmenüs halten, sie bieten das Frischeste, was die Märkte hergeben, sind perfekt zubereitet und stehen als Drei-, Vier- und Fünfgängemenü auf der Karte. Teilweise ist der jeden Gang begleitende Wein inbegriffen. Wenn Ihnen ein Wein besonders geschmeckt hat, können Sie ihn auch mitnehmen.

211 D2 Rablstr.37 089 48 84 55
18–1 Uhr Rosenheimer Platz

Lisboa Bar €€

Im ältesten portugiesischen Lokal Münchens – Café, Bar und Restaurant in einem! – sollten Sie Fisch essen. Gelegentlich gibt's Livemusik, mal schwermütigen Fado, mal mitreißende brasilianische Rhythmen – zu Letzterem passen die Cocktails besser. Am Wochenende kann es schon mal sehr voll werden, wenn ab 22 Uhr lateinamerikanische DJs mit brasilianischen und Salsa-Rythmen zum Tanzen animieren.

211 F3 Breisacher Str. 22 089 448 22 74 Mo–Sa 17–1, So 10–1 Uhr
Ostbahnhof

No Mi Ya €–€€

Hirschgeweih und japanische Schrift – das passt doch zusammen! Sushi und Unertl-Weißbier auch! Das Lokal schafft den Spagat zwischen Bayern und Japan problemlos! *No Mi Ya* heißt übersetzt nichts anderes als »Trinklokal«, dabei sollte man hier unbedingt etwas essen – Sashimi etwa oder Sushi an der kleinen Sushi-Theke. Alles ist obendrein erschwinglich, die Atmosphäre im kleinen Gastraum ist entspannt, und an den Tischen im Freien kann man hervorragend das Defilee der Nachtbummler abnehmen.

211 E3 Wörthstr. 7 089 448 40 95
18–1 Uhr Tram Nr. 19 Wörthstraße

Ritzi €€–€€€

Hier treffen sich Bogenhausener Jeunesse dorée, Schauspieler, Business People und Politprominenz aus dem nahen Landtag, aber eben auch – also keine Angst! – Durchschnittsmenschen ... Es gibt Frühstück, Mittagssnacks und Business Lunch, Kaffee und Kuchen und exzellentes Dinner mit euro-asiatischer Ausrichtung. Im edel-vornehmen Ambiente mit Art-déco-Anklängen bekommt man ganztags Exzellentes vorgesetzt. Für den Brunch am Sonntag ab 10.30 Uhr sollten Sie unbedingt reservieren. Und danach geht's zum

Spaziergang ins Isar-Grün, das direkt vor der Haustüre liegt.
207 E2 Maria-Theresia-Str. 24
089 470 10 10 6.30–1 Uhr
Max-Weber-Platz

Rue des Halles €€€
Feine französische Küche serviert Bernard Le Port in seinem etablierten Restaurant. Das Innere prägt ein klassischer Pariser Stil – keine Eleganz, dafür angenehm einfache Lokal-auf-dem-Montmartre-Stimmung. Im lichten Ambiente fallen die Schwarz-Weiß-Fotos aus der französischen Hauptstadt besonders ins Auge. Nein, billig ist es hier nicht, aber bei der abwechslungsreichen Speisekarte kann es trotzdem nicht bei einem Gang bleiben – man gönnt sich ja sonst nichts ...
211 E3 Steinstr. 18 089 48 56 75
18–1 Uhr Tram Nr. 16 Wiener Platz

Zum Kloster €
Vielleicht wirkt der Gastraum auch deshalb so liebenswürdig, weil die Wandverkleidung farblich nicht mehr ganz im Trend liegt? Aber das nette Restaurant ist eine Institution, es ist beliebt bei den Haidhausern und garantiert Schickimicki-frei. Im Sommer sitzen Sie draußen an der verkehrsberuhigten Straße und genießen einfache Küche oder einen Kaffee zum Kuchen.
211 F3 Preysingstr. 77
089 447 05 64 Mo–Sa 10–1, So 17 bis 24 Uhr Tram Nr. 19 Wörthstraße

BIERGÄRTEN

Hofbräukeller €–€€
Unter breiten Holzbalken und ausladenden Gewölbedecken trinkt man sein Bier hier im Winter. Schöner ist's aber im Sommer im Biergarten dahinter, wenn sich unter den Kastanien Schickimicki-Volk und alteingesessene Haidhauser die Holzbänke teilen. Allerdings wird's dann auch schnell sehr eng! Und zum Lachen gehen Sie am besten in den Keller: ins Valentin-Karlstadt-Theater, wo man dem schrägen Humor in alten und neuen Stücken huldigt.
211 D3 Innere Wiener Str. 19
089 459 92 50 10–24 Uhr
Tram Nr. 16 Wiener Platz

Paulaner am Nockherberg €€
Dieses Lokal ist der Nabel der Bierwelt, zumindest während Münchens Fünfter Jahreszeit, der Starkbierzeit vor der Karwoche. Dann erreicht die Trachtendichte hier fast Oktoberfestniveau, und der malzige Salvator wirkt so anziehend, dass die Wirte für den Biergarten und den nach einem Brand neu erstandenen Festsaal sogar Eintritt verlangen! Zum hochprozentigen Bier gibt's zünftige Musi und – wie den Rest des Jahres im von Kastanien beschatteten Biergarten auch – Kräftig-Deftiges aus der Küche.
210 B1 Hochstr. 77 089 459 91 30
Wirtshaus 10–1 Uhr, Biergarten 12–24 Uhr
Tram Nr. 16 Ostfriedhof

CAFÉS

Café Solo
Kleines, unaufgeregtes Café mit leckeren, selbst gemachten Croissants und Kuchen, besonders empfehlenswert sind die Quiches und Gratins, dazu Kaffee oder Trinkschokolade: der Tag kann beginnen!
211 E3 Preysingstr. 42
0177 964 76 36 Mo–Fr 8–19, Sa 8.30 bis 16 Uhr Rosenheimer Platz

Café Volksbad
Die Gäste sitzen entweder in der glasüberdachten Säulenhalle des Müller'schen Volksbads oder im Garten vor dessen dekorativem Eingang. Wenn Sie nicht baden wollen, können Sie hier eine Kleinigkeit zu sich nehmen, um wenigstens ein bisschen Jugendstil zu genießen.
210 C3 Rosenheimer Str. 1
089 44 43 92 50 10–24 Uhr
Tram Nr. 16 Deutsches Museum

Cafiko
Das Café-Bistro trotzt dem Trend zu Coolness und Neon. Gemütliche Bistrotische, Bilder an den Wänden, kleine Snacks und köstlicher Kaffee locken Gäste jeden Alters.
211 F3 Breisacher Str. 6
089 23 71 25 31 Mo–Fr 8–22, Sa/So 9–18 Uhr Ostbahnhof

Johannis-Café
Lassen Sie sich bloß nicht von der orangefarbenen Blumentapete am Eingang abschrecken, auch nicht vom biederen Innenleben! Hier treffen sich die Insider der Nacht zum Absacker, dazu noch eine Brotzeit und dann ins Bett!
211 E4 Johannisplatz 15
089 480 12 40 ab 11 Uhr bis spät, Di geschl. Tram Nr. 16 Wiener Platz

Wiener Platz
Hier findet man großflächige Bilder, Spiegel und lauter modische Menschen – kurz: Das Café ist immer noch trendy! Hinter reflektierenden Sonnenbrillen lässt sich an den Tischchen vor dem Café das Treiben beobachten, während die Tram vorbeirattert. Sehr beliebt fürs Frühstück, aber auch am Abend empfehlenswert.
211 E4 Innere Wiener Str. 48
089 448 94 94 8–1 Uhr
Tram Nr. 16 Wiener Platz

Wohin zum … Einkaufen?

Schmuckateliers und Antiquitätenhändler, Buchhandlungen und Boutiquen, Delikatessläden und Papeterien, Galerien und ungezählte Friseure – die Viertel rechts der Isar, allen voran Haidhausen, bieten Extravagantes, Traditionelles, Kreatives und Alternatives.

MÄRKTE

Der größte Open-Air-Markt Münchens ist die traditionelle **Auer Dult**. Auf der Maidult (bis zum 1. Mai), der Jakobidult (ab 25. Juli) und der Herbstdult (ab 3. Oktobersonntag) bersten die Verkaufsstände jeweils eine Woche lang vor Nostalgie. Aber machen Sie sich keine Illusionen – Antiquitätenschnäppchen sind auf dem großen Platz zu Füßen der Auer Kirche am Mariahilfplatz kaum mehr zu machen! Die tägliche Versorgung stellen die kleinen Buden des **Markts am Wiener Platz** sicher, wo auch die Feinschmecker gut bedient werden. Im Advent bietet der **Haidhauser Christkindlmarkt** (Weißenburger Platz) einen ruhigeren Gegenpol zum Mega-Weihnachtsmarkt auf dem Marienplatz.

HAIDHAUSEN

Rad gefällig? **Parzival Spezialräder** (Breisacherstr. 15) hat so einige im Angebot, mit denen Sie außerhalb von Haidhausen garantiert auffallen; im Viertel selbst dreht keiner der Kopf, wenn man im Liegen auf zwei oder drei Rädern die Straße entlangkommt oder auf dem Tandem zu zweit in die Pedale tritt. Nur ein paar Häuser weiter verkauft **Lebascha** (Breisacher Str. 12) seit 1978 Naturkost – er war der erste Bio-Laden in München! Berühmt ist vor allem Lebaschas wohl sortiertes Lakritz-Regal. Aufstellen und Benützen offeriert **Le Bazar de Cuisine** (Balanstr. 8) – Hübsches für die Küche zwischen Design und Nostalgie! Wer gern in alten Platten und CDs wühlt, sollte sich ins große Angebot im **M2** (Rosenheimer Str. 77) vertiefen. Flotte Mütter samt ihren Töchtern finden trendig-peppige Mode führender Labels in der Boutique **Venus** (Wörthstr. 1). Hübsche

Kinderkleidung neu und secondhand – bietet **Rapunzel** (Preysingstr 67). Individuellen Schmuck – Reifen, Ringe, Ohrschmuck, Ketten, Broschen – entdeckt man im **Ventil** (Steinstr. 17). **Blumen, die leben** (Max-Weber-Platz 9) können Sie in diesem wunderbar dekorierten und sich immer wieder neu erfindenden Blumenladen kaufen. Hunderte verschiedener Messer, dazu Scheren für Linkshänder und allerlei andere schneidende Gerätschaften gibt's bei **Messer & Scheren** (Rosenheimer Str. 42). Wer dem großen Bruder in Übersee gefallen will, geht in **Leander's Western Article Centre** (Weißenburger Str. 24) und kauft sich eine Flagge eines US-amerikanischen Bundesstaates oder allerlei, was auch Cowboys und Indianer typischerweise tragen. Probieren dürfen die Kunden des **Liquid** (Pariser Str. 36). Aber man sollte es nicht übertreiben, denn das Sortiment an exzellenten Weinen und Hochprozentigem steigt schnell zu Kopf.

BOGENHAUSEN

Bei **Feinkost Käfer** (Prinzregentenstr. 73) ist das Wort »Feinkost« noch wörtlich zu verstehen – ein feines, ausgewähltes und teils exklusives Sortiment, das sehr verlockend aussieht.

Wohin zum … Ausgehen?

FUN-AREAS, DISKOS, MUSIK

Fun all night long: Jenseits des Ostbahnhofs liegt in ehemaligen Industriehallen das unbestrittene Zentrum des Münchner Nachtlebens. Allein die **Kultfabrik** (Grafinger Str. 6, Tel. 089 49949170, www.kultfabrik.de, unterschiedliche Öffnungszeiten und Eintrittspreise für die einzelnen Clubs) mit ihren 20 Locations kann sich mit dem Titel »Europas größte Partymeile« brüsten. Dazu kommen noch acht Clubs und weitere Restaurationsbetriebe auf dem Gelände der **Optimolwerke** (Friedenstr. 10, Tel. 089 4506920, www.optimolwerke.de, alle Clubs haben verschiedene Öffnungszeiten und Eintrittspreise) – wem hier langweilig wird, dem ist nicht zu helfen. Ob man sich bei der Ü-30-Party trifft oder in/auf der Spielwiese zum »Miezentheater mit allem für die Naschkatze (Erdbeeren, Sahne, Sweets und langen Pralinen …)« oder im rockigen Schallgewitter von *Eddies Rock & Oldies Club*, ob angesichts gut gebauter Jungs und Mädels im NY Tabledance oder bei Liveperformance und Showacts im Rafael, ob beim Karaokeabend bei Mr. Wong oder im Schlagergarten, bei Latinosound im do Brasil, beim Abtanzen im Willenlos oder im Herzglut – das größte Problem stellt zweifelsohne die Auswahl dar. Aber da helfen die Websites der beiden Fun Areas. Oder man lässt sich einfach treiben, die Nacht ist ja lang!

Im Tanzcafé **Maratonga** (Innere Wiener Str., Tel. 089 488425) schwingen die »Junggebliebenen« in entspannendem Tempo das Tanzbein, aber das von 13 bis 1 Uhr!

Wo der Auer Mühlbach einst die mächtigen Turbinen des ersten Dampfkraftheizwerks (1894) antrieb, gibt heute die moderne Musik mit all ihren Facetten in der **Muffathalle** (Zellstr. 4, Tel. 089 45875010, www.muffathalle.de) den Ton an. In der einstigen Turbinenhalle mit ihrer guten Akustik treten Stars der »Weltmusik« auf. Unter dem markanten, denkmalgeschützten Schornstein kommen im Biergarten leichte mediterrane Speisen, ökologische Fleischspezialitäten, Fisch und Vegetarisches auf den Tisch. Das zugehörige Café öffnet bei Liveveranstaltungen, also fast täglich. Klein, aber fein ist der **Club Ampere** (Adresse und Tel. wie Muffathalle). Hier bekommen auch unbekanntere Bands und Künstler eine Chance. Die Haidhauser Salsa-Szene trifft sich jeden Di und Sa abends im **Circulo** (Rosenheimer Str. 139, Tel. 089 494888) zur Party, los geht's etwa um 22 Uhr, ab 21 Uhr aber werden Noviz(inn)en die Grundschritte beigebracht, sodass man richtig mitmischen kann, wenn die Party eingeläutet wird. Wacker hält die **Unterfahrt** (Einsteinstr. 42, Tel. 089 4482794, Mo–So 19.30–1 Uhr, www.unterfahrt.de) das Jazz-Fähnchen aufrecht in der Jazz-Einöde München. In den ehemaligen Bierkellern kommt ein abwechslungsreiches internationales Programm auf die Bühne.

KNEIPEN, BARS, CLUBS

Die klassische Kneipe ist am Aussterben, jedes Lokal serviert zumindest Barfood, fast alle führen den Untertitel »Café Bar Restaurant«. Das Pub **Molly Malone's** (Kellerstr. 21, Tel. 089 6887510, Mo–So 17 bis 1 Uhr) hingegen pflegt noch die Tradition, hier trifft sich die irische Community zu Guinness, Kilkenny und irischem Whiskey. Ausgefallen präsentiert sich auch das **Maria Passagne** (Steinstr. 42, Tel. 089 486167, Mo–Do 19–1, Fr/Sa bis 2, So bis 24 Uhr), allerdings muss man erst klingeln, bevor Einlass gewährt wird in den kleinen, mit Afrikanippes dekorierten Club. Wer aus Punkzeiten übrig geblieben oder nachgewachsen ist, geht ins **Wasserwerk** (Wolfgangstr. 19, Tel. 089 48900020, Mo–Do 19–2, Fr/Sa bis 3 Uhr); wer dazu gehören will, sollte für einen Besuch seinen Körper rücksichtlos stylen und sich mental auf den Hüpftanz Pogo vorbereiten; früher hätte natürlich jeder nur Bier aus der Flasche gekippt, heute werden Cocktails geschlürft, die – so die Eigenwerbung – das Ergebnis der »einzigartigen Symbiose von Qualität und Punkrock« sind. Eine ganz besondere Art des Clubbings ist die Stadtfahrt mit der Cocktail–Tram (meist jeden ersten Samstag im Monat, Tel. 0179 7900086, www.cocktail–tram.de), die am Orleansplatz startet und durch die Stadt bis zum Stiglmairplatz mäandert, wo die After-Tram-Party im Löwenbräukeller stattfindet; Fahrtbeginn ist 19 Uhr, das Ganze dauert vier Stunden und DJ Tinnitus (!!!) sorgt für die entsprechende Stimmung; jedes Mal steht die Fahrt unter einem anderen Musikthema; am Ende ist noch Zeit, die Clubs der Innenstadt unsicher zu machen.

KINOS

In den **Museums-Lichtspielen** (► 140) laufen anspruchsvolle Hollywoodfilme und ausgefallenere Streifen im Programmkino, gewöhnlich in der Originalfassung; außerdem sind in den kleinen, kuscheligen Sälen viele Kinderfilme zu sehen. Im **Rio** (Rosenheimer Str. 46, Tel. 089 486979) läuft ein ähnliches Programm, allerdings wird hier den synchronisierten Fassungen der Vorzug gegeben.

SPORT UND SPASS

Wer's nicht selbst versuchen will, der sollte zumindest beim Klettern zuschauen: In der Kletteranlage **Heavens Gate** in der Kultfabrik (Grafinger Str. 6, Tel. 089 20003070, www.kletternmacht spass.de, täglich 10–23, Mo/Mi ab 7 Uhr) steht Ausrüstung zum Verleih, und dann ran an die Boulder im Freien oder die senkrechte Wand in der früheren Siloanlage hinauf! Ein Spaß auch für Kinder! Die kommen in der Kultfabrik auch bei **Kulti-Kids** (www. kulti-kids.org) in einer 800 m^2 großen Halle bei Sport, Tanz, Kunst, Literatur, Werken auf ihre Kosten.

Der Westen

Kleine Erlebnisse

Eisige Flitzer

Im Winter auf dem zum **Nymphenburger Schloss** (➤ 154) zuführenden Kanal Eisstockschießen oder **Schlittschuh** laufen.

Aha-Erlebnis

Im **Nymphenburger Schlosspark** (➤ 155) ein neues **Aha** entdecken – abgesenkte Einfriedungen, die die Blickachsen über den Park hinaus verlängern.

Für Zaungäste umsonst

Vom Berg im **Olympiapark** (➤ 158) dem Stadionauftritt einer weltberühmten Band zuhören; vielleicht gibt's im Anschluss noch ein Feuerwerk – und alles ist kostenlos.

Erste Orientierung

Das Grün von Olympiapark, Nymphenburger Schlosspark und Botanischem Garten rahmt im Westen die eleganten Viertel Nymphenburg und Neuhausen ein. Das große Sport-, Freizeit- und Kulturangebot, die schönen Gründerzeithäuser und feinen Restaurants machen diese Stadtviertel zur bevorzugten Wohngegend der betuchteren Münchner. Fürs Kontrastprogramm sorgt das traditionelle Arbeiterrevier Schwanthaler Höhe mit seinen multikulturellen Bewohnern.

Die grünen Hügel und die silbrig glänzenden Dächer der Sportstätten im **Olympiapark** locken täglich Hunderte von Sportbegeisterten und Spaziergängern an. Das gutbürgerliche **Neuhausen** birgt mit der modernen Herz-Jesu-Kirche ein aufsehenerregendes Monument zeitgenössischer Kirchenarchitektur, und in **Nymphenburg** erinnern Wittelsbacher-Schloss und -Park an jene Zeiten, als die Münchner noch gekrönten Häuptern zujubelten.

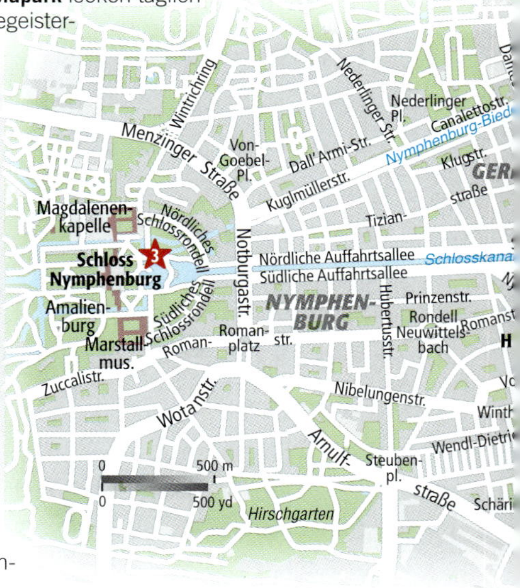

Vor allem Nymphenburg und Neuhausen haben in den vergangenen Jahren einen Renommee-Zuwachs erlebt und sind zu einem beliebten, allerdings auch recht teuren Wohnviertel avanciert. Hierher kommen die Münchner aber auch zum Ausgehen auf leicht gehobenem Niveau. Im Westend kann man richtiges Multikulti-Flair genießen. Stehkneipen und rustikale Lokale geben hier den Ton an, es riecht nach den Düften des Orients, und aus den Hinterhöfen klingt die Musik des Balkan. Lebhaftigkeit kann man dem Viertel wahrhaft nicht absprechen, und noch bunter wird es, wenn auf der Theresienwiese das Oktoberfest seine Pforten öffnet.

TOP 10

3 Schloss Nymphenburg ➤ 154

Nicht verpassen!

44 Olympiapark ➤ 158
45 Herz-Jesu-Kirche ➤ 161

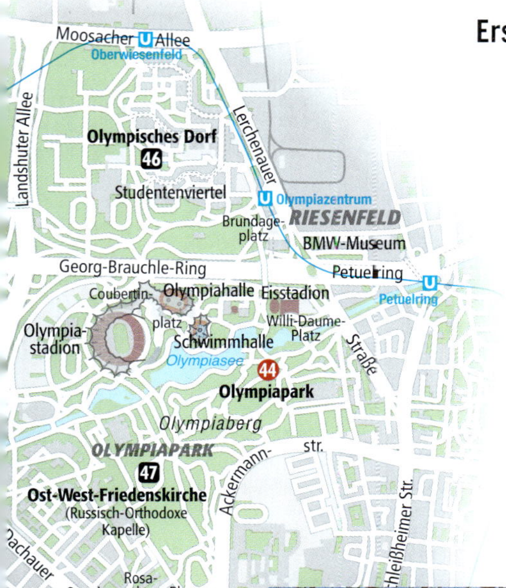

Weltberühmt: das Zeltdach des Olympiastadions

Nach Lust und Laune!

- **46** Olympisches Dorf ➤ 163
- **47** Ost-West-Friedenskirche ➤ 163
- **48** Kinder- und Jugendmuseum ➤ 163
- **49** Alter Botanischer Garten ➤ 164
- **50** Zirkus Krone ➤ 164
- **51** Bavaria ➤ 165
- **52** Deutsches Museum Verkehrszentrum ➤ 165

An einem Tag

Dieser Routenvorschlag zeigt Ihnen, wie Sie einige der interessantesten Sehenswürdigkeiten des Westens an einem Tag besichtigen können. Die jeweiligen Highlights werden auf den nächsten Seiten näher beschrieben.

9:00

Am besten, Sie sehen sich den 44 **Olympiapark** (➤ 158ff) zunächst von oben an. Von der Plattform des Olympiaturms hat man – bei schönem Wetter – einen herrlichen Blick auf die bayerische Metropole. Auch Ihre Tagestour lässt sich im Westen bereits erkennen. Aber Achtung bei Föhn: glauben Sie nicht, noch bis zur Zugspitze weiterspazieren zu können! So nah sie auch scheint – es sind doch 100 km!

10:00

Fahren Sie gemütlich einmal mit der Bimmelbahn übers Olympiagelände: unter dem Zeltdach hindurch, an den Sportstadien vorbei, um den Olympiasee herum – Orientierung im Schnelldurchgang. Schließen Sie sich um 11 Uhr der Tour durchs Olympiastadion an! Sie haben keine Lust dazu? Dann bummeln Sie besser durch das 46 **Olympische Dorf** (➤ 163), vorbei an den bunt bemalten Studentenbungalows!

12:00

Südlich des Olympiastadions verlassen Sie das Areal und folgen, vorbei am Olympischen Radstadion, dem Canaletto, der direkt nach Schloss Nymphenburg führt. Zweigen Sie in die ruhige Taxisstraße ab. Das straffe Vormittagsprogramm ist abgeschlossen, da kommt der hübsche Taxisgarten (➤ 167) gerade gut gelegen. Hier gönnen Sie sich nun eine kräftigende Biergarten-Brotzeit.

13:30

Frisch gestärkt, erreichen Sie durch ruhige Neuhausener

Wohnstraßen die 45 **Herz-Jesu-Kirche** (➤ 161f). Der Kubus aus Glas mit den größten Kirchentüren der Welt ist ein Platz der Ruhe und eine Begegnung mit der modernen Architektur. Danach gehen Sie nordwärts zum Hubertusbrunnen, wo die Auffahrtsallee beginnt. In der Ferne zeichnet sich bereits der nächste Höhepunkt Ihrer Tour ab: ★3 **Schloss Nymphenburg** (Abb. oben; ➤ 154ff). Im Prachtbau geht es vorbei an Spiegeln, Gemälden, Gobelins. Sie sehen auch, wo »Kini« Ludwig II. das Licht der Welt erblickte. Machen Sie dann einen Spaziergang zu den anderen Schlösschen im Nymphenburger Park, oder besichtigen Sie alternativ die Porzellansammlung Bäuml. Beides könnte ein Besuch im Schlosscafé im Palmenhaus abschließen. Bei Kaffee und Kuchen träumen Sie von Ihrer Bavarian Beauty in der Schönheitsgalerie des Königs Ludwig I.

16:30

Nochmals staunen: diesmal über die Blumenpracht im **Neuen Botanischen Garten** (➤ 156), der vom Nymphenburger Park aus, vorbei an der Magdalenenklause, zugänglich ist.

18:00

Nun setzen Sie sich am besten in die Trambahn und fahren stadteinwärts bis zum Romanplatz. Im nahen **Hirschgarten** (➤ 167) können Sie mit einer Maß Augustiner, bei »Radi« und Brez'n und unter der aufmerksamen Beobachtung der Damhirsche den Tag ausklingen lassen.

3 Schloss Nymphenburg

Wenn es den Kurfürsten zu heiß wurde oder wenn sie erschöpft waren vom Regieren, dann flüchteten sie in ihre Sommerresidenz. Nicht weit, vor die Tore der Stadt, wo Schloss Nymphenburg südliches Flair verströmte.

Geschenke erhalten die Freundschaft ...! Deshalb schenkte Kurfürst Ferdinand Maria – ganz großzügiger Kavalier – seiner Frau Henriette Adelaide zur Geburt des Sohnes Maximilian Emanuel 1663 die Schwaige Kemnath, die »Urzelle« von Schloss Nymphenburg. Die Crème de la Crème der europäischen Baumeisterszene gestaltete in den nachfolgenden Jahrzehnten die Schlossanlage im Stil des Barock, später des Rokoko. Zunächst lieferten die Italiener Agostino Barelli, Enrico Zuccalli und Antonio Viscardi ihr Know-how. Die Münchner Baumeister Joseph Effner, François Cuvilliés d. Ä. und später Johann Baptist Zimmermann trieben den Ausbau unter Max II. Emanuel (bis 1726), Karl Albrecht (bis 1745) und Maximilian III. Joseph (bis 1777) voran. So entstand die weitläufige symmetrische Schlossanlage. Sie fungierte bis zum Ende der Monarchie 1918 als Sommerresidenz der Wittelsbacher.

Pracht und Prunk im Rokokostil dominieren auch das **Innere**. Stuck, Fresken, Gold, Gobelins, Gemälde, wohin

Ihre Hohheit gewähren Audienz: im Audienzzimmer (unten links) des Schlosses – wenn Ihro Gnaden nicht gerade auf Reisen ist (unten rechts: Prunkkutsche im Marstallmuseum).

WER IST DIE SCHÖNSTE IN LUDWIGS SCHÖNHEITSGALERIE?
Züchtig und keusch und fast ein wenig zu naiv blicken die 35 Damen der **Schönheitsgalerie Ludwigs I.** dem Betrachter entgegen. Ab dem Jahr 1823 malte Hofmaler Joseph Stieler die hübschen Damen aus allen Gesellschaftsschichten. Die Wahl der Schönsten fällt schwer – ist es die Schuhmacherstochter Helene Sedlmayer, die himmelwärts blickende Lady Jane Ellenborough oder Anna Hillmayr, mit gesenktem Blick und von einem Gebetbuch geschützt? Oder doch Maria Dolores Elisa Gilbert in Puffärmeln und hoch geschlossenem Spitzenkragen, besser bekannt als **Lola Montez**?

man auch blickt. Am eindrucksvollsten ist der zentrale Steinerne Saal, über dem sich Johann Baptist Zimmermanns Riesenfresko wölbt. Da frönen olympische Götter von Venus bis Apoll dem Müßiggang, während – eine allegorische Anspielung auf »Nymphenburg« – Nymphen der Naturgöttin Flora huldigen.

Königliche Parkpromenade

Der Gartenarchitekt Dominique Girard wurde im Jahr 1715 für die Anlage des **Schlossparks** verpflichtet. Als Ende des 18. Jh.s der Adel das Volk nicht mehr auf Distanz halten konnte, übergab Kurfürst Karl Theodor den Barockpark 1792 der Öffentlichkeit. Allerdings wollte man auch weiterhin up to date sein, weshalb Ludwig von Sckell die Parkanlage ab dem Jahr 1804 zu einem englischen Landschaftsgarten umgestaltete.

Für Feierlichkeiten, als Repräsentationsobjekte oder als Rückzugsmöglichkeiten wurden schon Anfang des 18. Jh.s als Dependancen ein paar »Schlösschen zum

Unten links: Unter Palmen speist man im Schlosscafé, das in einem ehemaligen Gewächshaus untergebracht wurde.
Unten rechts: Schloss Nymphenburg ist der Geburtsort von König Ludwig II.

MUSEUM MENSCH UND NATUR
»Naturkunde als Erlebnis« lautet das Motto dieses Museums, in dem man spielerisch-interaktiv viel Wissenswertes aus den Bereichen der Bio- und Geowissenschaften sowie den sogenannten Life-Sciences erfährt. In unregelmäßigen Abständen werden auch **Kinder- und Familienführungen** angeboten.
Museum Mensch und Natur, Schloss Nymphenburg, www.musmn.de, 3 €

Schloss« in Auftrag gegeben und »geplant zufällig« über den Schlosspark verteilt. Die **Gartenschlösser** Amalienburg, Badenburg (mit »Hallenbad«) und die ganz ostasiatisch gehaltene Pagodenburg zeigen Prunk en miniature. Vor allem das von Cuvilliés in den Jahren 1734 bis 1739 erbaute Jagdschlösschen für Kurfürstin Amalie ist ein wahres Rokokoprachtstück von beispielloser Eleganz und Leichtigkeit! Dagegen sollte die Magdalenenklause als künstlich geschaffene Ruine, ganz im Sinn der Romantik, die Suche nach Weltabgeschiedenheit verkörpern.

Ein Besuch im Museum Mensch und Natur kann gut mit einem Abstecher ins Café des Botanischen Gartens verbunden werden – die Eisbecher hier sind klasse!

Kutschen und Porzellan

Mobilität war schon den Kurfürsten ein hoher Wert. Allerdings haben die meisten Prunkkutschen im **Marstallmuseum** im Südtrakt des Schlosses keine hohe Kilometerleistung hinter sich, sie dienten hauptsächlich dem Repräsentieren. Handarbeit vom Feinsten findet man deshalb an allen Kutschen und Schlitten. Den Höhepunkt bildet die Krönungskarosse, die 1742 bei der Inthronisation Karl Albrechts als Kaiser Karl VII. über Frankfurts Pflaster holperte.

Noch filigranere Handwerkskunst zeigt die **Porzellansammlung Bäuml**. Was Fingerfertigkeit und künstlerisches Geschick von 1747 bis zum Jugendstil in den 1930er-Jahren alles an zerbrechlichen Kunstwerken schufen ...! Künst-

Im Neuen Botanischen Garten, der im Jahr 2014 sein 100. Jubiläum an diesem Ort feierte, werden rund 16 000 Pflanzenarten kultiviert.

NEUER BOTANISCHER GARTEN
Im Norden des Nymphenburger Parks entführen Gewächshäuser in den Dschungel und in die Wüste, das Freigelände präsentiert die Vielfalt der einheimischen Flora.
Neuer Botanischer Garten, Menzinger Str. 65, www.botmuc.de, 4 €

Ein Rokokojuwel ist die in den Jahren 1734 bis 1739 als Lust- und Jagdschlösschen errichtete Amalienburg im Nymphenburger Park.

ler wie Aurliczek und Bustelli, der erste Modellmeister der Nymphenburger Porzellanmanufaktur, hatten die Münchner Porzellankunst im 18. Jh. zu einer ersten Hochblüte gebracht. Im Nordflügel des Schlosses warten die Dinosaurier und andere Höhepunkte der erdgeschichtlichen Entwicklung. Erwachsenen wie Kindern vermittelt das **Museum Mensch und Natur** mit Dioramen, Schautafeln und Modellen Einblicke in die Evolution. Junge Besucher zieht es in die Abteilung »Spielerische Naturkunde«, wo sie ihr Wissen testen und erweitern können. Zuletzt eröffnete – höchst aktuell – die Abteilung »Gen-Welten«.

KLEINE PAUSE

Im **Schlosscafé im Palmenhaus** (in der früheren Orangerie) genießen Sie unter einem riesigen Ludwig II. in Öl und unter Palmen – oder im Sommer im Freien – Kaffee und Kuchen.

---

212 A3

Schloss Nymphenburg, Marstallmuseum, Porzellansammlung Bäuml

089 17 90 80; www.schloesser.bayern.de 9–18, Winter bis 16 Uhr (Parkschlösschen Mitte Okt. bis März geschl.) Tram Nr. 17 Schloss Nymphenburg 11,50 € (Mitte Okt.–März 8,50 €)

BAEDEKER TIPP

- Machen Sie einen **Spaziergang durch den Park**, bis zur Kaskade. Der Rummel am Schloss ist hier so weit weg, dass Sie in aller Ruhe die Statuen griechischer und römischer Gottheiten betrachten können.
- Klassische Musik im schön restaurierten Hubertussaal bieten die **Nymphenburger Schlosskonzerte** (www.hubertussaal.de).
- Im Südlichen Schlossrondell Nr. 1 sind im **Erwin-von-Kreibig-Museum** (Di–Do, Sa/So 14–17 Uhr) Werke des Münchner Malers und Grafikers zu sehen – ein Tipp für Kunstinteressierte.

44 Olympiapark

Welch eine Karriere! Exerziergelände, Zeppelinlandeplatz, Halde für Bombenschutt und dann, 1972, Schauplatz der XX. Olympischen Sommerspiele mit einer einzigartigen Zeltdacharchitektur! Noch heute lockt der Sport, aber auch die Kultur auf das ehemalige Oberwiesenfeld.

Der Olympiapark ist eines der größten innerstädtischen Erholungsgebiete. Das Olympiastadion dient als Veranstaltungsort für sportliche Wettkämpfe und Riesenbühne für Rock, Pop & Co. In der Olympiahalle finden Sportwettkämpfe, Stadionkonzerte, Messen und Ausstellungen statt. Im Eisstadion jagen die Kufencracks des EHC München dem Puck nach. Am Olympiaberg treffen sich im Winter Skifahrer und Snowboarder – die Profis zu Weltcuprennen, die Amateure (auch) zum Einkehrschwung in der Original-Skihütte! Inlineskater sausen um den Olympiasee, Jogger keuchen bergauf, Kinder lassen Drachen steigen oder fahren Schlitten; das Schwimmstadion ist heute ein beliebtes öffentliches Schwimmbad. Der Theatron-Musiksommer präsentiert auf der Bühne am See fetzige Newcomer-Bands und internationale Gruppen. Und beim Sommer-Tollwood jenseits des Olympiabergs geben sich im Juni Rockgrößen, Kleinkunstdarsteller und die alternative Szene ein Stelldichein. Wenn nur das »Tollwood-Wetter« nicht immer so feucht wäre!

Eröffnung der Olympischen Sommerspiele in München 1972

Ein Blick von oben

Überragt wird das Areal vom fast 290 m hohen **Olympiaturm**. Von der Aussichtsplattform in 190 m Höhe ist der Blick phänomenal, vor allem wenn der Föhn die Bergkette der Alpen täuschend nah an Münchens Stadtgrenze holt. Ein ähnlicher Rundumblick aus nur 52 m Höhe bietet sich vom **Olympiaberg**, unter alten Münchnern immer noch als Schuttberg bekannt, denn nichts anderes als der Schutt des bombardierten München verbirgt sich unter den Hügeln des Olympiaparks. Verbinden-

XX. OLYMPISCHE SOMMERSPIELE

Die Olympischen Spiele von München vom 26. August bis zum 11. September 1972 galten als die »heiteren Spiele«. Zumindest bis zum 5. September, als ein palästinensisches Terrorkommando die israelische Männermannschaft überfiel. Nach der Ermordung zweier Sportler und quälenden Verhandlungen wurden Entführer und Geiseln nach Fürstenfeldbruck gebracht, wo eine Befreiungsaktion im Blutbad endete. Die Spiele gingen weiter. Auf dem Gedenkstein vor dem Haus Connollystraße Nr. 31 legen Besucher nach jüdischem Brauch Steine nieder. An die sportlichen Highlights erinnern die Siegertafeln am Coubertinplatz mit Namen wie Mark Spitz, Heide Rosendahl und Olga Korbut, dem »Spatz von München«.

BAEDEKER TIPP

- Der **Munich Olympic Walk of Stars** am Ufer des Olympiasees beim Olympiaturm nimmt Formen an. Die Hand- und Schuhgrößen von Carlos Santana, Elton John, Bon Jovi, Henry Maske und vielen anderen kann man schon nachmessen.
- Auf der **»Zeltdach-Tour«** (Abb. unten) können Sie, gesichert mit Karabiner und Seil, das Olympiastadion von oben betrachten (April–Okt. tägl. 14.30 Uhr, Treffpunkt Stadionkasse am Eingang Nord, 73 €) und mit dem Flying Fox abfahren.

Die Konstruktion des Zeltdachs ist ein architektonischer Geniestreich.

des architektonisches Element des Olympiageländes ist das vom Architekturbüro Behnisch & Partner entworfene **Zeltdach**. Seine Form nimmt die Topografie auf und passt sich den landschaftlichen Gegebenheiten mit leichter Eleganz an. Dabei spannt sich dieses Stahl-Acryl-Konstrukt über 75 000 m², insgesamt 58 bis zu 81 m hohe Masten halten das riesige Dach.

Im **Olympiastadion** verfolgten während der Olympiade 80 000 begeisterte Zuschauer die Leichtathletikwettkämpfe, später diente es auch König Fußball. Doch die Arena, so meinten 2003 die Vereinsobersten der »Blauen« und der »Roten«, entspricht nicht mehr den Anforderungen des heutigen Spitzenfußballs. So finden die Fußballspiele der Topclubs seit 2006 in der Allianz Arena in München-Fröttmaning statt.

Der Westen

Nördlich des Mittleren Rings ist der Autobauer BMW im größten »Vierzylinder der Welt« zu Hause. Gleich davor findet man in der »Schüssel« das aufregend gestylte **BMW Museum**, gegenüber erstreckt sich postmodern das Auslieferungszentrum des Autobauers mit weiteren Ausstellungen, Veranstaltungssälen und Gastronomieeinrichtungen nicht nur für die, die sich ein schnelles Auto abholen.

HITS FÜR KIDS
Wie wär's mit einer Ruderpartie auf dem Olympiasee? Die Kähne mietet man nahe dem Olympiaturm. Und beim Sommerfest im August geht's rund ... auf unzähligen Fahrgeschäften!

KLEINE PAUSE
Im **Drehrestaurant** im Olympiaturm gibt's mittags leichte Bistroküche mit der besten Aussicht über die Stadt und das Umland.

200 A–C 3–4 ☎ 089 306 70; Olympiaturm 089 30 66 85 85; Olympiastadion 089 30 67 24 14; www.olympiapark.de Olympiaturm 9–24 Uhr; Olympiastadion Sommer 9–20, Winter 11–16 Uhr Olympiazentrum Olympiastadion 3 €, Olympiaturm 5,50 €

BMW Museum
☎ 089 38 22 56 52; www.bmw-museum.de 10–20 Uhr 9 €

Im Fokus: BMW Welt und Olympiaturm

45 Herz-Jesu-Kirche

Die größten Kirchentüren der Welt laden ein, weit geöffnet, zumindest wenn das Wetter stimmt ... Der Aufschwung der modernen Architektur in München hat auch den Kirchenbau erreicht: Die Herz-Jesu-Kirche in Neuhausen setzt neue Maßstäbe.

Spiel mit dem Licht in der Kirche

Nachdem ein Feuer 1994 die alte Herz-Jesu-Kirche an der Lachnerstraße völlig zerstört hatte, bot sich an gleicher Stelle die Gelegenheit für einen Kirchenneubau. Die Gemeinde wünschte ein modernes Gotteshaus, ungewöhnlich, wegweisend, offen. Der Kirchenraum solle konzeptionell einheitlich, wie es in der Ausschreibung hieß, »Klarheit, Ruhe und Geborgenheit ausstrahlen. Besonderes Augenmerk ist der Lichtführung zu widmen, die die Feierlichkeit des Raumes steigern und den Altar als Mittelpunkt herausheben soll.« Das Architekturbüro Allmann/Sattler/Wappner erhielt den Zuschlag. Die 2000 geweihte Kirche besteht, vereinfacht gesprochen, aus zwei Kuben, die gleichsam übereinandergestülpt wurden. Die Wand des inneren »Würfels« machen Lamellenwände aus Ahornholz aus, die äußere Raumhülle aus Glas wirkt wie über den inneren Schrein gesetzt. Mithilfe der Lamellen und des Glases führen die Architekten geschickt Lichtregie.

Die Passion Christi

Zwischen den beiden Würfeln verläuft ein hoher Wandelgang mit einem modernen Kreuzweg. Im Eingangsbereich fällt das Kruzifix auf – eines der wenigen Objekte, die den Brand von 1994 überstanden haben. Die Passion Christi nehmen die 14 m hohen Portalflügel ikonografisch auf: Der Künstler Alexander Beleschenko hat den Text aus dem Johannesevangelium, der von der Öffnung der Seite Jesu mit der Lanze berichtet, in einen speziell für die Tore entwickelten Code aus Nägeln umgewandelt – Geheimschrift also, Dechiffrierung unmöglich! Im Kirchenraum führen die

Fünf Wunden das Thema Leidensgeschichte fort: Fünf kleine Fenster im Boden symbolisieren die Wundmale Jesu. Zentraler Blickfang und Höhepunkt der konzeptionellen Ausrichtung des Gotteshauses auf die Passion ist der Kreuzvorhang hinter dem Altar. Das Metallgewebe lässt durch unterschiedliche Webtechniken und durch verschiedene Dichte in der doppelt gearbeiteten Struktur ein Kreuz deutlich gegenüber dem Rest des Vorhangs hervortreten – ein Effekt, den Kunstlicht am Abend noch intensiviert. Der Kreuzvorhang nimmt also, ähnlich wie das halb durchscheinende Portal aus blauen Glastäfelchen, die Leitlinie des gesamten Kirchenbaus auf: mithilfe von Licht das Leiden Christi darzustellen.

Gespiegeltes Blau zum Ruhme Gottes

Was jenseits aller architektonischen und konzeptionellen Programmatik die Kirche bemerkenswert macht, ist die einzigartige Akustik. Unter Münchens Hobbychören hat es sich bereits herumgesprochen, dass selbst zarte Stimmchen nirgends schöner klingen als hier.

KLEINE PAUSE

Verfeinerte italienische Küche in vornehm-modernem Flair bietet das Restaurant **Romans** (Romanstr. 1) in der Nähe der Herz-Jesu-Kirche. Eine Portion Nudeln oder ein Risotto – und weiter geht's.

östlich 212 3C **Lachnerstr. 8; www.herzjesu-muenchen.de**
089 130 67 50 **8–19 Uhr** **Rotkreuzplatz**

BAEDEKER TIPP

Zuhören – nachdenken – staunen! Jeden Sonntag um 19.30 Uhr (außer August und September) gibt es **die besondere Stunde mit Musik und geistlichen Texten**. Dazu öffnen sich, wenn es die Witterung erlaubt, die großen Portale. Eine Spende ist erwünscht.

Nach Lust und Laune!

46 Olympisches Dorf

Hier wohnten im Sommer 1972 für ein paar Wochen die Sportler aus aller Welt, in den Hochhäusern genauso wie in den kleinen Bungalows. Die Mehrzahl der Sportlerunterkünfte ist längst zu Eigentumswohnungen umfunktioniert. Die Zimmer in einem der Hochhäuser sowie die Bungalows lindern dagegen das Wohnungsproblem für Studenten in München. Und die lassen ihrer Kreativität freien Lauf, wie ein Bummel durch die Gässchen der Bungalowanlage zeigt: Viele Häuschen sind fantasievoll bemalt, mal windet sich Nessie über die Hausfront, mal spitzen Giraffen ihre Köpfe aus dem Efeu. Allerdings blättern überall Putz und Farbe, aber vielleicht gehört das ja zum leicht anarchischen Touch der kleinen Siedlung.

200 B5 **Olympiazentrum**

47 Ost-West-Friedenskirche

Das skurrile russisch-orthodoxe Kirchlein aus Zivilisationsmüll wie Schokoladenpapier und Blechdosen südwestlich des Olympiabergs und sein Erbauer, der russische Einsiedler Väterchen Timofej, genießen unter eingesessenen Münchnern fast so etwas wie Kultstatus. Timofej hat hier nicht nur seit 1952 über Jahrzehnte autark gelebt und Eremitage und Kirche errichtet, er hat auch der Bürokratie die Stirn geboten: Als auf »seinem Areal« das olympische Reiterstadion entstehen sollte, trotzte er – mit Unterstützung der Münchner – dem Räumungsbefehl ... und das Stadion wurde im fernen Riem erbaut! 2004 ist Timofej, um dessen angeblich weit über 100 Lebensjahre sich endlose Spekulationen ranken, im Altersheim gestorben.

200 A3 **10–16 Uhr** **Olympiazentrum**

48 Kinder- und Jugendmuseum

Die Kinder neugierig zu machen, sie zum Staunen, Mitmachen, Lernen und Verstehen zu bringen – das hat sich das Museum in einem Seitentrakt des Hauptbahnhofs zum Ziel gesetzt. Dementsprechend

Bemalte Studentenbungalows im Olympischen Dorf

Bayerns kräftigste Dame: die Bavaria mit dem Löwen

breit präsentiert sich das Spektrum an Kinder- und Jugendthemen: Mal können die Kleinen Riesenseifenblasen machen – eine ziemlich schmierige Sauerei, aber schön! –, mal dürfen sie die Wunderwelt der Chemie erforschen, mal gehen die Ausstellungsmacher das Tabuthema Tod kindgerecht an.

204 C1 ✉ Arnulfstr. 3 ☎ 089 54 04 64 40; www.kindermuseum.muenchen.de
Di–Fr 14–17, Sa/So und Schulferien 10 bis 17 Uhr Hauptbahnhof 4,80 €

49 Alter Botanischer Garten

Vom ersten Botanischen Garten Münchens aus dem Jahr 1804 ist bis auf das klassizistische Portal an der Ostseite nichts erhalten. Vom so genannten Glaspalast – damals ein architektonisches Wunderwerk, in dem die »1. allgemeine deutsche Industrie Ausstellung im Jahre 1854« abgehalten wurde – spricht man heute noch, auch wenn die Glas-Eisen-Konstruktion 1931 einem Brand zum Opfer fiel. Mit der im Sommer üppigen Blütenpracht um den 1937 aufgestellten Neptunbrunnen, dem offensichtlich Michelangelos *David* Pate stand, ist der Alte Botanische Garten heute eine kleine Oase, in der man etwas Entspannung inmitten der Großstadthektik finden kann. Das Park Café (► 168) an der Stelle des Glaspalastes ist heute ein beliebter Anlaufpunkt für Nachtschwärmer.

205 D1 ✉ Elisenstr. Karlsplatz

50 Zirkus Krone

Der größte Zirkus Europas hat an der Marsstraße sein Zuhause. Von April bis November aber sind die

TRADITIONSBRAUEREI

Rote Ziegelbauten mögen heutzutage architektonisch nicht mehr *state of the art* sein. Aber als aufgrund der zunehmend industriellen Bierproduktion die Augustinerbrauerei Mitte des 19. Jh.s auf die Schwanthaler Höhe an der Landsberger Straße zog, galt der Gebäudekomplex als bemerkenswerte Industriearchitektur. Er ist das letzte Beispiel für die traditionelle Münchner Brauereiarchitektur – und die Anlage ist immer noch in Betrieb! Frischer kann also der Edelstoff nicht sein als in der Schwemme im Augustiner Bräuhaus (Landsberger Str. 19, Tel. 089 507047), wo Sie an den langen Holztischen eine ordentliche Brotzeit bekommen.

Clowns, Artisten und Dompteure samt ihren dressierten Freunden auf Reisen. Dann mutiert der Zirkusbau zur Konzerthalle. Von Ende Dezember bis März gilt für die Stars wieder »Manege frei!«. Eine Statue von Charlie Rivel, dem bekanntesten Clown der Welt, weist den Weg in die Arena, die 3000 Besucher fasst.

204 B2 Marsstr. 43 089 545 80 00; www.circus-krone.de Hackerbrücke

51 Bavaria

Wollten Sie schon immer wissen, wie eine Dame von innen aussieht? In Ludwig von Schwanthalers 1560 Zentner schweren Erz-Matrone können Sie über 130 Stufen sogar bis in den Kopf vordringen! Mit Eichenkranz und Schwert wacht die Symbolfigur Bayerns zusammen mit dem ehernen Löwen über die Theresienwiese und – für zwei Wochen im Herbst – über den Trubel des Oktoberfests. Hinter der Bavaria befindet sich die dorische Ruhmeshalle, errichtet 1834 von Klenze, eine Gedenkstätte mit Büsten von 95 herausragenden bayerischen Persönlichkeiten.

208 A3 Theresienhöhe 16
089 29 06 71 Apr.–15.Okt. 9–18 Uhr, während des Oktoberfestes bis 20 Uhr
Schwanthaler Höhe 3,50 €

52 Deutsches Museum Verkehrszentrum

Dem Thema Verkehr und Mobilität widmet sich der Ableger des Deutschen Museums in den drei denkmalgeschützten Hallen auf der Münchner Theresienhöhe. Technologie, Geschichte und Zukunftsperspektiven des Verkehrs stehen im Mittelpunkt. Halle I demonstriert »Chaos und Ordnung des Stadtverkehrs«. Halle II beschäftigt sich mit dem Thema Reisen – von den verschiedensten Verkehrsmitteln bis hin zu den problematischen Folgen unbegrenzter Mobilität. Von Kutschen über Dampflokomotiven bis hin zum Transrapid reicht der Bogen, den die Ausstellung in der Halle III schlägt.

208 A3 Theresienhöhe 14a
089 500 80 67 62 9–17 Uhr
Schwanthaler Höhe 6 €

Eingangsbereich des Verkehrszentrums des Deutschen Museums

Wohin zum ... Essen und Trinken?

Preise
für ein Essen ohne Getränke:
€ unter 20 Euro €€ 20–40 Euro €€€ über 40 Euro

RESTAURANTS

The Big Easy €€
Hier sind Südstaaten-Töne angesagt! In behaglichem Ambiente sollten Sie Spezialitäten wie Gebackene Datteln im Speckmantel mit Red Pepper Jam oder den Südstaaten-Klassiker Jambalaya probieren. Donnerstags begleitet abends Livejazz, von Mainstream bis zum Classic-Cocktail-Jazz, die kräftig gewürzten Speisen. Sonntags gibt's den Jazz Cooking Breakfast Brunch: Zu Austern, Müsli, Pancakes und Kuchen spielt eine Band, die »jungen Bruncher« sind derweil gut in der Spielecke aufgehoben.
östlich 212 C3 Frundsbergstr. 46 089 15 89 02 53 17–1, So 9–1 Uhr Rotkreuzplatz

Broeding €€€
Es gibt nur ein täglich wechselndes Menü, aber das ist vom Feinsten! Frische, Kreativität und Stil vereinen sich hier zu einem wahren Hochgenuss. Die sechs Gänge in modern-puristischem Ambiente begleiten exzellente österreichische Weine – ein Genuss, für den man sich Zeit nehmen sollte! Sind Sie begeistert von einem der edlen Tropfen, dann können Sie eine Flasche davon im zugehörigen Weinhandel zur Erinnerung mitnehmen oder über www.broeding.de im Internet bestellen.
östlich 212 C1 Schulstr. 9 089 16 42 38 Mo–Sa ab 18 Uhr Rotkreuzplatz

Ewiges Licht €
Natürlich ist das ein ungewöhnlicher Name, das Lokal ist aber keine Armenspeisung der Kirche, obwohl die Größe der Portionen und die günstigen Preise dies nahelegen könnten. Wer hierherkommt, wird mehr als satt, und das auch noch bei durchaus guter Qualität. Aufgeschmelzte Brez'nsuppe mit Fleischeinlage und Schnittlauchgarnierung zum Beispiel, Bauernsülze mit Zwiebelbratkartoffeln und Remoulade oder Saures Züngerl, das es sonst fast nirgends mehr gibt. Danach kann man beim Schafkopfen kaum mehr die Karten halten, so voll ist der Bauch.
östlich 212 C1 Wälsungenstr. 1 089 18 92 13 80 Mo–Fr 11–24, Sa ab 14, So 10–22 Uhr Tram 16, 17 Steubenplatz

Osteria Mugolone €€–€€€
In diesem stilvollen, modernen Restaurant bringt Tom Wening seine mediterran und toskanisch inspirierten Eigenkreationen auf den Tisch. Die Speisekarte wechselt täglich, verwendet werden nur ökologische Zutaten von höchster Qualität. Alle zwei Monate wechselnde »Ausstellungen« – Fotografien und Gemälde – dekorieren das empfehlenswerte Restaurant. Auch dank des zuvorkommenden Service wird das Essen in dem kleinen, hellen Raum zum echten Genuss. Unbedingt reservieren!
204 A3 Maillingerstr. 12 089 12 73 98 36 Mo–Fr 11.30–15/18–24, Sa 18–24 Uhr Maillingerstraße

Ruffini €–€€
Das Ruffini, ein »Betrieb in Selbstverwaltung« mit 25 Gesellschaftern, ist ein Klassiker (seit 1978).

Auf beste Qualität wird geachtet, das Fleisch ist rein biologisch. Der kulinarische Schwerpunkt liegt auf Italien. Die Speisekarte spricht auch Vegetarier an. Mit Weinseminaren, Livemusik und Lesungen betreibt man Kulturpflege, für den Sommer gibt es eine Terrasse.

östlich 212 C3 Orffstr. 22 089 16 11 60 Di–So 10–24 Uhr Rotkreuzplatz

Ysenegger €

Das Ysenegger ist eher eine Kneipe als ein Restaurant! Die Speisekarte spannt den Bogen von Chili con Carne über Allgäuer Kässpätzle bis zum Victoriabarschfilet. Im dunkel vertäfelten Lokal im Kaffeehausstil trifft sich ein typisch Neuhauser Publikum: vom Studenten bis zum Anzugträger. Tipp für alle Cocktailfreunde: am Montag kann man doppelt so viele Mixgetränke zum Standardpreis trinken …

östlich 212 C2 Ysenburgstr. 3 089 16 27 91 9–1, Fr/Sa bis 2 Uhr Rotkreuzplatz

BIERGÄRTEN

Augustinerkeller €–€€

Unter den riesigen, teils über 100 Jahre alten Kastanien verstreicht die Zeit schnell bei einer Brotzeit aus der »Schmankerlngasse« und einer Maß aus dem Holzfass. Bis zu 5000 Besuchern geht es an schönen Sommerabenden so …! Rasch vergisst man, wie nah der Hauptbahnhof ist! Und dass der Zug abfährt …! Bei schlechtem Wetter gibt's bayerisch-deftige Gerichte auch im historischen Bierkeller.

204 B2 Arnulfstr. 52 089 59 43 93 11.30–24 Uhr Tram Nr. 16, 17 Hopfenstraße

Hirschgarten €

Wo ehedem die adeligen Jäger dem Rotwild nachstellten, können die Damhirsche im Wildgehege heute ohne jeden Argwohn zuschauen, wie bis zu 8000 Münchner Maß um Maß Augustiner und bayerische »Schmankerln« an ihnen vorbeitragen. Der Biergarten ist einer der beliebtesten (und größten) in München. Immer noch ein Geheimtipp: das Magdalenenfest Mitte Juli, eine kleine »Dult« (Jahrmarkt) gleich beim Biergarten.

212 C1 Hirschgarten 1 089 17 25 91 11–24 Uhr Bus Nr. 51 51 Hirschgartenallee

Löwenbräukeller €–€€

Das riesige Wirtshaus mit dem Türmchen und dem Biergarten am Stiglmaierplatz ist nicht zu verfehlen! Im Bräustüberl servieren gestandene Kellnerinnen Deftiges, wobei das Studium der Speisekarte schon einem Grundkurs Bayerisch gleichkommt. Zur Starkbierzeit vor der Karwoche kann man seine Kräfte an einem 508 Pfund schweren Stein versuchen.

204 C3 Nymphenburger Str. 3 089 54 72 66 90 10–24 Uhr Stiglmaierplatz

Taxisgarten €

Im Schatten von hohen Eschen und Kastanien versorgen Sie sich nach guter alter Biergartenmanier in Selbstbedienung mit den typischen Biergarten-»Schmankerln« (Fleisch aus der betriebseigenen Metzgerei). Als Spezialität gelten grüner »Obatzder« und Spareribs. Dazu gibt's eine kühle Maß und für die Kleinen einen Spielplatz – so lässt sich der Sommer aushalten!

östlich 212 C4 Taxisstr. 12 089 15 68 27 10–22.30 Uhr Gern

EISCAFÉ

Sarcletti

Berühmt für das vielleicht beste Eis der Stadt! Kein Wunder, üben die Sarclettis doch bereits in vierter Generation die *Gelati*-Produktion in München! (Peter Paul Sarcletti eröffnete schon im Jahr 1879 eine Eisdiele an der Isar!) probieren.

östlich 212 C1 Nymphenburger Str. 155 089 15 53 14 9–21/23.30 Uhr Rotkreuzplatz

Wohin zum ... Einkaufen?

Neuhausen und Nymphenburg sind anspruchsvolle Shoppingviertel mit einer großen Bandbreite kleiner und zumeist nicht gerade preiswerter Spezialläden.

Schon vor dem Shopping müde? Bei **Lolas Hängematten** in der Arnulfstr. 87 kaufen Sie einfach ein Schwebebett, dann brauchen Sie nur noch zwei Bäume ... Im **Brauseschwein** (Frundsbergstr. 52) werden Kinder glücklich, und deshalb auch Erwachsene; es gibt nichts, was es nicht gibt, vom Blechspielzeug zur Murmel. Modernes Schmuckdesign aus den Hauptstädten der Welt und eigene Kreationen, trendy, flippig, frech und elegant präsentiert das **Chilli** (Nymphenburgerstr. 151). Geschenkartikel, Wohnaccessoires und viele völlig überflüssige, aber umso schönere Dinge des Alltags haben **Hussfeld + Zang** (Blutenburgstr. 81) im Sortiment. Alle kulinarischen Genüsse Südtirols und Tirols ballen sich auf engstem Raum in **Armins Räucherkuchl** (Blutenburgstr. 55). Mehr Wein, und zwar vom Feinsten, vor allem aus Frankreich und Italien, findet man bei **Vin-Wein-Vino** (Nördliche Auffahrtsallee 66); und vom Besitzer wird man auch noch kompetent beraten. Ein paar Häuser weiter findet man in **Flügels Spiel & Holzwerkstatt** (Nördliche Auffahrtsallee 62) farbenfrohe Mitbringsel aus Holz. Wer 14800 Euro für einen Standbrunnen übrig hat, dem sei die **Porzellan Manufaktur Nymphenburg** (Nördliches Schlossrondell 8) empfohlen. Man kann sich auch für eine Servierplatte für 29500 Euro entscheiden ... oder für einen bayerischen Löwen ab 29 Euro!

Wohin zum ... Ausgehen?

DISKOTHEKEN, CLUBS

In der »Container-Stadt« des **Backstage** (Reitknechtstr. 6, Tel. 089 1266100, www.backstage.eu, 19–4 Uhr) bestimmt gitarrenlastiger Rock von Punk bis Ska den Mix aus Konzerten und DJ-Musik. Der Oldie unter Münchens Partyhallen ist die **Nachtgalerie** (Landsberger Str. 185, Tel. 089 59989640, www.nachtgalerie.de, Fr/Sa und jeden 1. Do/Monat 22–5 Uhr). Der Clubkultur in allen Variationen widmet sich auch das **Feierwerk** (Hansastr. 39, Tel. 089 724880, www.feierwerk.de). DJs und Live-Acts spulen das ganze Programm ab: Independent, Elektro, Drum 'n' Bass, Techno, Goa. In Kranhalle, Hansa 39 und Orangehouse ist aber vor 22.30 Uhr kaum was los. Ein Tanztempel der besonderen Art ist das **Park Café** (Sophenstr. 7, Tel. 089 51617980, ab 11, So ab 10 Uhr). Immer wieder gibt es Livemusikauftritte und auch Kleinkunstvorführungen. Den Rest der Zeit ist man eine bayerische Wirtschaft mit Schmankerln und Biergarten. Wer mit dem Bus kommt, kann noch im Bahnhof zum **Neuraum** (Arnulfstr. 17, Tel. 089 38153899), www.neu raum.de, Fr/Sa ab 22.30) in den Untergrund gehen – mit der größten LED-Wand der Stadt fürs »Visual-Jockey-Programm«.

THEATER

Im **Blutenburg-Theater** (Blutenburgstr. 35, Tel. 089 123 43 00, www.blutenburg-theater.de) steht Spannendes auf dem Programm: Das Theater hat sich auf die dramaturgische Umsetzung von Kriminalstücken spezialisiert.

Ausflüge

Ausflüge

Die folgenden Ausflüge führen Sie zu prunkvollen und romantischen Schlössern bayerischer Herrscher und zum Museum eines eigenwilligen Künstlers. Zugleich erschließen sie die herrliche Voralpenlandschaft mit ihren idyllischen Seen und gemütlichen Wirtshäusern.

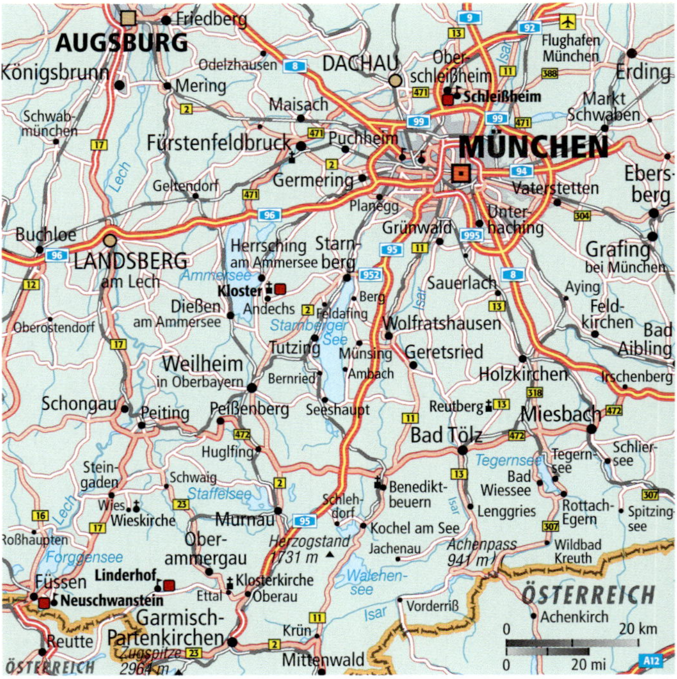

Starnberger See

Diesen Ausflug sollten Sie unbedingt an einem sonnigen Tag unternehmen. Dann zeigt sich der Starnberger See vor der mächtigen Alpenkulisse von seiner schönsten Seite.

Der Starnberger See ist ein Schicksalsgewässer für alle bayerischen Monarchisten, denn hier, genauer gesagt bei der Gemeinde **Berg** am Nordostufer des Sees, ging am 13. Juni 1886 der tief verehrte »Kini«, König Ludwig II., in die Fluten des Sees und ertrank unter rätselhaften Umständen. Ein schlichtes Holzkreuz im Wasser und eine neoromanische Votivkapelle erinnern an den unglücklichen Monarchen. Seine Cousine und Freundin Elisabeth, »Sisi«, die spätere Kaiserin von Österreich, wuchs gegenüber von Berg am Westufer in Schloss Possenhofen auf und verbrachte fast jeden Sommer in einem Feriendomizil nebenan in Feldafing. Auf der vorgelagerten Roseninsel sollen die beiden Königskinder heftig geturtelt haben!

Pack die Badehose ein

Für die Münchner ist der 56 km² große, lang gestreckte See vor allem eines: ihre liebste Badewanne. An der 46 km langen Uferlinie locken drei große »Erholungsgebiete« mit Liegewiesen, Würstchenbuden, Eisverkäufern und Getränkeständen: **Kempfenhausen** im Nord- und **Ambach** im Südosten sowie ganz nostalgisch die Liegewiesen im **Schlosspark Possenhofen**, wo Sisi ihren zahmen Hirsch spazieren führte. Natürlich gibt's auch zahllose andere Badestellen am See – jeder Münchner hat da so seinen Geheimtipp.

Auf Sisis Spuren

Possenhofen erreichen Sie auf der Regionalstraße von Starnberg nach Tutzing. **Schloss Possenhofen** ist zwar in Privatbesitz, aber vom öffentlich zugänglichen Schlosspark aus können Sie einen Blick auf das Anwesen mit seinen vier Ecktürmen werfen. Die Gastwirtschaft im südlich anschließenden **Feldafing**, in der die Kaiserin zur Sommerfrische abzusteigen pflegte, heißt heute Golfhotel Kaiserin Elisabeth (Tutzinger Str. 2–6, 82340 Feldafing, Tel. 08157 93090, www.kaiserin-elisabeth.de). Gönnen Sie sich ein Kännchen Kaffee auf der schönen Hotelterrasse!

Linke Seite: Seeshaupt am Starnberger See

Die Roseninsel

Südlich von Feldafing erwarb König Maximilian II. von Bayern 1848 ein Seegrundstück und beauftragte den Gartenarchitekten Joseph von Lenné mit der Anlage eines Schlossparks. Das Schloss selbst wurde allerdings nie gebaut; nur auf der vorgelagerten Roseninsel entstand eine kleine, »Casino« genannte Villa inmitten duftender Rosengärten. Maximilians Sohn Ludwig II. liebte diesen Ort und verbrachte viel Zeit auf dem Eiland. Wenn Sie ihm nacheifern und im Sommer die Rosen bewundern möchten, dann setzten Sie doch vom Schlosspark mit den traditionellen »Plätten«, den flachen, vom Bootsführer gestakten Lastkähnen, über.

FÜR KINDER
Der Kinderspielplatz Brahmspromenade bei Tutzing und direkt am See ist einer der schönsten Bayerns. Die Eltern lümmeln auf der Liegewiese, die Kinder toben auf den Geräten und im Wasser.

Das Museum der Phantasie

Südlich von Tutzing liegt in Bernried das Museum von Lothar Günther Buchheim (1918–2007). Der Autor des Weltbestsellers *Das Boot* war ein knorriger, unbequemer und oft auch ziemlich harsch auftretender Charakter. Doch in seinem nach jahrzehntelangem Ringen und Streit realisierten Museum zeigt sich der Künstler und Sammler von einer ganz anderen, heiteren Seite. Denn die berühmte Sammlung expressionistischer Kunst ist nicht das einzige Highlight des Museums. Da gibt's außerdem eine wunderbare Ausstellung von Hinterglasbildern, herrliche Kollagen aus herbstlichen Blättern von Buchheims Frau Ditti, nepalesische Stupas und afrikanische Skulpturen zu bewundern. Explizit wollte Buchheim nicht den Hauptwegen, sondern den »Wiesenpfaden der Kunst« folgen. Und so findet sich Kitsch neben Kunst und Exotisches neben traditionell Bayerischem.

Günter Behnisch, der Architekt des Münchner Olympiageländes, schuf für das Buchheim Museum einen lang gestreckten, teils in den Hang hineingebauten Bau, der in einem 12 m über dem See schwebenden Steg endet.

Buchheims Expressionisten

Schwerpunkt der Sammlung sind Werke der Künstlervereinigung »Die Brücke« (1905–1913), der Ernst Ludwig Kirchner, Erich Heckel, Max Pechstein sowie als temporäre Mitglieder Emil Nolde und Otto Mueller angehörten. Otto Dix, den Buchheim zur zweiten Expressionistengeneration

PER SCHIFF INS MUSEUM
Die sicherlich schönste Anreise bietet das Museumsschiff »Phantasie«. Es startet von Mai bis Oktober tägl. außer Mo um 12.35 Uhr in Starnberg (S 6 ab München) und tuckert eine Stunde über den See nach Bernried. Von dort sind's ein paar Minuten zu Fuß durch den Museumspark zum Eingang. Der Preis für Hin- und Rückfahrt inklusive Museumsbesuch beträgt 21,50 Euro. Alternativ können Sie auch mit den Linienschiffen ab Starnberg nach Bernried fahren!

Schon von Weitem sichtbar erhebt sich Bayerns ältester Wallfahrtsort, das Kloster Andechs auf dem »Heiligen Berg« – auch im Wortsinn ein »Highlight« des oberbayerischen Fünf-Seen-Landes, zu dem neben Starnberger und Ammersee noch Wörth-, Pilsen- und Weßlinger See gehören.

zählt, ist mit einer großen Werkschau vertreten und ebenso Lovis Corinth als Vorläufer dieser Kunstepoche.

Kloster Andechs

Im Jahr 1455 wurde das Benediktinerkloster Andechs, ca. 20 km westlich von Starnberg nahe dem Ostufer des Ammersees, gegründet, und seither brauen die Mönche hier das »Andechser Bier«. Eine Tour zum Starnberger oder zum benachbarten Ammersee wird also in den meisten Fällen im Bräustüberl von Andechs oder in dem schönen schattigen Biergarten enden. Doch bevor Sie sich dort den leiblichen Genüssen hingeben, lohnt ein Besuch der in den Jahren 1423 bis 1427 ursprünglich gotischen **Wallfahrtskirche**. Deren Inneres verwandelte Johann Baptist Zimmermann bis 1755 in einen beschwingten, üppig mit Stuck verzierten Rokoko(t)raum.

Museum der Phantasie
Am Hirschgarten 1, Bernried
08158 997 00; www.buchheim-museum.de
April–Okt. Di–So 10–18 Uhr; Nov.–März Di–So 10–17 Uhr S6 Tutzing, dann Bus 9614 Buchheim-Museum 8,50 €

Kloster Andechs und Bierstüberl
Bergstr. 2, Andechs
08152 37 60; www.andechs.de
10–20 Uhr, Gaststätte bis 22 Uhr S6 Starnberg, dann Bus 951 oder 958 Kloster Andechs (Bus fährt selten, am besten vorher nach den Zeiten erkundigen!); S8 nach Herrsching, dann Wanderung ca. 4 km durchs Kiental

Anfahrt: rund 20 km südwestlich von München; A 95 bis Starnberg, dann weiter auf Regionalstraßen um den See; S-Bahn-Verbindung S 6 von München nach Starnberg, Possenhofen, Feldafing und Tutzing

Neuschwanstein und Linderhof

Neuschwanstein zählt zu den berühmtesten Sehenswürdigkeiten Bayerns, Linderhof ist ein gartenarchitektonisches Juwel und war einst das Lieblingsschloss von König Ludwig II.

Hoch auf einem Felsen thronend, zu Füßen der von dichten Wäldern umstandene Alpsee, gegenüber das romantische Schloss Hohenschwangau, das Ganze eingerahmt von den majestätischen Ammergauer Bergen – eine schönere Bühne hätte König Ludwig II. für sein **Schloss Neuschwanstein** nicht finden können. Als München den Wagnerverehrer brüskierte und Ludwig die Finanzierung eines Festspielhauses verweigerte, zog der König sich 1867 enttäuscht ins väterliche Schloss Hohenschwangau zurück und fand prompt ein tröstendes Projekt: die »Neue Burg«, in der die mittelalterliche Sagenwelt aus Richard Wagners Opern zum Leben erweckt werden sollte.

Am 5. September 1869 legte man den Grundstein, doch wirklich vollendet wurde das Schloss nie: Wegen der immer wieder geänderten Pläne dauerte es 15 Jahre, bis Ludwig zumindest einziehen konnte; zwei Jahre später starb der König, und der Bau wurde eingestellt. Auf den ersten Blick sieht Neuschwanstein mit seinen weißen Türmchen und Zinnen wie eine perfekte, von Walt Disney kreierte Fantasieburg aus. Tatsächlich war es Neuschwanstein das dem Erfinder von Mickey & Co. als Vorbild diente.

Perfekte Inszenierung: König Ludwigs Märchenschloss Neuschwanstein erhebt ...

Von Helden und Schwänen

Den jungen König faszinierte schon als Kind die mittelalterliche Sagenwelt. In den Gestalten mythischer Helden wie des Gralskönigs Parzival, im Ritter Lohengrin und dem Dichter Tannhäuser fand er eigene Ideale wieder. Deshalb ließ er Neuschwanstein »im echten Stil der alten deutschen Ritterburgen« ausstatten: Jeder Raum wurde einer anderen Sagengestalt gewidmet und entsprechend eingerichtet. So ist sein **Wohnzimmer** vollständig mit Szenen aus der Lohengrinsage ausgemalt. Tannhäuser im Hörselberg und andere Motive aus diesem Legendenzyklus schmücken des Königs **Arbeitszimmer**. Der **Sängersaal** steht ganz im Zeichen des ersten Teils der Lohengrinsage um Parzival und den Heiligen Gral. Und da sich Ludwig II. als König von Gottes Gnaden fühlte, ließ er den **Thronsaal** im Stil einer byzantinischen Kirche dekorieren. Der nie aufgestellte Thron sollte den Platz des Altars einnehmen.

So unterschiedlich die einzelnen Räume sind – das Motiv des Schwans begegnet Ihnen überall. Für den König symbolisierte es Reinheit. Den vielen Schwan-Abbildungen und -Skulpturen verdankt Neuschwanstein seinen Namen.

DIE TRAGIK DES SCHWÄRMERS

Am 12. Juni 1886 überreichte man dem König in seinem Schlafzimmer auf Neuschwanstein die Unmündigkeitserklärung. Zusammen mit seinem Psychiater, der dieses Attest verfasst hatte, reiste Ludwig II. zwangsweise nach Schloss Berg. Einen Tag darauf ertranken beide im Starnberger See.

Bekommen hat es diesen allerdings erst nach Ludwigs Tod 1886. Bis dahin hieß es Neue Burg Hohenschwangau.

Ein Mini-Versailles

Verschiedene Projekte erwog der junge König, um das Jagdhaus seines Vaters im Graswangtal bei der oberbayerischen Gemeinde Ettal in ein repräsentatives Schloss zu verwandeln. Schließlich entschied er sich für die kleinste Lösung: Linderhof ist mehr eine Villa denn ein Schloss, umgeben von einer wunderbaren **Gartenanlage**. Hier wollte Ludwig nicht repräsentieren, sondern in seinen Sagen und Mythen versinken. Ein Barockgarten mit akkurater Symmetrie, verspielten Kaskaden und Fontänen sowie ein englischer Landschaftspark sorgten, malerisch in Szene gesetzt, für des Königs Entspannung. 1878 war das neobarocke Palais vollendet. Linderhof schwelgt im Prunk von Barock- und Rokokodekoration, die im 1874 von Jean de la Paix geschaffenen **Spiegelsaal** ihren Höhepunkt findet. Gold und Blau bilden den Rahmen für das geschliffe-

... sich oberhalb von Hohenschwangau vor einer herrlichen Alpenkulisse.

ne Glas. Hofgartenbaumeister Carl von Effner zeichnete für die Außenanlage verantwortlich, die 1880 vollendet wurde und mit Treppen und Wasserbecken, Springbrunnen und Hecken das Schlösschen einrahmt. Bereits 1876 errichteten die Handwerker den **Maurischen Kiosk**, ein mit ornamentalem Stuck verzierter Bau mit goldener Kuppel, im Inneren mit farbigen Glaslampen, maurischen Sitzgruppen und einem weißen Marmorbrunnen geschmückt. An Wagners Opern wiederum erinnert Tannhäusers **Venus-Grotte**, eine künstliche Tropfsteinhöhle mit See, auf dem Ludwig in einem goldenen Muschelboot herumfahren konnte. Im **Marokkanischen Haus** verbrachte der König als orientalischer Herrscher kostümiert und umgeben von ebenso gekleidetem Personal die Tage. Die **Hundinghütte** schließlich entführte den versponnenen Monarchen in die Wagner-Oper *Walküre* aus dem Nibelungenzyklus.

Schloss Linderhof ist das kleinste der drei Königsschlösser Ludwigs II. und das einzige, das noch zu seinen Lebzeiten vollendet wurde.

Schloss Neuschwanstein

Ticketcenter, Alpseestr. 12, Hohenschwangau 08362 93 08 30; www.neuschwanstein.de, www.ticket-center-hohenschwangau.de April bis Sept. 9–18 Uhr, Kasse 8–17 Uhr; Okt.–März 10–16, Museum bis 18 Uhr, Kasse 9–15 Uhr Museum und Besichtigung Neuschwansteins 20 €

Schloss Linderhof

Linderhof 12, Ettal 0882 920 30; www.linderhof.de April–Sept. 9–18, Okt.–März 10–16 Uhr 8,50 €

Anfahrt Neuschwanstein: A 95 bis Dreieck Starnberg, dann B 2 bis Weilheim, B 472 bis Schongau und B 17 nach Füssen und Hohenschwangau (rund 110 km); mit der Deutschen Bahn bis Füssen, weiter mit Bus 73 oder 78 nach Hohenschwangau

Anfahrt Linderhof: A 95 bis Dreieck Starnberg, dann B 2 bis Oberau, B 23 nach Ettal, von dort ausgeschildert (ca. 90 km); mit der Deutschen Bahn nach Oberau, dann Bus 9606 nach Ettal, weiter mit Bus 9622 bis Linderhof

Von Neuschwanstein nach Linderhof: Die kürzeste Strecke (ca. 50 km) führt über Füssen und jenseits der österreichischen Grenze entlang nach Ettal.

BAEDEKER TIPP

- **Eintrittskarten** für Neuschwanstein gibt's ausschließlich beim Ticketcenter in Hohenschwangau. Auf ihnen ist die Uhrzeit vermerkt, zu der Ihre Führung beginnt. Es empfiehlt sich, die Eintrittskarten online zu reservieren.
- Wenn die Wartezeiten für den Schlossbesuch lang sind, bereiten Sie sich unten in Hohenschwangau im 2011 eröffneten **Museum der bayerischen Könige** (Alpseestr. 27) auf die Wittelsbacher vor. Es widmet sich hauptsächlich Ludwig II. und seinem Vater Maximilian I.
- Etwas Kondition sollten Sie für den Besuch Neuschwansteins schon haben: Zu Fuß geht's zunächst etwa 30 Minuten (200 m) bergauf bis zum Schlosshof; drinnen sind bei der Besichtigungstour 300 Stufen zu bewältigen. Romantisch erreichen Sie das Schloss mit einer Pferdekutsche. Die Bergauffahrt kostet pro Person 6 €.

Schloss Schleißheim und Flugwerft

Oberschleißheim im Norden Münchens hat kultur- wie technikinteressierten Besuchern viel zu bieten: In der Schlossanlage Schleißheim mit ihren prunkvollen Sälen, den Gemäldesammlungen und dem wunderbaren Barockgarten bilden Architektur und Natur ein Gesamtkunstwerk. Auf der Flugwerft gleich nebenan startete einst die »Königlich-Bayerische Fliegertruppe«; heute laden historische und moderne Ausstellungshallen zu einem Spaziergang durch die Geschichte des Flugzeubaus.

Anlass für den Bau der Schlossanlage Schleißheim war keine Prunksucht, sondern die Sehnsucht nach Abgeschiedenheit und Ruhe: Ende des 16. Jh.s dankte Herzog Wilhelm V. zugunsten seines Sohnes ab und ließ beim Dörfchen Schleißheim eine schlichte Eremitage errichten, in der er sich künftig der Meditation und dem Gebet widmen wollte. Sein Sohn Maximilian I. war von anderem Naturell: Ab 1617 baute er des Vaters Klause prächtig um zum **Alten Schloss** mit Wirtschaftshof und Torturm. Und keine 80 Jahre nach dessen Vollendung nahm sein Nachfolger, der »Blaue Kurfürst«, das herrliche Barockensemble des Neuen Schlosses gegenüber in Angriff. Es ist um so viel spektakulärer, dass das Alte davor verblasst.

Ein bayerisches Versailles

Max II. Emanuel fühlte sich 1688 nach dem Sieg über die Türken vor Belgrad auf dem Höhepunkt seiner absolutistischen Macht, und dies wollte er für alle sichtbar demons-

Zwischen Lustheim und dem sich hier in all seiner Pracht zeigendem Neuen Schloss breitet sich der Schleißheimer Garten mit begrenzenden Kanälen und ausgedehnter Boskettzone aus: ein barocker Lustgarten im ganz großen Stil.

trieren. Um 1690 errichtete ihm Hofbaumeister Enrico Zuccalli zunächst das Jagdschlösschen **Lustheim** in gehöriger Entfernung vom Alten Schloss auf einer künstlichen Insel, mit zwei Appartements für die kurfürstlichen Eheleute und einem großen zentralen Saal mit illusionistischem Deckenfresko. 1702 begann Zuccalli dann das **Neue Schloss** nach dem Vorbild von Versailles, 1719 setzte Joseph Effner seine Arbeit fort, und allmählich nahm auch der von Zuccalli geplante Barockgarten Gestalt an. Heute ist er einer der wenigen noch im Original erhaltenen Barockgärten Deutschlands.

Die Große Galerie bildet den Abschluss der imposanten Folge von Räumen und Festsälen im Neuen Schloss.

Gemälde und Musik

Ein lauer Sommerabend. Türen und Fenster des festlich erleuchteten Schlosses stehen weit offen, Fackeln erhellen den Barockgarten, in dem elegant gekleidete Paare promenieren ... nein, das ist keine Fantasie! Die Sommerkonzerte mit weltberühmten Interpreten im Festsaal des Schlosses Schleißheim (Informationen über die Website der Schlossverwaltung) gehören zu den schönsten Musikveranstaltungen Münchens. Aber auch ohne diesen konzertanten Rahmen wird Schleißheim Sie mit seinen eleganten, üppig, aber nicht überladen geschmückten Sälen und Treppenaufgängen verzaubern. Und wenn Sie sich für die Malerei

des Barock interessieren, finden Sie eine bedeutende Sammlung mit Werken italienischer, holländischer und flämischer Maler des 17. Jh.s. Vergessen Sie zum Abschluss nicht, Lustheim mit seiner Ausstellung Meißener Porzellans einen Besuch abzustatten!

Flugzeuge zum Anfassen: in der Flugwerft

Zeppelin & Co

An schönen Sommertagen kreist manchmal ein Zeppelin über Oberschleißheim. Ein findiger Unternehmer bietet Rundflüge über München an, die am alten, 1912 in Dienst genommenen Flughafen der »Königlich bayerischen Fliegertruppe« gleich neben der Schlossanlage starten und landen. In den teils noch von 1919 stammenden Hallen sowie den modernen Erweiterungsbauten zeigt das Deutsche Museum (► 134ff) seine Ausstellung über die Geschichte der Luft- und Raumfahrt. Von frühen Flugapparaten über historische Maschinen der Zivilflugfahrt und des Militärs (z. B. ein Heinkel HE 111) bis hin zu Starfighter und MIG reicht das Spektrum der Flugzeuge, und in einer »Gläsernen Werkstatt« können Sie von einer Galerie zusehen, wie Flugzeuge gewartet bzw. restauriert werden. In viele Flugzeuge dürfen Sie sogar hineinklettern, was Kindern besonders großen Spaß macht.

Schlösser Schleißheim

Max-Emanuel-Platz 1, Oberschleißheim 089 315 87 20; www.schloesser.bayern.de Altes und Neues Schloss Schleißheim, Schloss Lustheim April bis Sept. Di–So 9–18, Okt.–März 10–16 Uhr 8 € (Kombiticket)

Flugwerft

Effnerstr. 18, Oberschleißheim
089 315 71 40; www.deutsches-museum.de 9–17 Uhr 6 €

Anfahrt: 12 km nördlich vom Stadtzentrum; S 1 Oberschleißheim

BAEDEKER TIPP

- Im Alten Schloss residiert die **Ökumenische Sammlung Gertrud Weinhold** mit Skulpturen und Bildern aus der ganzen Welt, die in Verbindung mit christlichen Festen stehen. So können Sie in der Ausstellung z. B. sehen, wie sich die afrikanischen Joruba die *Anbetung der Heiligen Drei Könige* vorstellen oder wie äthiopische Christen den hl. Georg abbilden.
- **Hits für Kids:** Im **Werftladen** kommen nicht nur Kinder aus dem Staunen kaum mehr heraus. Hier gibt's alle nur erdenklichen Flugzeugmodelle zum Selbstbauen! Einmal im Quartal findet ein **Modellbaukurs** für Flugzeuge statt (9–17 Uhr, für Kinder von 9 bis 15 Jahren). Besser kann man nicht auf seine zukünftige Pilotenkarriere vorbereitet werden. Im Sommer kann man vom Biergarten aus dem **Zeppelin**, der »Tante Ju«, der JU-52, sowie Sportflugzeugen beim Start und bei der Landung zusehen.

Spaziergänge & Touren

1 AUF DEN SPUREN MODERNER ARCHITEKTUR UND KUNST

Fahrrad- oder Rikschatour

LÄNGE: 18 km **DAUER:** 2,5–3 Stunden
START UND ZIEL: Marienplatz Ⓤ Marienplatz ✚ 206 A1
FAHRRADVERLEIH: ➤ 42 **RIKSCHAS:** ➤ 43

Am (hier vom Glockenspiel im Neuen Rathaus aus gesehenen) Marienplatz in der Altstadt warten auch Rikschafahrer auf Gäste.

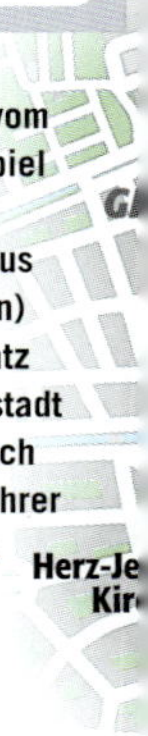

Futuristisch-elegante Einkaufspassagen, transparente Kirchen, abstrakte Skulpturen und kühne Hochhaustürme: München hat Freunden moderner Architektur und Kunst einiges zu bieten. Da die Highlights weit über das Stadtgebiet verstreut sind, erkunden Sie sie am besten per Fahrrad – oder mieten Sie sich alternativ dazu doch eine Rikscha!

1–2
Vom **Marienplatz** fahren Sie durch die Theatinerstraße an der eleganten Einkaufspassage der **Fünf Höfe** vorbei zur alten, griechisch-orthodoxen **Salvatorkirche** (1494) am gleichnamigen Platz. Das 1887 neben der Kirche erbaute Schulgebäude mit seinen Erdgeschossarkaden wurde 1995–1997 durch das Architekturbüro Kiessler & Partner modernisiert und zum **Literaturhaus** erweitert. Bei Lesungen, Diskussionsveranstaltungen und im Restaurant/Café OskarMaria dreht sich hier alles um Bücher und Medien. Eine Installation der New Yorkerin Jenny Holzer ehrt mit elektronischen Lesesäulen sowie Zitaten auf den Granittischplatten und dem Geschirr den bayerischen Dichter Oskar Maria Graf.

2–3
Durch die Jungfernturmstraße geht's an einem Stück der alten Münchner Stadtmauer entlang zum **Platz der Opfer des Nationalsozialismus**. Hier befand sich das Münchner Hauptquartier der Gestapo. Ein 1985 von Andreas Sobeck geschaffener Kreuzpfeiler aus grauem Granit mit Ewiger Flamme erinnert an die Gräuel der NS-Zeit.

3–4
Architektonische Meisterwerke sind das **Museum Brandhorst** (➤ 114) und die **Pinakothek der Moderne** (➤ 117f), an deren Haupteingang sehen Sie die Skulptur *Buscando la Luz* von Eduardo Chillida. Die wuchtige Fassade der **Neuen Pinakothek** (➤ 120) erhält durch den künstlichen See davor etwas Leichtigkeit. Beachten Sie auch die Plastiken: Georg Brenningers *Konti-*

nente im Wasserbecken, Marino Marinis *Miracolo* an der Theresienstraße und Henry Moores *Große Liegende* Ecke Arcisstraße.

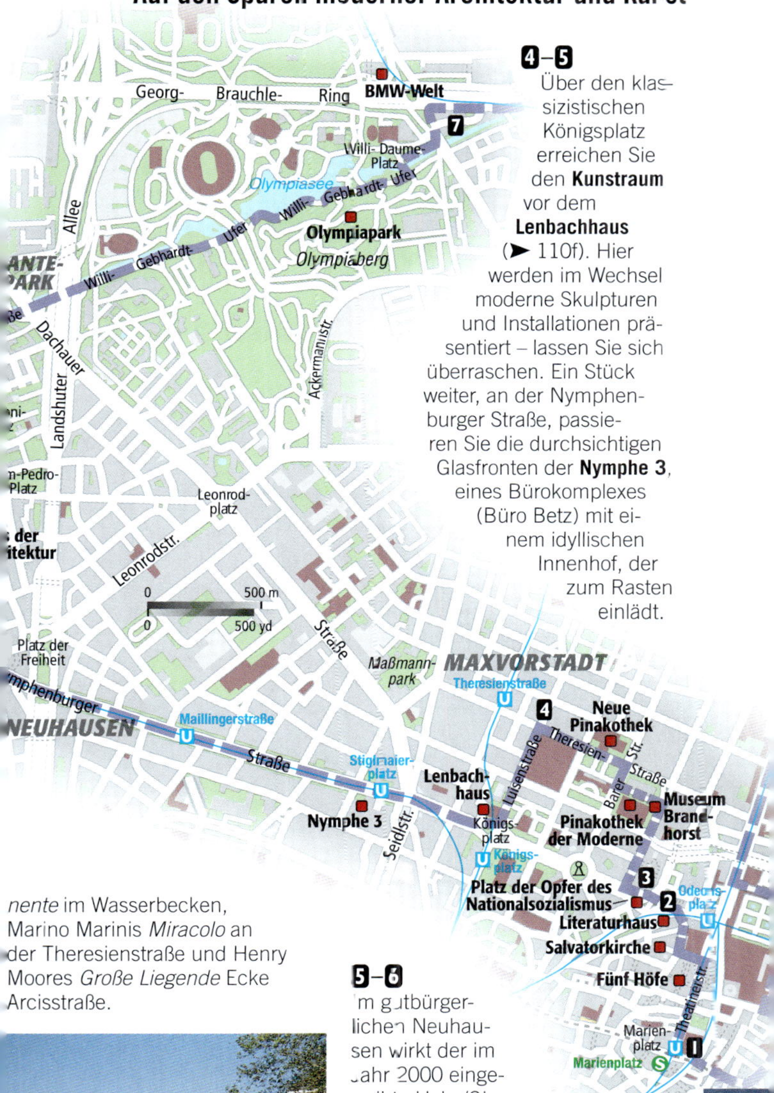

4–5 Über den klassizistischen Königsplatz erreichen Sie den **Kunstraum** vor dem **Lenbachhaus** (➤ 110f). Hier werden im Wechsel moderne Skulpturen und Installationen präsentiert – lassen Sie sich überraschen. Ein Stück weiter, an der Nymphenburger Straße, passieren Sie die durchsichtigen Glasfronten der **Nymphe 3**, eines Bürokomplexes (Büro Betz) mit einem idyllischen Innenhof, der zum Rasten einlädt.

5–6 Im gutbürgerlichen Neuhausen wirkt der im Jahr 2000 eingeweihte Holz-/Glaskubus der **Herz-Jesu-Kirche** (➤ 161f) fast wie eine Provokation. Ihre Transparenz und das erhabene Raumgefühl im Inneren überzeugen aber selbst Skeptiker. Alt und Neu finden an der Waisenhausstraße im **Haus der Architektur** zueinander (Architekten Drescher/Kubina). In dem dank

seiner Glaslamellen fast durchscheinend wirkenden Bau sind gelegentlich interessante Architekturausstellungen zu sehen.

6–7

Entlang Hohenlohestraße und Willi-Gebhardt-Ufer erreichen Sie durch Grünanlagen den 1972 eröffneten **Olympiapark** (➤ 158ff). Jenseits des Mittleren Rings beherrscht das zylinderförmige BMW-Gebäude die Stadtsilhouette. Zu dessen Füßen steht das futuristische Erlebniszentrum **BMW Welt** nach Entwürfen des Wiener Büros Coop Himmelb(l)au.

7–8

Ein kurzes Stück geht's nun auf dem Fahrradweg parallel zum viel befahrenen Mittleren Ring entlang, der schließlich im Tunnel verschwindet. Darüber führt der **Petuelpark** zum **»Münchner Tor«**, bestehend aus dem 85 m hohen Turm der Münchner Rückversicherung (Architekten Allmann/Sattler/Wappner) und den beiden, 113 und 126 m hohen **Highlight Towers** (Architekten Murphy/Jahn) deren viel bewunderte Stahl-/Glassilhouetten durch vier Brücken miteinander verbunden sind. Dahinter breitet sich die **Parkstadt Schwabing** aus.

8–9

Die Rückfahrt ins Stadtzentrum bringt Sie die Leopoldstraße entlang zur Münchner Freiheit, wo sich die breite und viel befahrene Leopoldstraße durch Verengung in einen attraktiven Boulevard verwandelt. Zwischen den hohen Pappeln links leuchtet Ecke Giselastraße die 17 m hohe Skulptur des **Walking Man**.

9–10

Über Ludwig- und Galeriestraße erreichen Sie die monumentale **Bayerische Staatskanzlei** (➤ 97f). Zwei mächtige Büroflügel aus Stahl und Glas erstrecken sich beidseits des ehemaligen Armeemuseums am Franz-Josef-Strauß-Ring.

10–11

Besser gelungen ist die Verbindung historischer Substanz mit innovativer Architektur in den Bauten am ehemaligen Marstall der Residenz (➤ 84ff). Höhepunkt ist der vom Büro Gewers Kühn geplante Komplex der **Maximilianshöfe** (➤ 96).

11–12

Eine lange Sanierung des Theaters zwang das Ensemble der Münchner Kammerspiele (➤ 26) in diverse Ausweichquartiere, darunter auch in das 2000 eröffnete **Neue Haus**. Mit seiner Studiobühne und

KLEINE PAUSE

Auf halber Höhe des Olympiabergs locken frisches Bier und eine Brotzeit in den Biergarten der **Olympia-Alm** (ganzjährig geöffnet, 10–21 Uhr).

den Proberäumen gilt es nun zusammen mit den Kammerspielen als ein innovativer und modernsten Ansprüchen genügender Theaterbau.

Am besten nehmen Sie sich nach dem Abschluss der Tour auch noch Zeit für die Besichtigung der Einkaufspassage Fünf Höfe: Deren kühl-eleganter Architektur aus Stahl und Glas verleihen die »hängenden Gärten« einen ganz besonderen Reiz – wuchernde Grünpflanzen wachsen von einem aus Ketten gefertigten, die Höfe überspannenden Netz herunter. Nutzen Sie die Gelegenheit zum entspannten Shopping oder zu einem Besuch der Hypo-Kunsthalle.

Hypo-Kunsthalle
206 A1 Theatinerstr. 8
089 22 44 12; www.hypo-kunsthalle.de
10–20 Uhr Marienplatz, Odeonsplatz je nach Ausstellung

Haus der Architektur
212 östl. C3 Waisenhausstr. 4
089 13 98 80 unregelmäßig
Rotkreuzplatz

2 VON THALKIRCHEN ZUM AUMEISTER

Fahrradtour

LÄNGE: 12,5 km (Fahrradverleih ➤ 36) **DAUER:** 3 Stunden
START: Thalkirchner Platz 209 südwestl. D1 Thalkirchen (Zoo)
ZIEL: Aumeister 203 nordöstl. F3 Studentenstadt

Münchens schönste Radelstrecke führt an der Isar entlang.

München ist die einzige Großstadt Europas, in der man an einem Gebirgsfluss entlangradeln kann. Sogar mit Inlineskates ließe sich die Tour bewältigen: Ein Großteil der Strecke ist geteert, der Rest besteht aus befestigten Wegen. Nur bei den Abstechern zum Kiesstrand tut man sich mit den Inlineskates schwer. Nehmen Sie sich für diese reizvolle Tour besser einen ganzen Tag Zeit: Kiesbänke, Biergärten, Kinderspielplätze und Sehenswürdigkeiten verführen an den Ufern des von den Kelten Isara (die Reißende) genannten Gewässers zu Zwischenstopps. Und vergessen Sie im Sommer Badehose, Handtuch und guten Sonnenschutz nicht!

1–2

Überqueren Sie vom **Thalkirchner Platz** beim Tierpark Hellabrunn aus die Isar über die Thalkirchner Brücke zum Ostufer, und folgen Sie dem Fluss nach Norden. Dann fahren Sie auf dem Flauchersteg über kinderfreundliche »Wasserspiele« und tosende Wasserfälle zum Westufer zurück. Nur 500 m, und schon lauert vor der früheren Wittelsbacher Jagdhütte die erste Versuchung: der **Biergarten Zum Flaucher**! Bleiben Sie standhaft, und fahren Sie weiter bis zur Brudermühlbrücke, über die der Mittlere Ring verläuft. Queren Sie darüber zurück ans Ostufer. (Die Brückenpfeiler schmückt eine herrliche Graffitigalerie!) Unter der Wittelsbacher- und Reichenbachbrücke hindurch erreichen Sie das **Deutsche Museum** auf der Museumsinsel (➤ 134ff).

FÜR KINDER
Münchens **Tierpark Hellabrunn** (Tierparkstr. 30, Tel. 089 62 50 80, www.tierpark-hellabrunn.de, 9–18 Uhr, Winter bis 17 Uhr, 12 €) gilt als einer der schönsten und fortschrittlichsten Deutschlands. Die 19 000 Tiere 750 verschiedener Arten leben in großzügigen Naturanlagen. Besonders toll finden Kinder natürlich das Affenhaus und das riesige Dschungelzelt.

KLEINE PAUSE

Biergarten Zum Flaucher, Isarauen 8, Tel. 089 723 26 77, 10–24 Uhr

Biergarten Aumeister, Sondermeierstr. 1, Tel. 089 32 52 24, Mo–Sa 10–23, So 9.30–23 Uhr

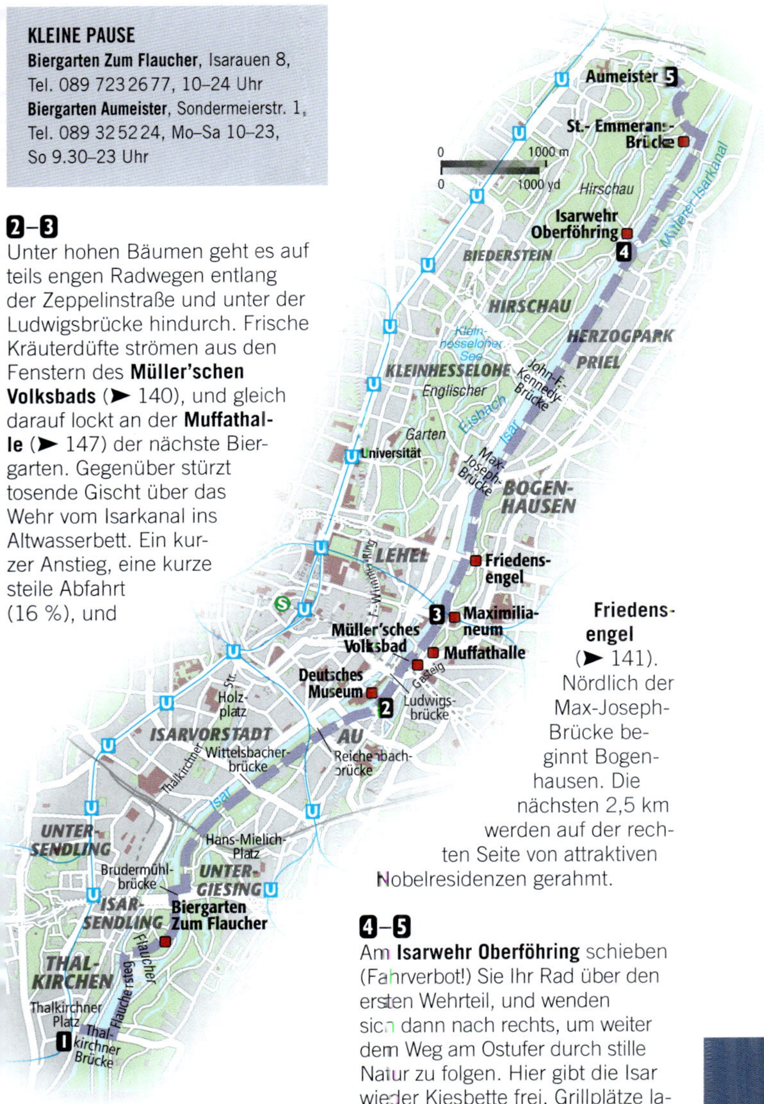

2–3

Unter hohen Bäumen geht es auf teils engen Radwegen entlang der Zeppelinstraße und unter der Ludwigsbrücke hindurch. Frische Kräuterdüfte strömen aus den Fenstern des **Müller'schen Volksbads** (► 140), und gleich darauf lockt an der **Muffathalle** (► 147) der nächste Biergarten. Gegenüber stürzt tosende Gischt über das Wehr vom Isarkanal ins Altwasserbett. Ein kurzer Anstieg, eine kurze steile Abfahrt (16 %), und schon geht es unterhalb des **Maximilianeums** (► 141) vorbei.

3–4

Jetzt fließt die Isar ruhig und schwer dahin. Sie fahren durch Parkanlagen und passieren den **Friedensengel** (► 141). Nördlich der Max-Joseph-Brücke beginnt Bogenhausen. Die nächsten 2,5 km werden auf der rechten Seite von attraktiven Nobelresidenzen gerahmt.

4–5

Am **Isarwehr Oberföhring** schieben (Fahrverbot!) Sie Ihr Rad über den ersten Wehrteil, und wenden sich dann nach rechts, um weiter dem Weg am Ostufer durch stille Natur zu folgen. Hier gibt die Isar wieder Kiesbette frei, Grillplätze laden zum Bleiben ein, Baden ist allerdings verboten. Über die hölzerne **St.-Emmerans-Brücke** queren Sie wieder die Isar und folgen dem breiten Weg in nordwestlicher Richtung. Dann ist der schöne Endpunkt Ihrer Tour erreicht: der Biergarten **Aumeister**.

3 DURCHS GLOCKENBACHVIERTEL ZUM VIKTUALIENMARKT

Spaziergang

LÄNGE: 3 km **DAUER:** 1,5–2 Stunden
START: Sendlinger-Tor-Platz 209 E4 Sendlinger Tor
ZIEL: Viktualienmarkt 210 A4 Marienplatz

Nach Schwabing und Haidhausen hat die »Szene« auch das ursprüngliche Arbeiter- und spätere Schwulenrevier Glockenbachviertel für sich entdeckt. Dieser Spaziergang beginnt idyllisch auf einem Friedhof, führt Sie danach aber durch einen der lebhaftesten Stadtteile Münchens, vorbei an hübsch restaurierten Häusern, schrillen Kneipen, originellen Läden und avantgardistischen Galerien bis zum Viktualienmarkt. Starten Sie nicht zu früh, denn das Leben im Glockenbachviertel ist am späten Nachmittag so richtig erblüht. Vormittags ist eher wenig los.

1–2

Vor dem alten Stadttor am **Sendlinger-Tor-Platz** stehend, gehen Sie nach rechts, die Blumenstraße entlang, und biegen dann nach wenigen Schritten rechts in die Pestalozzistraße ein. Ihr folgen Sie nach Süden zum Stephansplatz mit der schlichten **Kirche St. Stephan** aus dem 17. Jh. Daneben finden Sie den **Alten Südlichen Friedhof**, ursprünglich Begräbnisstätte der armen Leute, dann zum Prominentenfriedhof avanciert. Seit 1944 finden keine Bestattungen mehr statt. Die Angestellten der umliegenden Büros verbringen in der ruhigen, grünen Oase die Mittagspause oder drehen ihre Joggingrunden.

2–3

Gleich am Eingang können Sie sich auf einem Plan orientieren, wo wer begraben ist. Wählen Sie den mittleren Weg durch den Friedhof zum Grab des romantischen Malers Carl Spitzweg. Dabei passieren Sie auch die Grabstätte des Architekten Friedrich Bürklein, dem die Maximilianstraße nicht so recht gelang (➤ 97). In den Arkaden im neuen, quadratischen Teil ruhen u. a. die

Mischung aus Jugendstilkneipe und rustikalem Kaffeehaus: Faun im Glockenbachviertel

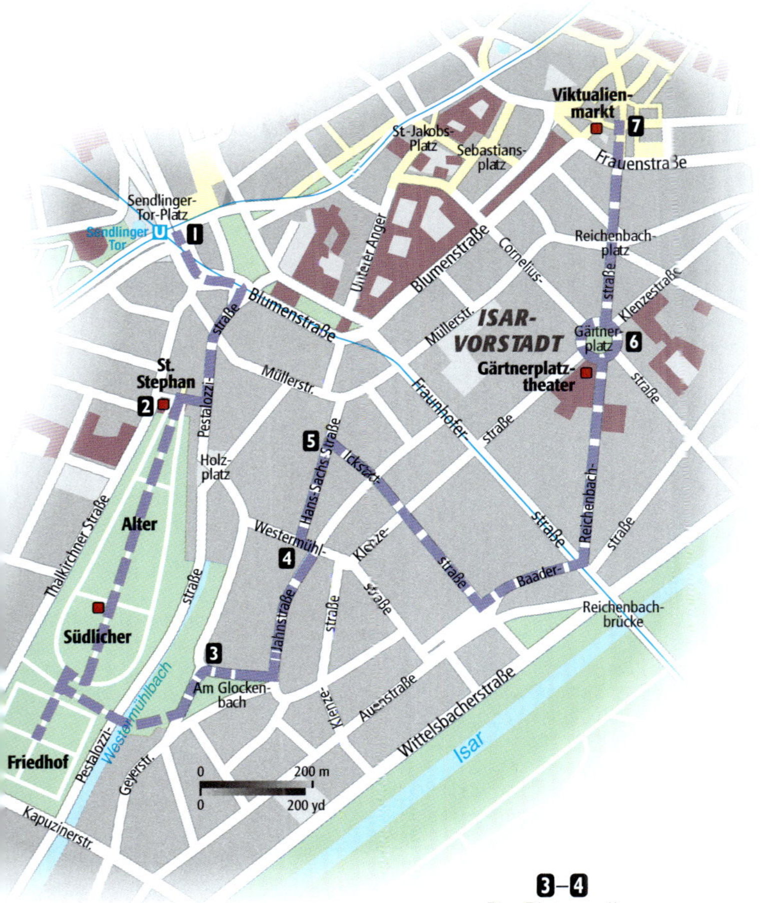

Architekten Leo von Klenze und Friedrich von Gärtner sowie der Schöpfer der Bavaria, der Bildhauer Ludwig von Schwanthaler. Lassen Sie sich Zeit zum Bummeln, Sie entdecken wunderschöne Grabsteine, darunter einige aus der Zeit des Jugendstils. Im Durchgang zwischen altem und neuem Teil verlassen Sie den Friedhof nach links und überqueren den Westermühlbach auf einer Brücke.

3–4

Der Platz vor Ihnen heißt **Am Glockenbach**, doch der Bach ist längst unter einer Grünanlage verschwunden. Früher wurden hier an der »Oberen Lände« allerlei Waren mit Flößen angelandet, Mehl z. B. oder Holz, das man für die Glockengießerei benötigte, die neben anderen frühindustriellen Betrieben in Isarnähe angesiedelt war. Die Gründerzeithäuser rund um den Platz und in den Straßen der Nachbarschaft waren Mietskasernen für Arbeiter. Das Viertel war immer ein wenig verru-

KLEINE PAUSE
Leckere Schokolade, delikates Gebäck und aromatischen Kaffee bekommen Sie im **Crème** in der Reichenbachstr. 27. Wenn Sie großen Hunger nach Bayerischem verspüren, dann legen Sie doch gleich nach dem Friedhof eine Pause im **Rumpler** (Baumstr. 21) ein. Schweinskrusten- und Zwiebelrostbraten schmecken sowohl in der Gaststube als auch im Biergarten. Am Ziel, dem Viktualienmarkt, ist das Angebot an »Schmankerln« riesengroß.

fen, entwickelte sich in den 1960er-Jahren zur Münchner Twist- und Rock-'n'-Roll-Hochburg und in den 1970er-Jahren zum Dorado der Schwulenszene. Kneipen, Saunen, aber auch die ersten politischen Initiativen der Homosexuellenbewegung siedelten sich an, und bald darauf zogen die Alternativen und Kreativen in den Glockenbach.

4–5
Wunderbar restaurierte Gründerzeitfassaden, dazwischen Häuser, an denen deutlich der Zahn der Zeit nagt, vor allem aber Kneipen, Läden, Galerien – in der Jahnstraße, der Hans-Sachs-Straße oder in den Seitenstraßen lohnt es sich, auf Entdeckungsreise zu gehen: Klamotten aus dem Siebten Himmel, ein Espresso im Faun oder dem Kaiser Otto (wo die Kinder einen Spielraum haben)? Oder doch lieber Schokolade trinken in der Götterspeise? Im Glockenbachviertel setzt sich die Szene gern in Szene. Auch viele Passanten tragen in schriller Aufmachung das Motto »Ich will Spaß« vor sich her.

5–6
Biegen Sie in die Ickstattstraße nach rechts ein, folgen Sie ihr bis zur Baaderstraße, wo Sie sich links halten, und Sie stehen an der Isar. Überqueren Sie die Fraunhoferstraße, um in die Reichenbachstraße zu gelangen, die schnurgerade auf den Gärtnerplatz zuführt.

Hier gibt's Antiquitäten und Möbel der 1950er-Jahre, Retroklamotten und Szenebäckereien wie das Crème mit den wahrscheinlich besten Croissants der Stadt. Kurz vor dem Gärtnerplatz passieren Sie das Haus der Israelitischen Kultusgemeinde. Bis zur Fertigstellung von Synagoge und Jüdischem Museum am Jakobsplatz (➤ 71) war hier mehrere Jahrzehnte lang der provisorische religiöse und kulturelle Mittelpunkt der jüdischen Gemeinde. Die in den 1930er-Jahren errichtete Synagoge hat nun, nach dem Umzug der Thora-Rollen in das neue Gotteshaus, ihre sakrale Bedeutung verloren. Die Straßen rund um den Gärtnerplatz waren bis zu Hitlers Machtergreifung Wohngebiet jüdischer Handwerker.

6–7
Am kreisrunden Gärtnerplatz sollten Sie dem **Gärtnerplatztheater** Beachtung schenken. 1865 weihte Ludwig II. es ein; hinter der spätklassizistischen Giebelfassade werden Operetten, Musicals, aber auch Opern inszeniert. Rund um den Platz machen sich Cafés mit ihren Stühlen und Tischen Konkurrenz. Ein letztes kurzes Stück entlang der Reichenbachstraße bringt Sie direkt auf den **Viktualienmarkt** (➤ 64f). An den Ständen können Sie sich mit einer Brotzeit in bayerischem Ambiente vom schrägen Charme des Glockenbach- und Gärtnerplatzviertels erholen.

München beim Christopher Street Day im Zeichen des Regenbogens

Praktisches

REISEVORBEREITUNGEN

WICHTIGE PAPIERE

● Erforderlich
○ Empfohlen
▲ Nicht erforderlich

	Deutschland	Österreich	Schweiz
Pass/Personalausweis	●	●	●
Visum	▲	▲	▲
Weiter- und Rückflugticket	▲	▲	▲
Impfungen (Tetanus und Polio)	▲	▲	▲
Krankenversicherung (➤ 196, Gesundheit)	●	●	●
Reiseversicherung	○	○	○
Führerschein (national)	●	●	●
Kfz-Haftpflichtversicherung (Internationale Grüne Versicherungskarte)	●	●	●
Fahrzeugschein	●	●	●

REISEZEIT

Hauptsaison — Nebensaison

JAN	FEB	MÄRZ	APRIL	MAI	JUNI	JULI	AUG	SEPT	OKT	NOV	DEZ
2°C	4°C	8°C	14°C	18°C	21°C	23°C	22°C	20°C	14°C	7°C	3°C
Nebensaison	Nebensaison	Nebensaison	Hauptsaison	Hauptsaison	Hauptsaison	Hauptsaison	Hauptsaison	Hauptsaison	Nebensaison	Nebensaison	Hauptsaison
Bewölkt	Bewölkt	Wechselhaft	Wechselhaft	Sonnig	Sonnig	Sonnig	Sonnig	Wechselhaft	Wechselhaft	Bewölkt	Bewölkt

Sonnig — Wechselhaft — Regnerisch — Bewölkt

Die angegebenen Werte entsprechen den durchschnittlichen **Tagestemperaturen** des jeweiligen Monats. **Die schönste Reisezeit** ist von April bis September/Oktober, dann haben die Straßencafés ihre Tische und Stühle auf das Trottoir gestellt, im Englischen Garten und an den Ufern der Isar räkeln sich die Sonnenanbeter. Doch auch im Winter, wenn die Stadt auch einmal unter einer weißen Schneedecke verborgen liegen kann, lohnt sich ein Besuch Münchens, und im Dezember locken die Weihnachtsmärkte auf fast allen größeren Plätzen. In der »nördlichsten Stadt Italiens« lässt es sich also das ganze Jahr über gut leben.

INFORMATION VORAB

Websites

- www.muenchen-reisefuehrer.com
- www.muenchen.de
- www.munichx.de

Deutschland
Fremdenverkehrsamt München
80313 München
☎ 089 23 39 65 00

Österreich
Deutsche Zentrale für Tourismus
Mariahilferstr. 54
1010 Wien
☎ 01 513 27 92

ANREISE

Mit dem Flugzeug: Der Flughafen München-Erding, auch Flughafen Franz Josef Strauß genannt, ist neben Frankfurt am Main das zweite große internationale Luftverkehrsdrehkreuz Deutschlands, das aus vielen Ländern der Welt direkt angeflogen wird. Innerdeutsche Flüge mit den großen Fluggesellschaften sind verhältnismäßig teuer, doch immer mehr »Billigfluglinien« drängen auf den Markt und bieten günstige Tarife an. Aus dem europäischen Ausland gibt es häufig günstige Angebote für Städtereisen. Fragen Sie bei Ihrer Fluggesellschaft oder im Reisebüro nach, oder nutzen Sie das Angebot im Internet.
Mit dem Zug: Ziel aller Fernzüge ist der Münchner Hauptbahnhof. Regionalzüge aus dem süddeutschen Raum oder aus Österreich halten auch oft am Ostbahnhof oder am Bahnhof Pasing. Für Autozüge aus ganz Deutschland ist der Ostbahnhof Endstation. Alle Bahnhöfe sind gleichzeitig mit den ständig verkehrenden S-Bahnen (www.mvv-muenchen.de) verbunden, sodass ein zügiges Weiterkommen innerhalb der Stadt gewährleistet ist. Für eine Fahrt von Hamburg oder Berlin nach München sollten circa sechs Stunden Fahrtzeit gerechnet werden. Von Düsseldorf und Wien aus sind es circa 5 Stunden.
Mit dem Auto: München ist über die Autobahn A 9 mit Nürnberg, A 94 mit Passau, A 8 mit Salzburg und mit Stuttgart, A 95 mit Garmisch-Partenkirchen und A 96 mit Lindau verbunden. Ein noch nicht ganz vollständiger Autobahnring leitet den Verkehr von der Autobahn nach Salzburg östlich, nördlich und westlich um München herum zur Autobahn nach Stuttgart, die Verbindung weiter zur Autobahn nach Lindau ist in Bau.

ZEIT

L

München befindet sich in der Zentraleuropäischen Zeitzone. Es gilt Mitteleuropäische Zeit (MEZ), die eine Stunde vor Greenwich-Zeit (GMT) liegt. Zwischen Ende März und Ende Oktober werden die Uhren um eine Stunde auf Mitteleuropäische Sommerzeit (MESZ) vorgestellt.

WÄHRUNG UND GELDWECHSEL

Währung: Seit dem 1. Januar 2002 ist die Währung wie in vielen europäischen Staaten der **Euro**. Die offizielle Abkürzung für den Euro ist EUR. Euro-Banknoten gibt es in den folgenden Nennwerten: 5, 10, 20, 50, 100, 200 und 500 Euro; Münzen in Nennwerten zu: 1, 2 und 5 für den kupferfarbenen Euro-Cent, 10, 20 und 50 für den goldfarbenen Euro-Cent. Zusätzlich gibt es eine 1-Euro- und 2-Euro-Münze.
Für Schweizer gilt: 1 € = 0,82 SFr, 1 SFr = 1,22 €.
Einen **Devisenrechner** zur Umrechnung verschiedener Währungen finden Sie im Internet: www.oanda.com.
Geldwechsel: In den Bahnhöfen und am Flughafen gibt es Wechselstuben. **Reiseschecks** können Sie bei allen Banken einlösen, die mit vielen Filialen überall in der Stadt zu finden sind. Außerhalb der Öffnungszeiten finden Sie viele **Geldautomaten**.
Kreditkarten werden mittlerweile in fast allen Hotels, Restaurants und Geschäften akzeptiert.

Schweiz
Deutsches Verkehrsbüro
Freischützgasse 3
8004 Zürich
☎ 044 2132200

DAS WICHTIGSTE VOR ORT

FEIERTAGE

1. Januar	Neujahr	15. August	Mariä Himmelfahrt
6. Januar	Hl. Drei Könige	3. Oktober	Tag der deutschen Einheit
März/April	Karfreitag, Ostermontag	1. November	Allerheiligen
1. Mai	Tag der Arbeit	24. Dezember	Heiliger Abend
Mai/Juni	Christi Himmelfahrt, Pfingstmontag, Fronleichnam	25., 26. Dezember	Weihnachten

An allen oder manchen dieser Tage sind Banken, Museen und viele Läden (außer Bäckereien) geschlossen.

ÖFFNUNGSZEITEN

Geschäfte
Büros
Banken
Postämter
Museen/Sehenswertes
Apotheken

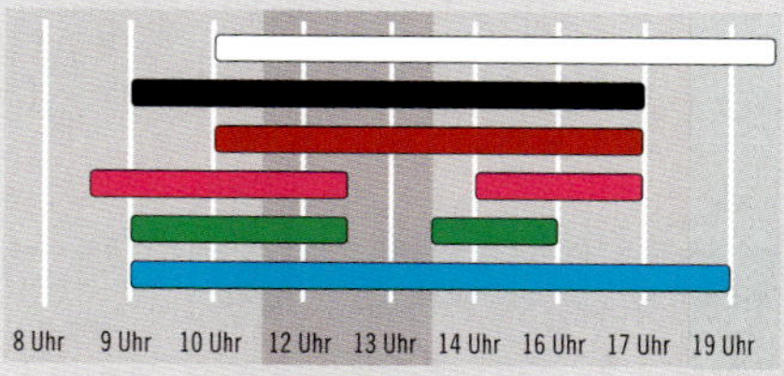

Tagsüber Mittags Abends

Geschäfte: Die meisten Geschäfte sind von Mo bis Fr von 10 bis 20 Uhr und Sa von 9 bis 18 Uhr, teilweise auch bis 20 Uhr geöffnet.
Banken: Banken und Sparkassen sind meist von Mo bis Fr ab 8.30/9 Uhr geöffnet.
Museen: Fast alle Münchner Museen sind in der Regel von Di bis So zwischen 10 und 17 Uhr geöffnet.

TRINKGELD

Meist werden Restaurant-, Getränke- und Taxirechnungen großzügig aufgerundet. Mit 5 % macht man nichts falsch.

Hotelportiers	1–2 Euro
Zimmermädchen	1–2 Euro
Stadtführer	nach Ermessen
Toiletten	50 Cent

ELEKTRIZITÄT

Die Spannung beträgt 220 Volt. Reisende aus dem außereuropäischen Ausland sollten einen Adapter verwenden.

ZEITUNTERSCHIED

MEZ	München	London (GMT)	New York (EST)	Sydney (AEST)
12 Uhr	12 Uhr	11 Uhr	6 Uhr	21 Uhr

IN KONTAKT BLEIBEN

Post: Postämter gibt es in allen Stadtteilen. Das Postamt am Bahnhofplatz 1 hat von Montag bis Freitag von 7.30 bis 20 Uhr, samstags von 9 bis 16 Uhr geöffnet, sonntags ist es geschlossen. Das Postamt am Flughafen hat von Montag bis Sonntag von 7.30 bis 21 Uhr geöffnet. Außerdem bekommt man auch in ausgesuchten Schreibwarenläden Briefmarken und kann dort Briefe, Päckchen und meist auch Pakete aufgeben. Postlagernde Sendungen können allerdings nur auf Postämtern abgeholt werden.

Öffentliche Fernsprecher: In München wurden inzwischen die früher existierenden, gelben geschlossenen Telefonzellen fast vollständig durch die neuen, mit dem Rosa der Deutschen Telekom gekennzeichneten, offenen Telefonsäulen ersetzt. Diese sind sehr selten und funktionieren meist nur noch mit Telefonkarten, die es in Postämtern, Schreibwarengeschäften und Zeitungsläden gibt.

Internationale Vorwahlen:

Österreich	**0043**
Schweiz	**0041**

Mobilfunkanbieter und -dienste: Für Mobiltelefone gelten von der EU festgelegte Höchstpreise. Für kostenlose Telefonate aus dem In- und Ausland ist das Installieren von Skype nötig (www.skype.com).

WLAN und Internet: Die meisten Hotels verfügen über WLAN (teilweise kostenpflichtig), das in allen Gästezimmern und Aufenthaltsbereichen anwählbar ist.

SICHERHEIT

München gilt als sicherste Stadt Deutschlands, sodass Touristen wohl nicht mit Gewaltkriminalität konfrontiert werden. Kleinkriminalität beschränkt sich meist auf Taschendiebstahl an den belebten Orten (Marienplatz, Fußgängerzone, Bahnhof).

- Beim Besuch des Oktoberfestes ist ein wenig Vorsicht angeraten, da es aus aller Welt nicht nur Vergnügungen suchende Touristen, sondern auch Könner der Taschendiebszene anlockt.
- Spätnachts sollten Sie bestimmte Bereiche im Englischen Garten, wie zum Beispiel um den Monopteros herum, meiden, da dort Dealer unterwegs sein könnten.

Polizei:
☎ 110/112 von jedem Telefon (112 vom Handy)

NOTRUFE

POLIZEI 110/112

FEUERWEHR (AUCH KRANKENWAGEN) 112

NOTARZT 110/112

GIFTNOTRUF 19240

HANDYNOTRUF 112

Praktisches

GESUNDHEIT

Krankenversicherung Falls in München ein Arzt aufgesucht werden muss, empfiehlt sich zumindest für Besucher, die aus nicht der EU zugehörigen Ländern kommen, eine spezielle Reisekrankenversicherung. Ärztlicher Bereitschaftsdienst: Tel. 116117.

Zahnarzt Eine zahnmedizinische Behandlung ist für Inländer mit Versicherungskarte problemlos, für Ausländer kann sie teuer werden. Zahnärzte mit Bereitschaftsdienst erreicht man unter Tel. 7233093 (10–12, 15–18 Uhr).

Wetter Empfindlichere Reisende können in München unter dem Föhn leiden, der Kopfschmerzen und Gereiztheit verursacht.

Medikamente Die Apotheken verkaufen rezeptfreie und rezeptpflichtige Medikamente. Außerhalb der üblichen Ladenöffnungszeiten existiert ein Apothekennotdienst (in jeder Apotheke auf einem von außen sichtbaren Anschlag genannt).

Trinkwasser Münchens Leitungswasser kann bedenkenlos getrunken werden, da die Brunnen im Alpenvorland liegen.

ERMÄSSIGUNGEN

In den Genuss ermäßigter **Eintrittskarten** kommen fast ausschließlich einheimische Arbeitslose, Sozialhilfeempfänger, Soldaten, Auszubildende, Schwerbehinderte und Rentner nach Vorlage entsprechender Ausweise. Ebenso erhalten Kinder und Schülergruppen oft verbilligten Eintritt. Auch in **öffentlichen Verkehrsmitteln** fahren Kinder und Jugendliche günstiger. Die **City Tour Card** erhält man bei den Touristeninformationen in mehreren Versionen mit unterschiedlicher Geltungsdauer (ab 10,90 pro Person für 1 Tag/Innenraum); sie beinhaltet freie Fahrt im öffentlichen Stadtverkehr und Preisreduktionen bei vielen Sehenswürdigkeiten und Museen.

MENSCHEN MIT HANDICAP

Der Flughafen ist gänzlich behindertengerecht, bei den Bahnhöfen ist nur der Hauptbahnhof barrierefrei. In vielen Parkhäusern finden sich behindertengerechte Zugänge und Parkplätze. Der Großteil der U- und S-Bahnhöfe besitzt rollstuhlgerechte Zugänge, eine Broschüre des Fremdenverkehrsverbandes *(München für Touristen mit Handicap)* weist diese aus. Fast alle Straßenbahnen sind mit einer Einstiegshilfe für Rollstuhlfahrer ausgerüstet, Busse mit Einstiegshilfen sind besonders gekennzeichnet.

KINDER

Kinder sind praktisch überall willkommen. Vorführungen und Programme für die Kleinen: www.pomki.de. Besondere Attraktionen sind in diesem Band durch oben stehendes Symbol gekennzeichnet.

TOILETTEN

Öffentliche Toiletten im oberirdischen Raum sind in München eher selten. Fündig wird man unterirdisch in Bahnhöfen des Verkehrsverbundes.

KONSULATE IN MÜNCHEN

Österreichisches Generalkonsulat
☎ 089 99 81 50

Schweizer Generalkonsulat
☎ 089 28 66 20

JANUAR

Fasching: Vom 6. Januar bis zum Faschingsdienstag erleben Sie München im Rausch der Maskenbälle. Besonders beliebt und ein richtiger Münchner Klassiker sind die »Weißen Feste« im **Max Emanuel** (➤ 126). Höhepunkt des Faschingstreibens ist der Tanz der Marktweiber am Viktualienmarkt (Faschingsdienstag 11 Uhr).

FEBRUAR

ISPO winter: Ende Januar und Anfang Februar zeigt die Sportwelt in der Neuen Messe die heißesten Trends.

f.re.e: Ende Februar präsentiert die Reise- und Freizeitmesse die große weite Welt mit reizvollsten Angeboten und den schönsten Wohnmobilen und Jachten.

MÄRZ

Starkbierzeit: Auf dem Nockherberg gibt's den traditionellen Anstich mit anschließendem »Politiker-Derbleck'n«.

Internationale Handwerksmesse: Mitte März zeigt die Messe Kunsthandwerk und Praktisches aus allen Teilen der Erde.

APRIL

Frühlingsfest: Auf der Theresienwiese findet eine stark verkleinerte Version des Oktoberfestes statt.

Ostereiersuchen: allgemeines Eiersuchen am Ostersonntag im Tierpark Hellabrunn – ein Riesenspaß für Groß und Klein

MAI

Maidult: Jahr- und Trödelmarkt Anfang Mai am Mariahilfplatz

Dok-Fest: Das Internationale Dokumentarfilmfestival Anfang Mai ist das bundesweit größte für lange Dokumentarfilme und feiert 2015 sein 30-jähriges Bestehen.

Lange Nacht der Musik: Ende Mai können Sie Münchens vielfältiges Musikprogramm und viele Veranstaltungsorte kennenlernen.

Biennale München: In geraden Jahren entführen Sie Uraufführungen in die aufregenden Klangwelten moderner Opernkomponisten.

Blade Night: Im Mai starten die überaus beliebten nächtlichen Rundtouren durch München; bis Ende August jeden Montagabend auf einer anderen Strecke; Informationen jeweils am Veranstaltungstag in den Tageszeitungen.

JUNI

Münchner Stadtgeburtstag: buntes Treiben und bayerische »Schmankerln« auf dem Marienplatz

Tollwood-Festival: Zeltstadt mit Theater, Musik, Kulinarischem und alternativen Shoppingangeboten neben dem Olympiapark

BMW International Open: Mitte Juni mit den besten Tenniscracks der Welt

Nymphenburger Sommer: Klassikkonzerte im wunderschönen Hubertussaal des Schlosses

Filmfest München: Ende Juni trifft sich die Filmszene im Gasteig und Filmmuseum.

Fronleichnam: Am zweiten Donnerstag nach Pfingsten begehen die Münchner diesen katholischen Festtag mit einer feierlichen Prozession durch die Innenstadt.

JULI

Königsplatz Open Air: Popkünstler, aber auch große Opernproduktionen sind vor der klassizistischen Kulisse der Propyläen zu erleben.

Klassik am Odeonsplatz: Konzerte der Münchner Philharmoniker und des Symphonieorchesters des Bayerischen Rundfunks stehen auf dem Programm.

Veranstaltungen rund ums Jahr

Opernfestspiele: Die Stars der internationalen Musikszene geben sich im Nationaltheater ein Stelldichein.

Konzerte im Brunnenhof: In der Residenz gibt's Musik in intimerem Rahmen.

Schleißheimer Sommer: Im Neuen Schloss Schleißheim treten klassische Virtuosen, darunter häufig auch Barockensembles, auf.

Jakobidult: Jahrmarkt auf dem Marahilfplatz

Rosenschau: Nur eine halbe Woche sind die Pflanzen im Neuen Botanischen Garten zu sehen, und jedes Jahr gibt es ein begleitendes Thema dazu.

AUGUST

Theatron Musiksommer im Olympiapark: Konzerte bekannter und unbekannter, internationaler und heimischer Bands heizen den Zuschauern richtig ein – und das alles kostenlos!

SEPTEMBER

Oktoberfest: Am vorletzten Samstag im September geht's los, das größte Volksfest der Welt wird mit einem feierlichen Einzug der Festwirte eröffnet. Am Sonntag folgt ein bunter Trachtenzug durch die Münchner Innenstadt.

OKTOBER

Kirchweihdult: Mitte Oktober am Mariahilfplatz in der Au

Lange Nacht der Museen: Große wie kleine Sammlungen öffnen ihre Pforten und locken Publikum mit originellen Veranstaltungen.

München-Marathon: Langstreckenläufer messen ihre Ausdauer auf den Straßen Münchens.

NOVEMBER

Münchner Bücherschau: Im Gasteig stellen die Münchner und bayerischen Verlage ihr Programm vor.

SpielArt: In ungeraden Jahren können Sie beim Theaterfestival internationale Theaterproduktionen erleben.

DEZEMBER

Christkindlmärkte gibt's auf dem Marienplatz, auf dem Rotkreuzplatz und in Haidhausen. Ein Künstler-Weihnachtsmarkt verwandelt die Münchner Freiheit in ein buntes Lichtermeer.

Winter-Tollwood sorgt auf der Theresienwiese mit Theater, Konzerten und einem rauschenden Silvesterfest für die richtige Stimmung.

Silvesterfeuerwerk: Dieses Spektakel sehen Sie sich am besten von den Schuttbergen im Olympiapark aus an. Eine bessere Aussicht gibt es sonst nirgends.

Cityplan

Kapiteleinteilung: siehe Übersichtskarte (Umschlaginnenseite

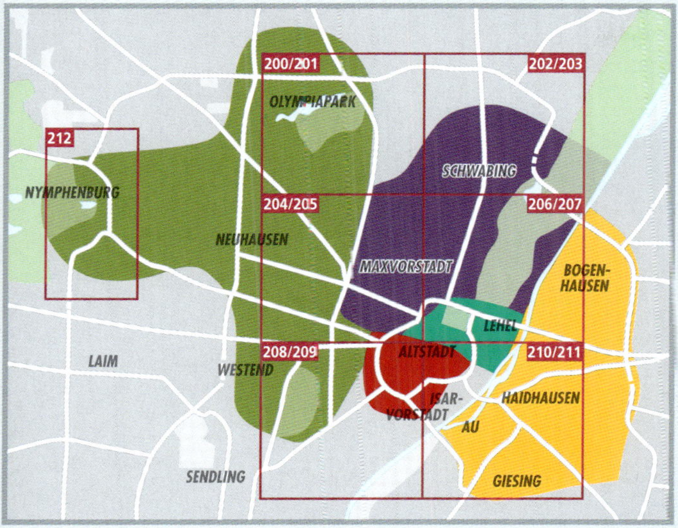

Legende

Öffentliches Gebäude/
Bemerkenswertes Gebäude

Grünfläche

Fußgängerzone

Straßenbahnlinie mit Haltestelle

S-Bahn mit Station

U-Bahn mit Station

Parkplatz; Parkhaus

TOP 10

Nicht verpassen!

Nach Lust und Laune!

Information

Museum

Theater, Oper

Kirche; Synagoge

Biergarten

Denkmal, Turm

Polizei

Krankenhaus; Tennis

Post; Bibliothek

Zoo

Hallenbad; Freibad

1 : 12.000

0 500 1000 m

0 500 1000 yd

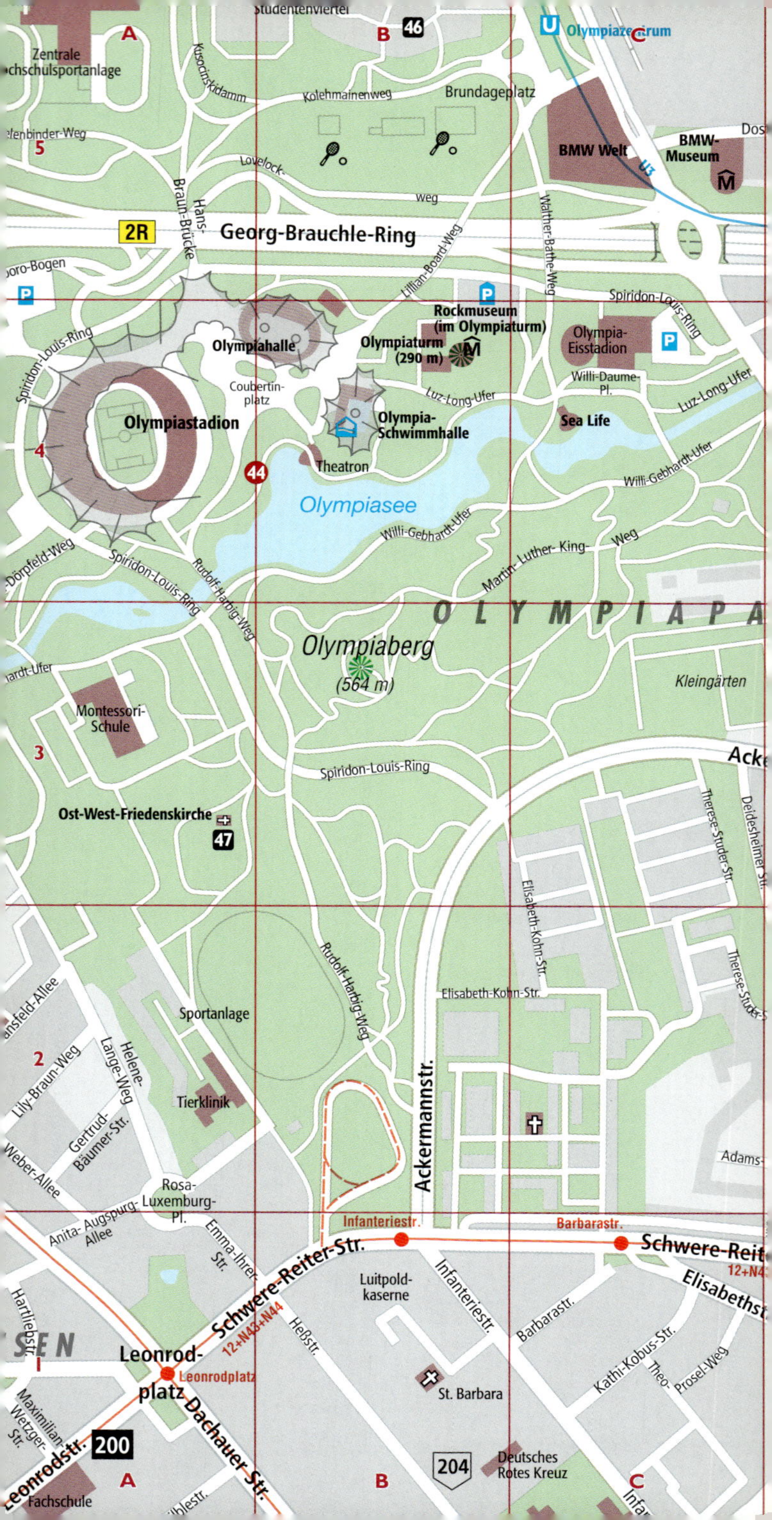

Studentenviertel
A
B
46
C
Olympiazentrum
Zentrale Hochschulsportanlage
Kusocinskidamm
Kolehmainenweg
Brundageplatz
BMW Welt
BMW-Museum
5
Lovelock-weg
U3
Hans-Braun-Brücke
2R
Georg-Brauchle-Ring
Lillian-Board-Weg
Walther-Bathe-Weg
Spiridon-Louis-Ring
Rockmuseum (im Olympiaturm)
Olympiahalle
Olympiaturm (290 m)
Olympia-Eisstadion
Willi-Daume-Pl.
Coubertinplatz
Luz-Long-Ufer
Olympiastadion
Olympia-Schwimmhalle
Sea Life
4
44
Theatron
Olympiasee
Willi-Gebhardt-Ufer
Martin-Luther-King-Weg
Rudolf-Harbig-Weg
OLYMPIAPA
Olympiaberg
(564 m)
Kleingärten
Montessori-Schule
3
Spiridon-Louis-Ring
Ack
Ost-West-Friedenskirche
47
Therese-Studer-Str.
Deidesheimer Str.
Elisabeth-Kohn-Str.
Sportanlage
2
Lily-Braun-Weg
Helene-Lange-Weg
Tierklinik
Gertrud-Bäumer-Str.
Ackermannstr.
Adams-
Weber-Allee
Rosa-Luxemburg-Pl.
Anita-Augspurg-Allee
Emma-Ihrer-Str.
Infanteriestr.
Barbarastr.
Schwere-Reiter-Str.
Luitpoldkaserne
Elisabethstr.
12+N43+N44
Heßstr.
Kathi-Kobus-Str.
Theo-Prosel-Weg
Hartliebstr.
Leonrodplatz
Maximilian-Wetzger-Str.
St. Barbara
Dachauer Str.
Leonrodstr.
200
204
Deutsches Rotes Kreuz
Fachschule

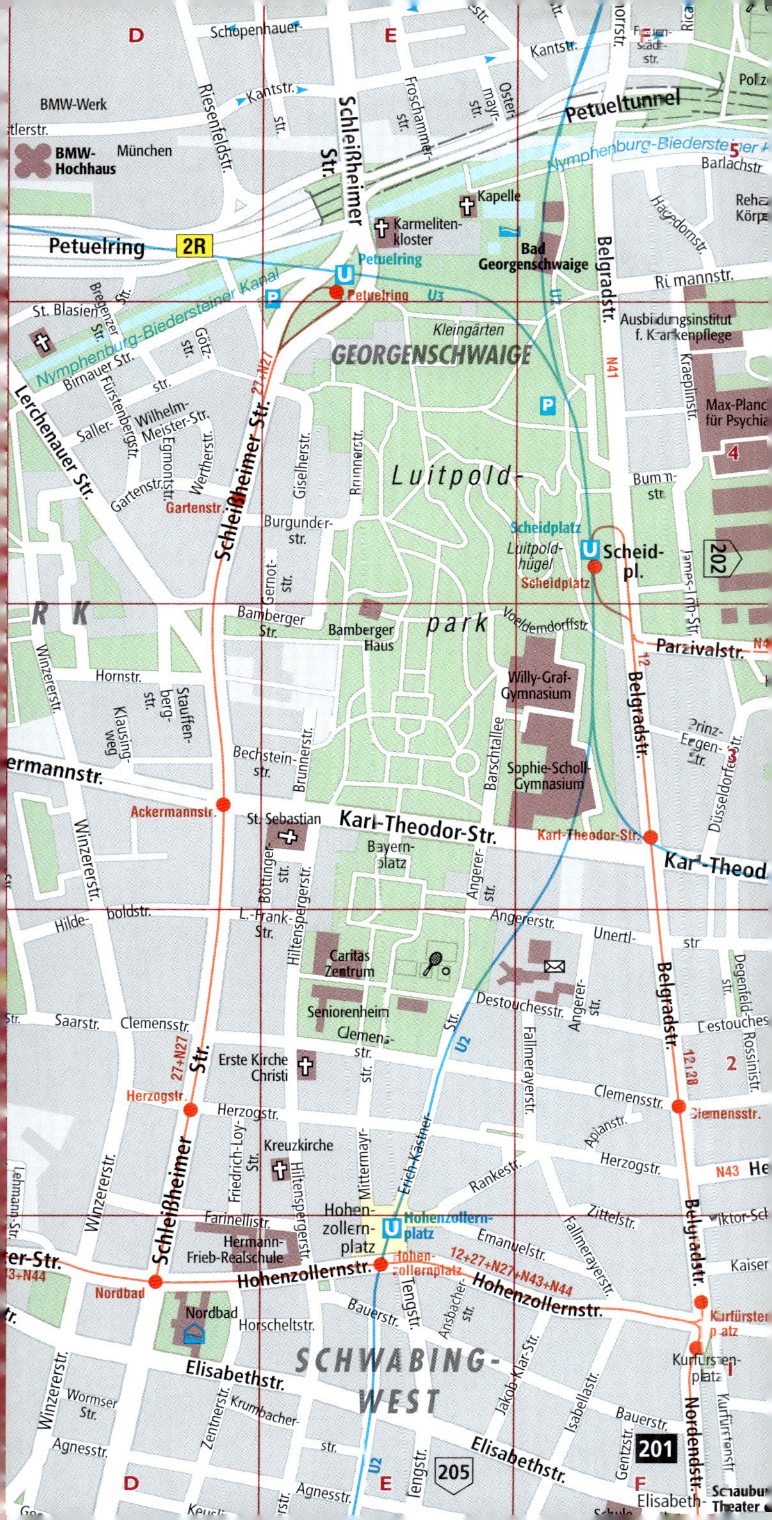

D
E
F
Schopenhauer-
Kantstr.
BMW-Werk
BMW-Hochhaus
München
Riesenfeldstr.
Schleißheimer Str.
Froschammer-str.
Ostermayr-str.
Petueltunnel
Nymphenburg-Biedersteiner Kanal
Barlachstr.
Kapelle
Karmeliten-kloster
Bad Georgenschwaige
Petuelring
2R
U3
U2
St. Blasien
Bregenzer Str.
Götz-str.
Birnauer Str.
Fürstenbergstr.
Lerchenauer Str.
Saller-
Wilhelm-Meister-Str.
Egmontstr.
Wertherstr.
Gartenstr.
Giselherstr.
Brunnerstr.
Kleingärten
GEORGENSCHWAIGE
Luitpold-park
Belgradstr.
N41
Hagedornstr.
Riemannstr.
Ausbildungsinstitut f. Krankenpflege
Kraepelinstr.
Max-Planck für Psychia
4
Burgunder-str.
Gernot-str.
Scheidplatz
Luitpold-hügel
Scheid-pl.
202
R K
Bamberger Str.
Bamberger Haus
Voelderndorffstr.
Parzivalstr.
12
Winzererstr.
Hornstr.
Klausing-weg
Stauffen-berg-str.
Willy-Graf-Gymnasium
Barschtallee
Prinz-Eugen-Str.
3
Düsseldorfer Str.
Bechstein-str.
Sophie-Scholl-Gymnasium
Ackermannstr.
St. Sebastian
Karl-Theodor-Str.
Bayern-platz
Böttinger-str.
Hiltenspergerstr.
Angerer-str.
Hildeboldstr.
L.-Frank-Str.
Angererstr.
Unertlstr.
Degenfeldstr.
Caritas Zentrum
Seniorenheim
Destouchesstr.
Saarstr.
Clemensstr.
27+N27
Erste Kirche Christi
Fallmerayerstr.
Rossinistr.
2
12,28
Herzogstr.
Friedrich-Loy-Str.
Kreuzkirche
Mittermayr-str.
Erich-Kästner-Str.
Apianstr.
Rankestr.
N43
Zittelstr.
Viktor-Sch
Lehmann-Str.
Farinellistr.
Hermann-Frieb-Realschule
Hohen-zollern-platz
Hohenzollernplatz
12+27+N27+N43+N44
Emanuelstr.
Hohenzollernstr.
Kaiser
Kurfürstenplatz
Nordbad
Horscheltstr.
Bauerstr.
Tengstr.
Ansbacher-str.
Jakob-Klar-Str.
Isabellastr.
SCHWABING-WEST
Elisabethstr.
Wormser Str.
Zentnerstr.
Krumbacher-str.
Agnesstr.
Gentzstr.
201
Nordendstr.
Kurfürstenstr.
205
Elisabeth-
Schauburg Theater

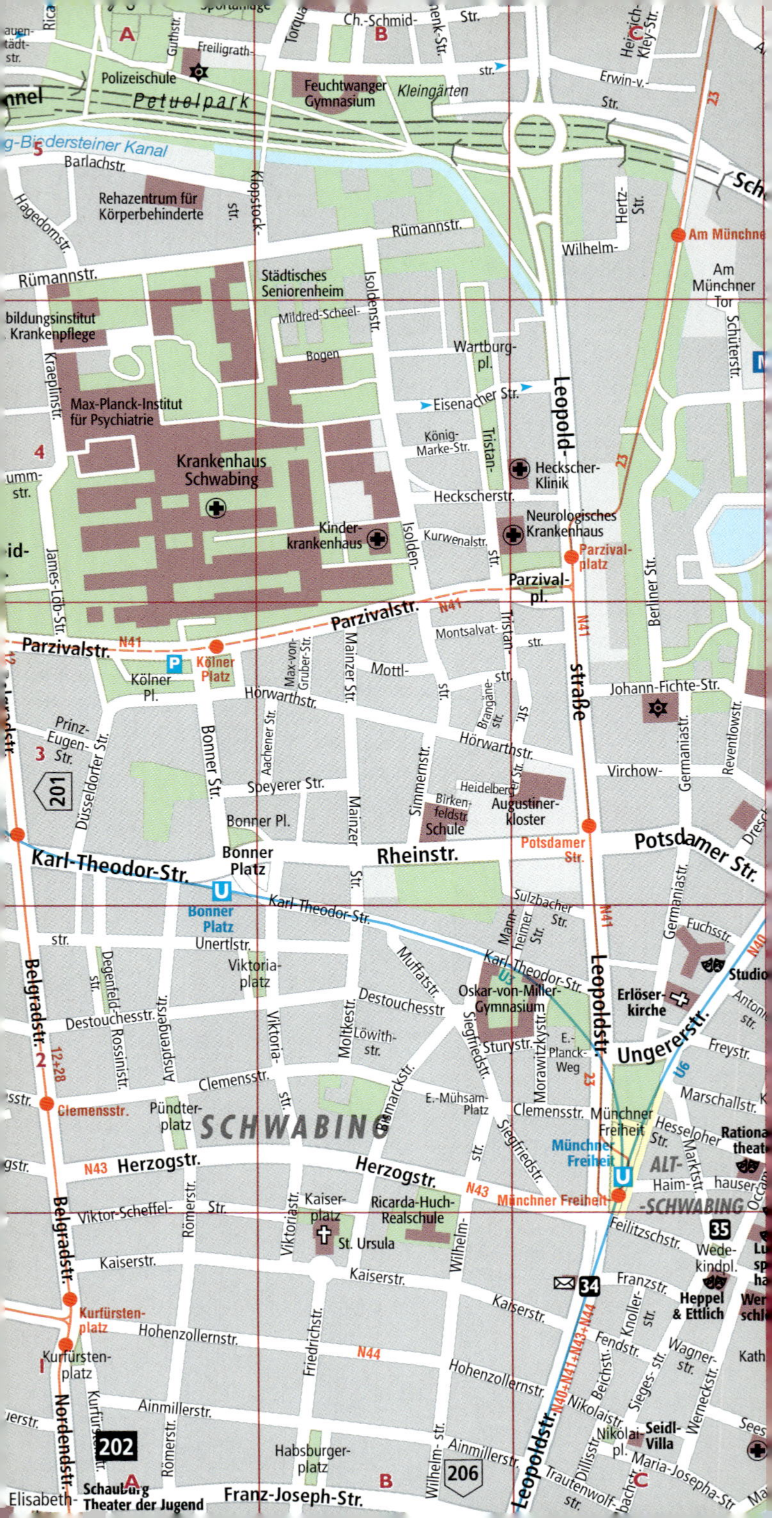

A
B
C
Ch.-Schmid-
Str.
Heinrich-Kley-Str.
Guthstr.
Freiligrath-
str.
Polizeischule
Feuchtwanger Gymnasium
Kleingärten
Erwin-v.-
Str.
Petuelpark
Biedersteiner Kanal
5
Barlachstr.
Rehazentrum für Körperbehinderte
Klopstock-
str.
Hagedornstr.
Rümannstr.
Hertz-
Str.
Am Münchner
Wilhelm-
Am Münchner Tor
Städtisches Seniorenheim
Mildred-Scheel-
Bogen
Isoldenstr.
Schüterstr.
bildungsinstitut Krankenpflege
Wartburg-
pl.
Eisenacher Str.
Kraepelinstr.
Max-Planck-Institut für Psychiatrie
Leopold-
straße
4
König-Marke-Str.
Tristan-
Heckscher-Klinik
23
Krankenhaus Schwabing
Heckscherstr.
Neurologisches Krankenhaus
Kinder-krankenhaus
Isolden-
Kurwenalstr.
str.
Parzival-platz
Berliner Str.
James-Loeb-Str.
Parzival-
pl.
Parzivalstr.
N41
Montsalvat-
str.
Parzivalstr.
Kölner Platz
Kölner
Pl.
Max-von-Gruber-Str.
Mainzer Str.
Mottl-
str.
Brangäne-
str.
Johann-Fichte-Str.
Hörwarthstr.
Prinz-Eugen-Str.
3
Düsseldorfer Str.
Bonner Str.
Aachener Str.
Simmernstr.
Hörwarthstr.
Germaniastr.
Reventlowstr.
Virchow-
201
Speyerer Str.
Heidelberg-
Birken-feldstr.
Augustiner-kloster
Bonner Pl.
Mainzer
Schule
Potsdamer Str.
Potsdamer Str.
Dresd
Karl-Theodor-Str.
Bonner Platz
Rheinstr.
Str.
Sulzbacher
Str.
Bonner Platz
Karl-Theodor-Str.
Mann-heimer Str.
str.
Unertlstr.
Fuchsstr.
Belgradstr.
Degenfeld-str.
Viktoria-platz
Muffatstr.
Karl-Theodor-Str.
U2
Studio
Leopoldstr.
Erlöser-kirche
Antoni-str.
Destouchesstr.
Destouchesstr.
Oskar-von-Miller-Gymnasium
Anspregerstr.
Rossinistr.
Moltkestr.
Löwith-str.
Siegfriedstr.
Sturystr.
Morawitzkystr.
E.-Planck-Weg
Ungererstr.
Freystr.
2
12+28
Viktoria-
str.
Clemensstr.
U6
Marschallstr.
Clemensstr.
Pündter-platz
SCHWABING
Bismarckstr.
E.-Mühsam-Platz
Clemensstr.
Münchner Freiheit
Hesseloher Str.
Rationa theat
Herzogstr.
Herzogstr.
str.
Siegfriedstr.
Münchner Freiheit
ALT-SCHWABING
Marktstr.
N43
Haim-
hauser
Viktor-Scheffel-
Str.
Römerstr.
Kaiser-platz
Ricarda-Huch-Realschule
N43
Münchner Freiheit
Viktoriastr.
St. Ursula
Wilhelm-
Feilitzschstr.
35
Wede-kindpl.
Kaiserstr.
Kaiserstr.
Franzstr.
34
Heppel & Ettlich
Kurfürsten-platz
Kaiserstr.
Knoller-str.
Hohenzollernstr.
Fendstr.
Wagner-str.
Kath
Kurfürsten-platz
Friedrichstr.
N44
N40+N41+N43+N44
Beichstr.
Sieges-str.
Werneckstr.
Hohenzollernstr.
Nordendstr.
Ainmillerstr.
Nikolaistr.
Seidl-Villa
Nikolai-pl.
Kurfürstenstr.
Römerstr.
Habsburger-platz
Wilhelm-str.
Ainmillerstr.
Leopoldstr.
206
Dillisstr.
Maria-Josepha-Str.
Elisabeth-
Schauburg Theater der Jugend
Franz-Joseph-Str.
Trautenwolf-str.
bachstr.

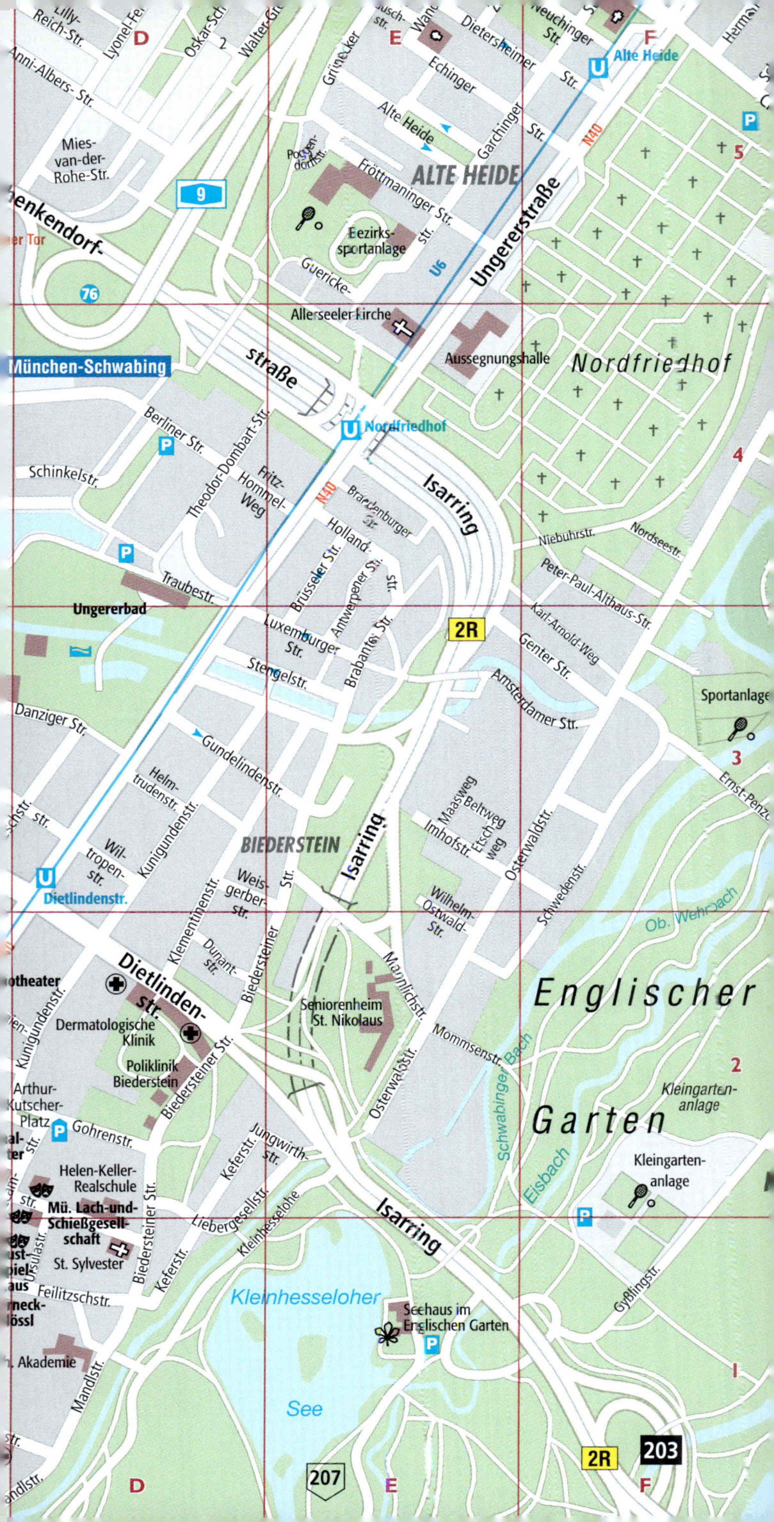

ALTE HEIDE
Alte Heide
Dietersheimer Str.
Echinger Str.
Garchinger Str.
Fröttmaninger Str.
Bezirkssportanlage
Guericke-Str.
Ungererstraße
U6
N40
Allerseeler Kirche
Aussegnungshalle
Nordfriedhof
München-Schwabing
9
76
Mies-van-der-Rohe-Str.
Anni-Albers-Str.
Lilly-Reich-Str.
Lyonel-Fe
Oskar-Sch
Walter-Gr
straße
Berliner Str.
Schinkelstr.
Theodor-Dombart-Str.
Fritz-Hommel-Weg
Isarring
Brandenburger Str.
Holland-str.
Brüsseler Str.
Antwerpener Str.
Niebuhrstr.
Nordseestr.
Peter-Paul-Althaus-Str.
Karl-Arnold-Weg
Genter Str.
Traubestr.
Ungererbad
Luxemburger Str.
Brabanter Str.
2R
Stengelstr.
Amsterdamer Str.
Sportanlage
Danziger Str.
Gundelindenstr.
Helmtrudenstr.
Kunigundenstr.
Wiltropenstr.
BIEDERSTEIN
Weisgerberstr.
Maasweg
Beltweg
Imhofstr.
Etschweg
Ostewaldstr.
Schwedenstr.
Ernst-Penzoldt
Dietlindenstr.
Wilhelm-Ostwald-Str.
Ob. Wehrbach
Klementinenstr.
Dunantstr.
Biedersteiner Str.
Seniorenheim St. Nikolaus
Maunlichstr.
Englischer Garten
Dietlinden-str.
Dermatologische Klinik
Poliklinik Biederstein
Mommsenstr.
Osterwaldstr.
Schwabinger Bach
Kleingartenanlage
Arthur-Kutscher-Platz
Gohrenstr.
Jungwirthstr.
Keferstr.
Eisbach
Helen-Keller-Realschule
Mü. Lach-und-Schießgesellschaft
St. Sylvester
Liebergesellstr.
Kleinhesselohe
Isarring
Feilitzschstr.
Kleinhesseloher See
Seehaus im Englischen Garten
Gyßlingstr.
Akademie
Mandlstr.
D
E
F
1
2
3
4
5
207
203

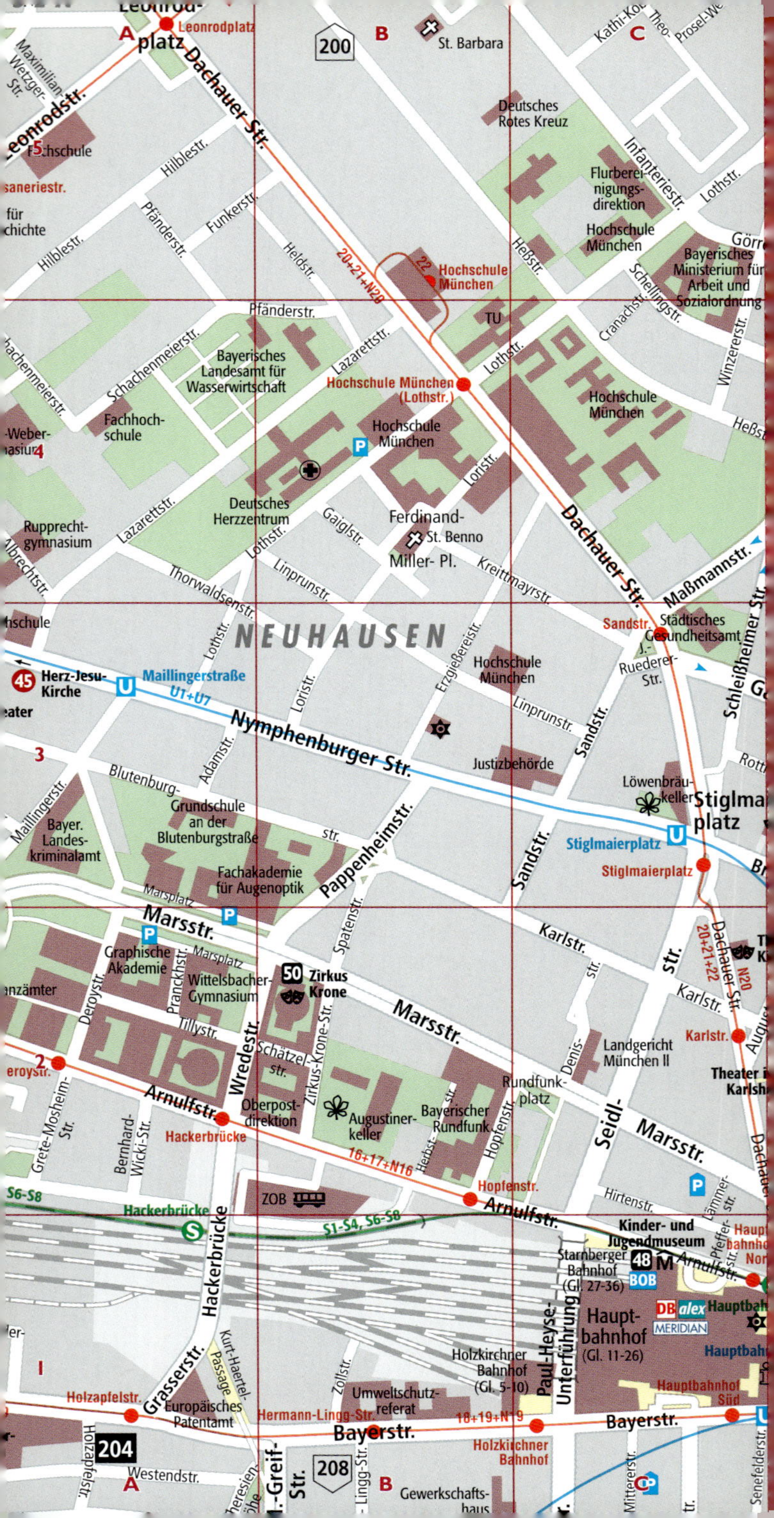

200
204
208
NEUHAUSEN
Leonrodplatz
Dachauer Str.
Leonrodstr.
St. Barbara
Deutsches Rotes Kreuz
Flurbereinigungsdirektion
Hochschule München
Bayerisches Ministerium für Arbeit und Sozialordnung
Infanteriestr.
Lothstr.
Heßstr.
Schellingstr.
Hochschule München
TU
Pfänderstr.
Hilblestr.
Funkerstr.
Heldstr.
Bayerisches Landesamt für Wasserwirtschaft
Lazarettstr.
Hochschule München (Lothstr.)
Schachenmeierstr.
Fachhochschule
Deutsches Herzzentrum
Ferdinand-Miller-Pl.
St. Benno
Loristr.
Gaiglstr.
Linprunstr.
Kreittmayrstr.
Thorwaldsenstr.
Rupprecht-gymnasium
Maßmannstr.
Städtisches Gesundheitsamt
Sandstr.
Ruederer-Str.
Schleißheimer Str.
Herz-Jesu-Kirche
Maillingerstraße
U1+U7
Nymphenburger Str.
Erzgießereistr.
Hochschule München
Justizbehörde
Löwenbräukeller
Stiglmaierplatz
Blutenburgstr.
Adamstr.
Grundschule an der Blutenburgstraße
Bayer. Landeskriminalamt
Maillingerstr.
Fachakademie für Augenoptik
Pappenheimstr.
Marsplatz
Marsstr.
Graphische Akademie
Wittelsbacher-Gymnasium
Zirkus Krone
Karlstr.
Landgericht München II
Rundfunkplatz
Arnulfstr.
Hackerbrücke
Oberpostdirektion
Augustinerkeller
Bayerischer Rundfunk
Hopfenstr.
Seidlstr.
Hirtenstr.
ZOB
S1-S4, S6-S8
Kinder- und Jugendmuseum
Starnberger Bahnhof (Gl. 27-36)
BOB
Hauptbahnhof (Gl. 11-26)
Holzkirchner Bahnhof (Gl. 5-10)
Paul-Heyse-Unterführung
Grasserstr.
Europäisches Patentamt
Kurt-Haertel-Passage
Umweltschutzreferat
Hermann-Lingg-Str.
Bayerstr.
Holzapfelstr.
Westendstr.
Gewerkschaftshaus
Theater im Karlshof

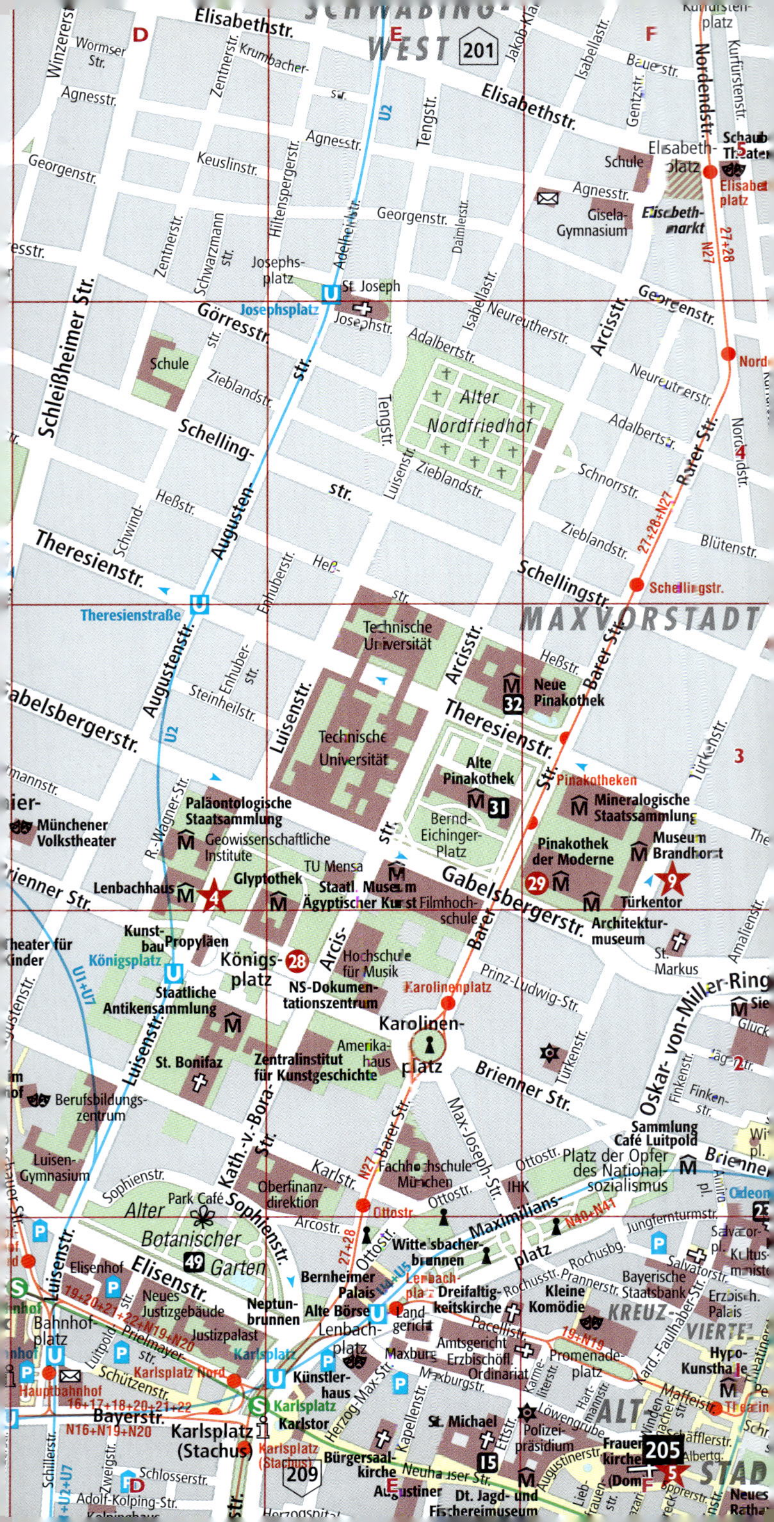

SCHWABING-WEST
201
D
E
F
Elisabethstr.
Wormser Str.
Winzererstr.
Zentnerstr.
Krumbacher-str.
Jakob-Klar-Str.
Isabellastr.
Bauerstr.
Nordendstr.
Kurfürstenplatz
Kurfürstenstr.
Agnesstr.
Tengstr.
Gentzstr.
Schauburg Theater
Elisabethplatz
Schule
Elisabethmarkt
Gisela-Gymnasium
Georgenstr.
Keuslinstr.
Hiltenspergerstr.
Adelheidstr.
Daimlerstr.
Zentnerstr.
Schwarzmannstr.
Josephsplatz
St. Joseph
Josephspl.
Josephstr.
Isabellastr.
Neureutherstr.
Arcisstr.
N27
27+28
Görresstr.
Adalbertstr.
Nordendstr.
Schule
Zieblandstr.
Schleißheimer Str.
Alter Nordfriedhof
Tengstr.
Luisenstr.
Zieblandstr.
Schnorrstr.
Schellingstr.
Barer Str.
Heßstr.
Schwindstr.
Augustenstr.
27+28+N27
Blütenstr.
Theresienstr.
Enhuberstr.
Heßstr.
Schellingstr.
Theresienstraße
MAXVORSTADT
Technische Universität
Arcisstr.
Heßstr.
Neue Pinakothek
32
Enhuberstr.
Steinheilstr.
Gabelsbergerstr.
U2
Luisenstr.
Technische Universität
Theresienstr.
Türkenstr.
3
Alte Pinakothek
31
Pinakotheken
Paläontologische Staatssammlung
Mineralogische Staatssammlung
Münchener Volkstheater
R.-Wagner-Str.
Geowissenschaftliche Institute
Bernd-Eichinger-Platz
Pinakothek der Moderne
Museum Brandhorst
TU Mensa
Glyptothek
Lenbachhaus
4
Staatl. Museum Ägyptischer Kunst
Filmhochschule
29
9
Brienner Str.
Gabelsbergerstr.
Türkentor
Architekturmuseum
Theater für Kinder
Kunstbau
Propyläen
Königsplatz
28
Arcisstr.
Hochschule für Musik
St. Markus
Amalienstr.
U1+U7
Staatliche Antikensammlung
NS-Dokumentationszentrum
Karolinenplatz
Prinz-Ludwig-Str.
Oskar-von-Miller-Ring
St. Bonifaz
Zentralinstitut für Kunstgeschichte
Amerikahaus
Türkenstr.
2
Berufsbildungszentrum
Barer Str.
Max-Joseph-Str.
Finkenstr.
Sammlung Café Luitpold
Luisen-Gymnasium
Sophienstr.
Kath.-v.-Bora-Str.
Karlstr.
N27
Fachhochschule München
Ottostr.
Platz der Opfer des Nationalsozialismus
Brienner Str.
Park Café
Alter Botanischer Garten
49
Sophienstr.
Oberfinanzdirektion
Ottostr.
IHK
Maximiliansplatz
N40+N41
Jungfernturmstr.
Odeon
Arcostr.
27+28
Ottostr.
Wittelsbacherbrunnen
Salvatorpl.
Kultusministerium
Elisenhof
Elisenstr.
Bernheimer Palais
Lenbachplatz
Dreifaltigkeitskirche
Rochusstr.
Prannerstr.
Kleine Komödie
Bayerische Staatsbank
Salvatorstr.
Erzbisch. Palais
Bahnhofplatz
19+20+21+22+N19+N20
Neues Justizgebäude
Neptunbrunnen
Alte Börse
Landgericht
Pacellistr.
KREUZVIERTEL
Justizpalast
Prielmayerstr.
Luitpoldstr.
Karlsplatz
Lenbachplatz
Amtsgericht
Erzbischöfl. Ordinariat
19+N19
Promenadeplatz
Kard.-Faulhaber-Str.
Hypo-Kunsthalle
Schützenstr.
Karlsplatz Nord
Hauptbahnhof
Künstlerhaus
Maxburg
Maxburgstr.
Karmeliterstr.
Hartmannstr.
Maffeistr.
16+17+18+20+21+22
Karlsplatz
Bayerstr.
N16+N19+N20
Karlsplatz (Stachus)
Karlstor
Herzog-Max-Str.
Kapellenstr.
St. Michael
Ettstr.
Löwengrube
Polizeipräsidium
Augustinerstr.
ALTSTADT
Frauenkirche (Dom)
205
Schäfflerstr.
Albertgasse
Sporerstr.
5
Schlosserstr.
Zweigstr.
Schillerstr.
U4+U5
Bürgersaalkirche
209
Neuhauser Str.
15
Augustiner
Dt. Jagd- und Fischereimuseum
Liebfrauenstr.
Adolf-Kolping-Str.
Herzogspitalstr.
U1+U2+U7

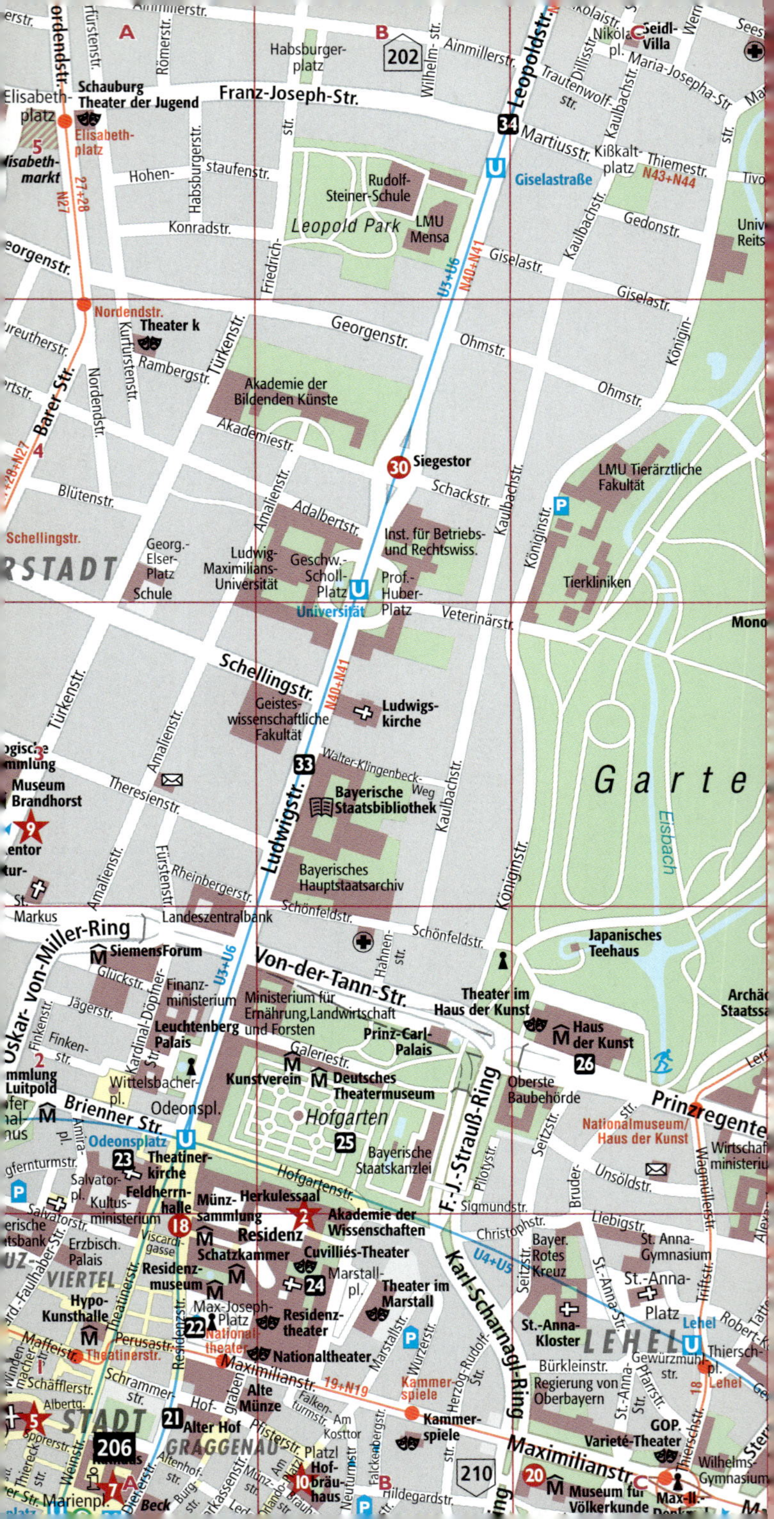
A
B
202
Habsburger-platz
Wilhelm-str.
Ainmillerstr.
Leopoldstr.
Nikolai-pl.
Seidl-Villa
Maria-Josepha-Str.
Trautenwolf-str.
Dillisstr.
Kaulbachstr.
Schauburg Theater der Jugend
Franz-Joseph-Str.
Elisabeth-platz
Elisabethmarkt
Römerstr.
Hohen-staufenstr.
Habsburgerstr.
Konradstr.
Rudolf-Steiner-Schule
Leopold Park
LMU Mensa
Martiusstr.
Kißkalt-platz
Thiemestr.
Giselastraße
N43+N44
Gedonstr.
Giselastr.
U3+U6
N40+N41
27+28
N27
Georgenstr.
Nordendstr.
Theater k
Kurfürstenstr.
Rambergstr.
Türkenstr.
Akademie der Bildenden Künste
Ohmstr.
Königinstr.
Barer Str.
Akademiestr.
Siegestor
Schackstr.
Kaulbachstr.
LMU Tierärztliche Fakultät
Blütenstr.
Schellingstr.
Amalienstr.
Adalbertstr.
Inst. für Betriebs- und Rechtswiss.
Georg.-Elser-Platz
Schule
Ludwig-Maximilians-Universität
Geschw.-Scholl-Platz
Prof.-Huber-Platz
Universität
Tierkliniken
Veterinärstr.
Schellingstr.
Geisteswissenschaftliche Fakultät
Ludwigskirche
Museum Brandhorst
Theresienstr.
Walter-Klingenbeck-Weg
Bayerische Staatsbibliothek
Ludwigstr.
Garten
Eisbach
Rheinbergerstr.
Fürstenstr.
Bayerisches Hauptstaatsarchiv
St. Markus
Landeszentralbank
Schönfeldstr.
Oskar-von-Miller-Ring
SiemensForum
Glückstr.
Jägerstr.
Finanzministerium
Von-der-Tann-Str.
Ministerium für Ernährung, Landwirtschaft und Forsten
Hahnenstr.
Japanisches Teehaus
Theater im Haus der Kunst
Haus der Kunst
Leuchtenberg Palais
Kardinal-Döpfner-Str.
Finkenstr.
Prinz-Carl-Palais
Galeriestr.
Kunstverein
Deutsches Theatermuseum
Hofgarten
Wittelsbacherpl.
Odeonspl.
Brienner Str.
Odeonsplatz
Oberste Baubehörde
Prinzregentenstr.
Nationalmuseum/Haus der Kunst
F.-J.-Strauß-Ring
Theatinerkirche
Salvatorpl.
Kultusministerium
Feldherrnhalle
Münzsammlung
Herkulessaal
Hofgartenstr.
Bayerische Staatskanzlei
Pilotystr.
Unsöldstr.
Sigmundstr.
Liebigstr.
Akademie der Wissenschaften
Residenz
Schatzkammer
Erzbisch. Palais
Cuvilliés-Theater
Residenzmuseum
Marstallpl.
Theater im Marstall
Christophstr.
U4+U5
Bayer. Rotes Kreuz
St.-Anna-Gymnasium
St.-Anna-Platz
Karl-Scharnagl-Ring
Hypo-Kunsthalle
Max-Joseph-Platz
Residenztheater
Nationaltheater
Theatinerstr.
Perusastr.
Maffeistr.
Residenzstr.
Marstallstr.
Wurzerstr.
St.-Anna-Kloster
LEHEL
Lehel
Maximilianstr.
19+N19
Kammerspiele
Herzog-Rudolf-Str.
Bürkleinstr.
Regierung von Oberbayern
Gewürzmühlstr.
Thierschpl.
Schrammerstr.
Hofgraben
Alte Münze
Falkenturmstr.
Am Kosttor
GOP. Varieté-Theater
Alter Hof
Pfisterstr.
Platzl
Hofbräuhaus
Neuturmstr.
Hildegardstr.
210
Museum für Völkerkunde
Max-II.-Denkmal
STADT
GRAGGENAU
206
Marienpl.
Beck
Dienerstr.
Burgstr.
Thierschstr.
Wilhelms-Gymnasium
Wagmüllerstr.
Triftstr.
Robert-Koch-Str.

Englischer
Chinesischer Turm
Universität
Tivolistr.
Hirschauer Str.
Am Tucherpark
TUCHERPARK
Eisbach
Ifflandstr.
Isar
Isarring
Sportanlage
Am Eisbach
Sederanger
Max-Joseph-Brücke (Tivolibrücke)
Mauerkircherstr.
Montgelasstr.
Bogenhausener Friedhof
Bogenhauser Kirchplatz
St. Georg
Bundesfinanzhof
Kufsteiner Platz
Thomas-Mann-Allee
Pienzenauerstr.
Poschingerstr.
Mauerkircherstr.
Kolbergerstr.
Herzogparkstr.
Neuberghauser Str.
Bad Brunnthal
Oettingenstr.
Theodorparkstr.
Karolinenstr.
Dianastr.
Lerchenfeldstr.
Riedlstr.
Emil-Riedel-Str.
Paradiesstr.
Rosenbuschstr.
Seeaustr.
Himbselstr.
Bayerisches Nationalmuseum
Sammlung Schack
Widenmayerstr.
Reitmorstr.
Am Gries
Crusiusstr.
Luitpoldbrücke
Friedensengel
Europaplatz
Villa Stuck
Villa Stuck/Friedensengel
Prinzregentenstr.
Prinzregententheater
Prinzregentenplatz
Ismaninger Str.
Monacensia-Sammlung
Maria-Theresia-Str.
Möhlstr.
Wilhelm-Hausenstein-Weg
Höchlstr.
Sternwartstr.
Rauchstr.
Psychiatrische Klinik
Cuvilliesstr.
Holbeinstr.
Friedrich-Herschel-Str.
Landesversicherungsanstalt
Geibelstr.
Schumannstr.
Lamontstr.
Trogerstr.
Neherstr.
Perfallstr.
Nigerstr.
Klinikum rechts der Isar
Langerstr.
Liebigstr.
Sternstr.
Landesvermessungsamt
Maximilians-
Widenmayerstr.
Händelstr.
Laplacestr.
Hompeschstr.
Weberstr.
Töringstr.
Bundesfinanzhof
Landesvermessungsamt

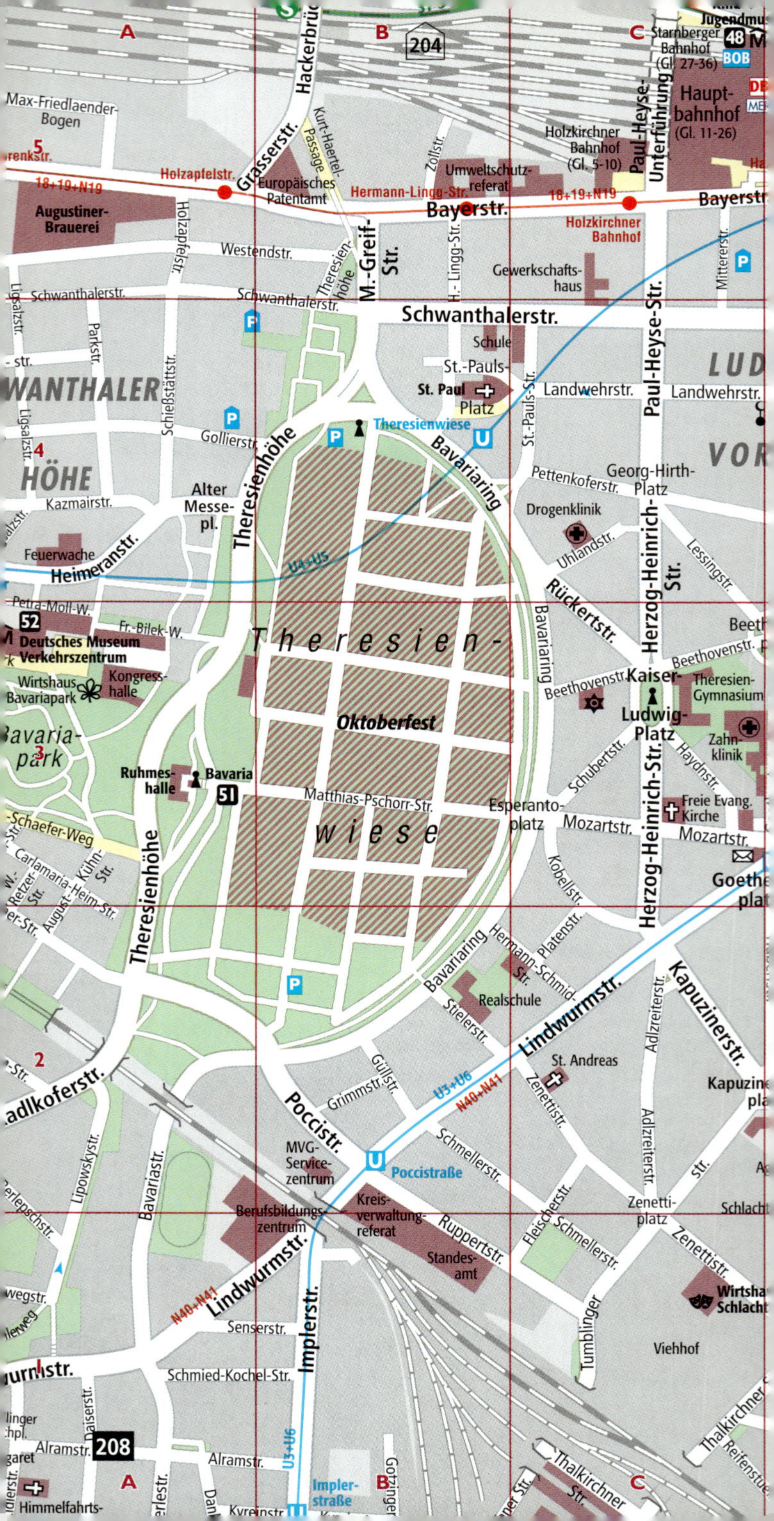

A
B
C
204
Jugendmus
48
Starnberger Bahnhof (Gl. 27-36)
BOB
DB
Haupt-bahnhof (Gl. 11-26)
Max-Friedlaender-Bogen
5
Hackerbrü
Grasserstr.
Kurt-Haertel-Passage
Zollstr.
Holzkirchner Bahnhof (Gl. 5-10)
Paul-Heyse-Unterführung
Holzapfelstr.
18+19+N19
Europäisches Patentamt
Umweltschutz-referat
Hermann-Lingg-Str.
Bayerstr.
Augustiner-Brauerei
Holzkirchner Bahnhof
Westendstr.
Theresienhöhe
M.-Greif-Str.
H.-Lingg-Str.
Gewerkschafts-haus
Mittererstr.
Ligsalzstr.
Schwanthalerstr.
Parkstr.
Schule
St.-Pauls-Platz
St. Paul
Landwehrstr.
Paul-Heyse-Str.
WANTHALER
Schießstättstr.
Gollierstr.
Theresienwiese
St.-Pauls-Str.
LUD
VOR
4
HÖHE
Bavariaring
Pettenkoferstr.
Georg-Hirth-Platz
Kazmairstr.
Alter Messe-pl.
Drogenklinik
Uhlandstr.
Lessingstr.
Feuerwache
Heimeranstr.
U4+U5
Rückertstr.
Herzog-Heinrich-Str.
Petra-Moll-W.
52
Fr.-Bilek-W.
Deutsches Museum Verkehrszentrum
Theresien-wiese
Beethovenstr.
Wirtshaus Bavariapark
Kongress-halle
Kaiser-Ludwig-Platz
Theresien-Gymnasium
Bavaria-park
3
Oktoberfest
Zahn-klinik
Ruhmes-halle
Bavaria
51
Schubertstr.
Haydnstr.
Matthias-Pschorr-Str.
Esperanto-platz
Mozartstr.
Freie Evang. Kirche
Schaefer-Weg
Kobellstr.
Goethe-plat
Carlamaria-Heim-Str.
Retzer-Str.
August-Kühn-Str.
Platenstr.
Hermann-Schmid-Str.
Realschule
Stielerstr.
Lindwurmstr.
Kapuzinerstr.
Adlzreiterstr.
2
Güllstr.
St. Andreas
Zenettistr.
Kapuzine pla
Grimmstr.
U3+U6
N40+N41
adlkoferstr.
Poccistr.
Schmellerstr.
Lipowskystr.
Bavariastr.
MVG-Service-zentrum
Poccistraße
Zenetti-platz
Schlacht
Berufsbildungs-zentrum
Kreis-verwaltungs-referat
Ruppertstr.
Fleischerstr.
Standes-amt
Wirtsha Schlacht
Impler str.
Senserstr.
Tumblinger
Viehhof
Schmied-Kochel-Str.
Thalkirchner
Daiserstr.
208
Alramstr.
Gotzinger
Impler-straße
Thalkirchner Str.
Himmelfahrts-
Kyreinstr.

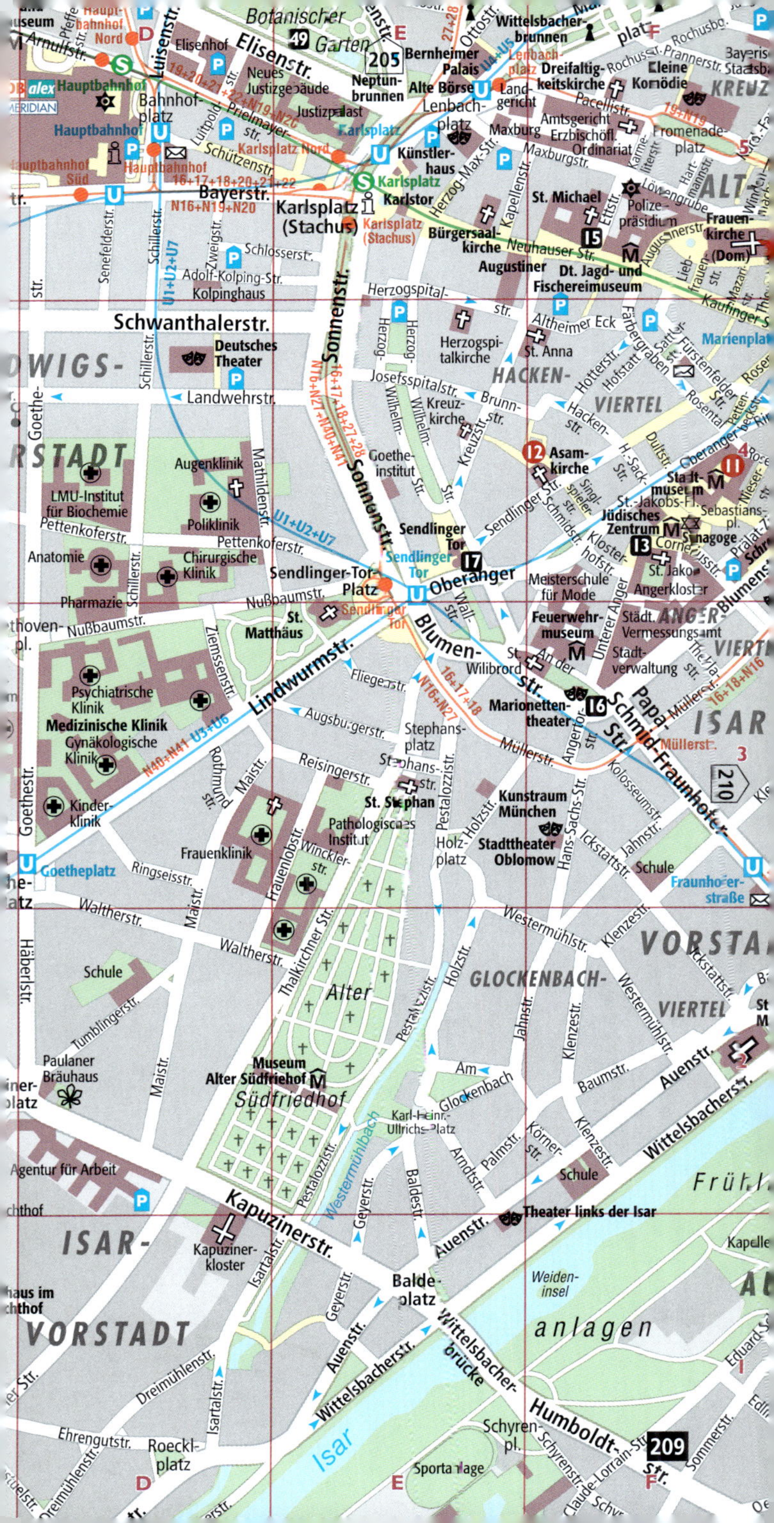

Botanischer Garten
49
205
Elisenstr.
Elisenhof
Arnulfstr.
Hauptbahnhof Nord
Hauptbahnhof
Bahnhof-platz
Hauptbahnhof Süd
Luisenstr.
Neues Justizgebäude
Justizpalast
Neptunbrunnen
Bernheimer Palais
Alte Börse
Wittelsbacher-brunnen
Ottostr.
Lenbachplatz
Landgericht
Dreifaltigkeitskirche
Kleine Komödie
Pacellistr.
Rochusstr.
Prannerstr.
Promenadeplatz
Amtsgericht
Erzbischöfl. Ordinariat
Maxburg
Maxburgstr.
Karlsplatz
Karlsplatz Nord
Künstlerhaus
Herzog-Max-Str.
Kapellenstr.
Schützenstr.
Prielmayerstr.
Luitpoldstr.
Bayerstr.
Karlstor
Karlsplatz (Stachus)
Bürgersaalkirche
St. Michael
Polizeipräsidium
Löwengrube
Frauenkirche (Dom)
Neuhauser Str.
Augustiner
Dt. Jagd- und Fischereimuseum
Kaufinger Str.
Augustinerstr.
Schillerstr.
Senefelderstr.
Zweigstr.
Schlosserstr.
Adolf-Kolping-Str.
Kolpinghaus
Herzogspitalstr.
Herzogspitalkirche
Altheimer Eck
St. Anna
Färbergraben
Marienplatz
Schwanthalerstr.
Deutsches Theater
Sonnenstr.
Landwehrstr.
Josefsspitalstr.
Brunnstr.
Kreuzkirche
Kreuzstr.
Herzog-Wilhelm-Str.
HACKENVIERTEL
Hackenstr.
Hotterstr.
Hofstatt
Sattlerstr.
Fürstenfelder Str.
Rosental
Dultstr.
Oberanger
LUDWIGSVORSTADT
Goethestr.
Augenklinik
Mathildenstr.
LMU-Institut für Biochemie
Goethe-Institut
Asamkirche
Sendlinger Str.
Stadtmuseum
St.-Jakobs-Pl.
Jüdisches Zentrum
Synagoge
Sebastiansplatz
Poliklinik
Pettenkoferstr.
U1+U2+U7
Sendlinger Tor
Sendlinger-Tor-Platz
Anatomie
Chirurgische Klinik
Pharmazie
Nußbaumstr.
St. Matthäus
Oberanger
Meisterschule für Mode
Kloster-hofstr.
Corneliusstr.
St. Jakob
Angerkloster
Blumenstr.
ANGERVIERTEL
Feuerwehrmuseum
Unterer Anger
Städt. Vermessungsamt
Stadtverwaltung
Beethovenpl.
Psychiatrische Klinik
Ziemssenstr.
Lindwurmstr.
Fliegenstr.
St. Wilibrord
An der
Medizinische Klinik
Gynäkologische Klinik
Augsburgerstr.
Stephansplatz
Marionettentheater
16
Papa-Schmid-Str.
Fraunhoferstr.
Müllerstr.
ISARVORSTADT
210
Kinderklinik
Rothmundstr.
Maistr.
Reisingerstr.
Stephansstr.
St. Stephan
Pettenkoferstr.
Kunstraum München
Stadttheater Oblomow
Pathologisches Institut
Holzplatz
Holzstr.
Hans-Sachs-Str.
Kolosseumstr.
Ickstattstr.
Jahnstr.
Schule
Frauenklinik
Frauenlobstr.
Wincklerstr.
Goetheplatz
Ringseisstr.
Fraunhoferstraße
Waltherstr.
Westermühlstr.
Klenzestr.
GLOCKENBACHVIERTEL
Thalkirchner Str.
Häberlstr.
Schule
Tumblingerstr.
Paulaner Bräuhaus
Kaiser-Platz
Museum Alter Südfriedhof
Alter Südfriedhof
Pestalozzistr.
Am Glockenbach
Baumstr.
Auenstr.
Karl-Heinr.-Ulrichs-Platz
Agentur für Arbeit
Westermühlbach
Geyerstr.
Baldestr.
Arndtstr.
Palmstr.
Körnerstr.
Schule
Wittelsbacherstr.
Frühlingsanlagen
Kapuzinerstr.
Kapuzinerkloster
Isartalstr.
Theater links der Isar
Kapellenstr.
Weideninsel
Baldeplatz
Wittelsbacherbrücke
Dreimühlenstr.
Isar
Humboldtstr.
Schyrenpl.
Schyrenstr.
Claude-Lorrain-Str.
Sommerstr.
Ehrengutstr.
Roecklplatz
Sportanlage
209

206
210
209
A
B
C
Kultus-ministerium
Feldherrn-halle
Münz-sammlung
Herkulessaal
Akademie der Wissenschaften
Residenz
Bayerische Staatsbank
Erzbisch. Palais
KREUZ-VIERTEL
Schatzkammer
Cuvilliés-Theater
Residenz-museum
Marstall-pl.
Theater im Marstall
Hypo-Kunsthalle
Max-Joseph-Platz
Residenz-theater
National-theater
Nationaltheater
Theatinerstr.
Maffeistr.
Perusastr.
Maximilianstr.
Schrammerstr.
Frauen-kirche (Dom)
STADT
Alte Münze
Alter Hof
GRAGGENAU
Kammer-spiele
Neues Rathaus
Hof-bräu-haus
Marienplatz
Marienpl.
Altes Rathaus
Spielzeugmus.
Sparkassenstr.
Ledererstr.
Orlando-str.
Hildegardstr.
VIERTEL
Sprachschule
Peters-pl.
St. Peter
Heiliggeist-kirche
Rindermarkt
Rosental
Viktualien-markt
Dreifaltigkeits-pl.
Westenriederstr.
Tal
Isartor
Isartor-platz
Bier- und Oktoberfest-museum
Valentin-Karlstadt-Musäum
Sebastians-pl.
Schrannenhalle
Prälat-Zistl-Str.
Frauenstr.
Reichenbach-platz
Rumfordstr.
Blumenstr.
Team-Theater
Buttermelcherstr.
Baader-platz
GÄRTNERPLATZ-VIERTEL
Gärtner-platz
Herz-Jesu-Schule
Staatstheater am Gärtnerplatz
Europäisches Patentamt
Deutsches Patent- und Markenamt
Zweibrückenstr.
Ludwigsbrücke
Erhardtstr.
Museumsinsel
Bibliothek Deutsches Museum
Deutsches Museum
Boschbrücke
Corneliusstr.
Corneliusbrücke
Isar
Zenneckbrücke
Steinsdorfstr.
Auer Mühlbach
Zeppelinstr.
Lilienstr.
Paulaner-platz
Kreuz-pl.
Eduard-Schmid-Str.
Pestalozzi-Gymnasium
Schweigerstr.
Fraunhoferstr.
Fraunhofer-straße
Reichenbachbrücke
Baaderstr.
St. Maximilian
AU
Mariahilfstr.
Mariahilfplatz
Standesamt II
Mariahilf-kirche
Auer Dult
Kloster Realschule
Gebsattelstr.
Regerplatz
Landratsamt
Staatl. Gesundheitsamt
Ohlmüllerstr.
Frühlings-
Kapelle
Albanistr.
Asamstr.
Wohnstift am Entenbach
Paulaner-Brauerei
Paulanerkeller ("Nockherberg")
Am Nockherberg
Falkenstr.
Kolumbusstr.
Edlinger-platz
Regerstr.
Hochstr.
Hiendlmayrstr.
Ruhestr.
Schule
Karl-Scharnagl-Ring
Th.-Wimmer-Ring
Christophstr.
Sigmundstr.
Liebigstr.
Bayer. Rotes Kreuz
St. Anna-Gymnasium
St.-Anna-Platz
St.-Anna-Kloster
LEHEL
Bürkleinstr.
Regierung von Oberbayern
GOP. Varieté-Theater
Museum für Völkerkunde
Max-II.-Denkmal
Maxmonument
Mariannenstr.
Mariannenpl.
Lukaskirche
Mariannenbrücke
Thierschstr.
Liebherrstr.
Deutsches Museum
Ackerstr.
Pöppelstr.

Europaplatz
Villa Stuck/Friedensengel
Prinzregentenstr.
Prinzregententheater
Prinzregentenbad
Isar
Maximilians-anlagen
Maximiliansbrücke
Max-Planck-Str.
Maximilianeum (Landtag)
Praterinsel
Alpines Museum
Widenmayerstr.
Ismaninger Str.
Klinikum rechts der Isar
Max-Weber-Platz
Einsteinstr.
Kulturzentrum Einstein
MVG
Wiener Platz
Hofbräukeller
Johannisplatz
St. Johann Baptist
Kirchenstr.
Innere Wiener Str.
St. Nikolai
St. Johannes
Am Gasteig
Philharmonie & Richard-Strauss-Konservatorium
Kulturzentrum Gasteig
Stadtbibliothek
Haus des Deutschen Ostens
Rosenheimer Str.
Rosenheimer Platz
Kriechbaumhof
Üblacker Häusl
Schulzentrum
St. Elisabeth
HAIDHAUSEN
Bordeauxpl.
Weißenburger Platz
Pariser Platz
Orleansplatz
Ostbahnhof
Postwiese
Orleansstr.
Berufsbildungszentrum
St. Wolfgang
Auerfeldstr.
Tassiloplatz
Optimol-Gelände
U-Bahn-Referat
Krematorium
Balanstr.
Städt. Seniorenheim
Sportplatz
207
211

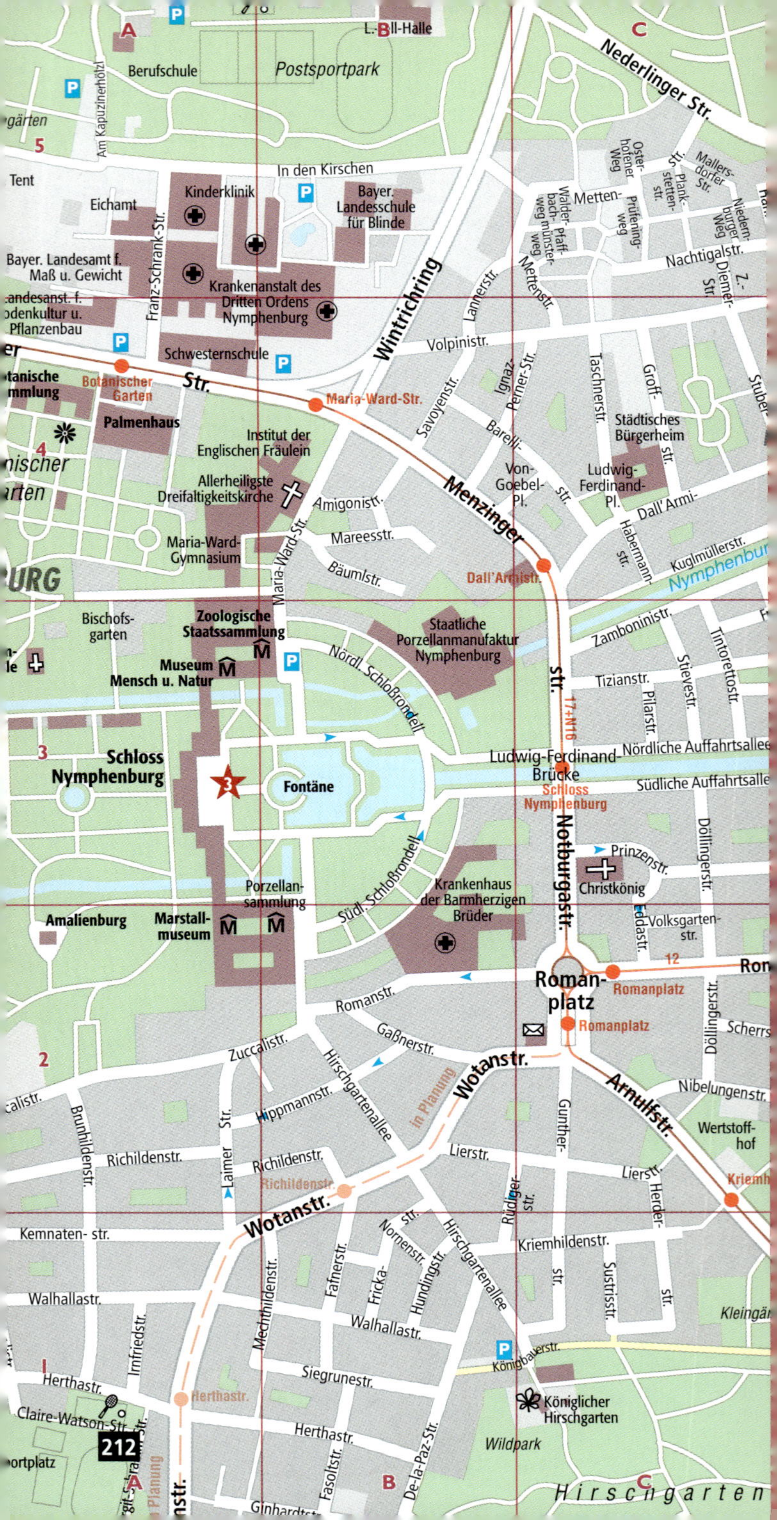

A
B
C
L.-Bll-Halle
Berufschule
Postsportpark
Nederlinger Str.
Am Kapuzinerhölzl
5
Tent
In den Kirschen
Kinderklinik
Bayer. Landesschule für Blinde
Eichamt
Bayer. Landesamt f. Maß u. Gewicht
Franz-Schrank-Str.
Krankenanstalt des Dritten Ordens Nymphenburg
Landesanst. f. Bodenkultur u. Pflanzenbau
Schwesternschule
Wintrichring
Oster-hofener Weg
Plank-stetten-str.
Mallers-dorfer Str.
Metten-weg
Prüfening-weg
Walder-bach-weg
Pfaff-münster-weg
Niedern-burger Weg
Nachtigalstr.
Diemer-Str.
Mettenstr.
Lannerstr.
Volpinistr.
Str.
Botanischer Garten
Maria-Ward-Str.
Palmenhaus
4
Institut der Englischen Fräulein
Allerheiligste Dreifaltigkeitskirche
Savoyenstr.
Ignaz-Perner-Str.
Barelli-str.
Taschnerstr.
Groff-str.
Städtisches Bürgerheim
Stuber-
Von-Goebel-Pl.
Ludwig-Ferdinand-Pl.
Amigonistr.
Menzinger
Dall'Armi-
Mareesstr.
Maria-Ward-Gymnasium
Maria-Ward-Str.
Bäumlstr.
Dall'Armistr.
Habermann-str.
Kuglmüllerstr.
Nymphenburg
URG
Zoologische Staatssammlung
Bischofs-garten
Museum Mensch u. Natur
Staatliche Porzellanmanufaktur Nymphenburg
Zamboninistr.
Tintorettostr.
Nördl. Schloßrondell
str.
Tizianstr.
Stievestr.
Pilarstr.
17+N16
3
Schloss Nymphenburg
Fontäne
Ludwig-Ferdinand-Brücke
Nördliche Auffahrtsallee
Südliche Auffahrtsallee
Schloss Nymphenburg
Notburgastr.
Prinzenstr.
Döllingerstr.
Christkönig
Südl. Schloßrondell
Porzellan-sammlung
Krankenhaus der Barmherzigen Brüder
Amalienburg
Marstall-museum
Volksgarten-str.
Fallstr.
12
Romanplatz
Romanplatz
Romanplatz
Romanstr.
Gaßnerstr.
Döllingerstr.
Scherrs
2
Zuccalistr.
Hirschgartenallee
Wotanstr.
Arnulfstr.
Nibelungenstr.
Hippmannstr.
in Planung
Wertstoff-hof
Brunhildenstr.
Richildenstr.
Laimer Str.
Richildenstr.
Richildenstr.
Lierstr.
Gunther-str.
Lierstr.
Herder-str.
Kriemh
Wotanstr.
Kemnaten-str.
Nornenstr.
Hirschgartenallee
Rüdiger-str.
Kriemhildenstr.
Walhallastr.
Mechthildenstr.
Fafnerstr.
Fricka-str.
Hundingstr.
Sustrisstr.
Kleingär
Imfriedstr.
Walhallastr.
Königbauerstr.
Herthastr.
Siegrunestr.
Herthastr.
Königlicher Hirschgarten
Claire-Watson-Str.
Herthastr.
Wildpark
De-la-Paz-Str.
Fasoltstr.
Hirschgarten
Ginhardtstr.
in Planung

Register

Register

Abbildungsnachweis

Titelbild: Getty Images/FoodPhotography Eising

AKG-images: S. 29 (oben), 29 (unten)

Bildagentur Huber/Römmelt: S. 32 (rechts)

Werner Dieterich: S. 34, 151, 186

DuMont Bildarchiv/Michael Campo: S. 6/7, 8, 14, 16, 21 (Mitte), 26/27, 28, 31, 38, 57, 60, 62, 64/65, 71, 82/83, 86, 90, 97, 98, 107, 108, 109, 110, 111, 112 (oben), 112 (unten), 115, 116, 130, 136, 138, 152/153, 155 (rechts), 159, 160, 173, 182, 184, 188, 190

DuMont Bildarchiv/Urs Kluyver: S. 64

Ralf Freyer: S. 18, 63, 121

G. Jung: S. 17, 23, 33 (oben), 72, 117, 135, 139 (unten), 158, 163, 170, 172, 174/175, 177

Friedrich Köthe: S. 30, 56, 59 (unten), 65 (oben), 66, 84, 95, 154 (links), 161, 179, 180

laif/Anita Back: S. 114

laif/Henglein-Klover: S. 33 (unten links)

laif/Michael Riehle: S. 137

La Terra Magica/Günter Lenz: S. 20 (oben Mitte), 20 (oben), 20 (unten Mitte), 21 (unten), 183, 195 (Mitte), 195 (oben), 195 (unten)

LOOK/Wilfried Feder: S. 4, 91

LOOK/Ingrid Firmhofer: S. 24

LOOK/Franz Marc Frei: S. 96

LOOK/Rainer Martini: S. 32 (links)

LOOK/Terra Vista: S. 12, 134/135

LOOK/H. & D. Zielske: S. 36/37

mauritius images/Alamy: S. 94, 139 (oben)

mauritius images/Christian Bäck: S. 67, 133

mauritius images/Bildagentur München: S. 93 (oben)

mauritius images/Ernst Grasser: S. 93 (unten)

mauritius images/imagebroker/Dr. Wilfried Bahnmüller: S. 178/179

mauritius images/imagebroker/Manfred Bail: S. 68, 165

mauritius images/imagebroker/Petra Walln: S. 119

mauritius images/Martin Siepmann: S. 141

Catheleen Naundorf: S. 19, 20 (unten), 55, 58, 65 (unten), 85 (oben), 85 (unten), 132, 156 (unten), 157

Sammlung Götz/Franz Wimmer: S. 33 (unten rechts)

Thomas Stankiewicz: S. 21 (oben), 22, 80, 81, 88, 89, 92, 118, 142, 155 (links), 156 (oben), 164

H. Wagner: S. 35, 162

Thomas Peter Widmann: S. 59 (oben), 69, 154 (rechts)

Impressum

©MAIRDUMONT GmbH & Co. KG
VERLAG KARL BAEDEKER

1. Aufl. 2015

Text: Daniela Schetar und Friedrich Köthe
Redaktion: Robert Fischer (www.vrb-muenchen.de)
Programmleitung: Birgit Borowski
Chefredaktion: Rainer Eisenschmid

Kartografie: ©MAIRDUMONT GmbH & Co. KG, Ostfildern
3D-Illustrationen: jangled nerves, Stuttgart

Anzeigenvermarktung:
MAIRDUMONT MEDIA
Tel. 0711 4502333
media@mairdumont.com
media.mairdumont.com

Printed in China

Trotz aller Sorgfalt von Autoren und Redaktion sind Fehler und Änderungen nach Drucklegung leider nicht auszuschließen. Dafür kann der Verlag keine Haftung übernehmen. Berichtigungen, Kritik und Verbesserungsvorschläge sind uns jederzeit willkommen, bitte informieren Sie uns unter:

Verlag Karl Baedeker/Redaktion
Postfach 3162
D-73751 Ostfildern
Tel. 0711 4502262
smart@baedeker.com
www.baedeker.com

FSC
www.fsc.org
MIX
Papier aus verantwortungsvollen Quellen
FSC® C020056

10 GRÜNDE WIEDERZUKOMMEN

1. Die **Museen** lassen sich bei einem Besuch gar nicht alle würdigen – außer Sie joggen durch.
2. **Weißwürste** schmecken frisch und vor 12 Uhr teuflisch gut, das ist woanders gar nicht möglich.
3. Im Winter drehen Sie glühweingestärkt mitten im Herzen der Stadt **Eispirouetten**.
4. Im Sommer lockt das beste **Speiseeis** diesseits der Alpen – viel leckerer als italienisches.
5. Einmal ist keinmal, zumindest beim **Oktoberfest**. Maßhalten macht immer wieder Spaß.
6. Um erneut in der **Fußgängerzone** einzukaufen: 12 000 Passanten pro Stunde können nicht irren.
7. Die riesige **Party an den Isarufern** findet jedes Sommerwochenende statt.
8. Wie blau und groß kann der Himmel sein – **Münchens Föhn** hat auch seine guten Seiten.
9. Beim Bummel durch **Käfer's Markthallen** kann man sich immer wieder neu ergötzen.
10. Hinter dem Grant der Münchner gilt es deren **großes Herz** erst noch zu entdecken.